清华时间简史

美术学院

院史编写组 编

清华大学出版社

北京

图书在版编目（CIP）数据

清华时间简史. 美术学院 / 院史编写组编. —北京：清华大学出版社，2021.12
ISBN 978-7-302-58668-5

Ⅰ. ①清… Ⅱ. ①院… Ⅲ. ①清华大学美术学院—校史 Ⅳ. ①G649.281

中国版本图书馆CIP数据核字(2021)第141120号

责任编辑：宋丹青
封面设计：曲晓华
责任校对：王荣静
责任印制：杨 艳
出版发行：清华大学出版社
网 址：http：//www.tup.com.cn，http：//www.wqbook.com
地 址：北京清华大学学研大厦A座 邮 编：100084
社总机：010-62770175 邮 购：010-62786544
投稿与读者服务：010-62776969，c-service@tup.tsinghua.edu.cn
质量反馈：010-62772015，zhiliang@tup.tsinghua.edu.cn
印 装 者：涿州市京南印刷厂
经 销：全国新华书店
开 本：155mm × 230mm 印 张：24.5 字 数：309千字
版 次：2021年12月第1版 印 次：2021年12月第1次印刷
定 价：89.00元

产品编号：092058-01

清华大学校史编辑委员会

本书编委会

“清华时间简史”丛书
总　序

清华大学走过了110年的沧桑历程。从一所留美预备学校，到独立培养人才的国立高等学府；从抗战烽火中的西南联大，到新中国成立回到人民的怀抱；从院系调整后的多科性工业大学，到改革开放后逐步发展成综合性、研究型、开放式的世界一流大学，清华见证了中国高等教育的发展壮大，也成为世界高等教育发展的重要组成部分。

在一所大学的历史中，学科与院系的建立、变迁与发展是十分重要的方面。1911年清华学堂建立，1912年更名为清华学校；1925年设立大学部，1926年设立了首批17个学系；1928年更名为国立清华大学，此后相继设立文、理、法、工4个学院，下设16个学系；1937年南迁长沙，与北京大学、南开大学合组长沙临时大学，1938年西迁昆明，成立国立西南联合大学，联大共设有5个学院26个学系；1946年复员后，清华大学设有文、理、法、工、农5个学院26个学系，1948年底清华园解放；20世纪50年代的高校院系调整后，清华大学成为多科性工业大学，设有8个系，至“文革”前发展成12个系；改革开放以来，大力加强学科建设，恢复和新设了许多院系，目前共有按学科设置的21个二级学院，近60个系，以及承担人才培养和学术研究任务的若干研究院、中心等，覆盖理学、工学、文学、艺术学、历史学、哲学、经济学、管理学、法学、教育学和医学等11大学科门类。

清华大学始终非常重视校史研究和编纂，早在1959年就成立了校史编辑委员会，下设校史编写组，现已发展成校史研究室、党史研究室、校史馆“三位一体”从事校史研究和教育的专门机构。几十年来，先后编纂出版了《清华大学校史稿》《清华大学史料选编》《清华人物志》《清华大学志》《清华大学图史》《清华大学一百年》等一系列学校层面的校史系列图书。同时，许多院系和部门也结合院系庆等契机，组织编写了纪念文集、校友访谈录、大事记、人物名录及宣传画册等图书资料，多形式、多侧面、多角度地反映了自身历史的发展。但长期以来，全面系统的院系史研究、编写和出版，还是校史研究编纂工作中的空白。

2015 年前后，校史编委会委员、教育研究所原所长王孙禺教授和校史研究室研究人员李珍博士，与相关院系合作，对电机系、人文社会科学学院、教育研究院等院系的历史进行了深入研究，相继编写出版了《清华时间简史：电机工程系》《清华时间简史：人文社会科学学院》《清华时间简史：教育研究院》等图书。这是推进院系史研究的一种有效形式，也是深化校史研究的一个重要途径。经过认真调研和周密筹划，我们提出在全校启动实施“学科院系部门发展史编纂工程”。

这一工程得到学校的充分肯定和大力支持。由校史研究室组织协调，实施“学科院系部门发展史编纂工程”，编写出版“清华时间简史”系列丛书，与档案馆牵头、校史馆参与的“清华史料和名人档案征集工程”，一同被写入清华大学党委颁布的《关于进一步加强和改进新形势下宣传思想工作的实施意见》和《清华大学文化建设“十三五”规划》，2018 年还被列为清华大学工作要点的重点工作之一。从 2017 年起，学校每年拨付专门经费进行资助。校长邱勇、校党委书记陈旭和先后担任校党委副书记分管校史工作的邓卫、向波涛等领导，对这一工作给予了亲切关心和具体指导。

这一工程更是得到各院系、各部门的热烈响应和踊跃参与。2017 年工程正式启动，就有 40 多个院系等单位首批申报。经研究决定，采取“同步启动、滚动支持、校系结合、协力推进”的方式逐步实施。校史编委会多次召开专家会议，对各院系的编纂工作进展情况和经费预算进行评审，校史研究室通过年度检查和专家讲座等加强组织协调和学术指导。许多院系党委书记、院长主任等亲自负责，很多老领导、老同志热情参与，各院系单位都明确了主笔和联络人、成立了编写工作组等，落实编纂任务。档案馆在档案史料查阅等方面提供了积极帮助，出版社对本丛书的编辑出版给予了全力支持。

在大家的共同努力下，“学科院系部门发展史编纂工程”取得初步成效。按计划，首批“清华时间简史”系列丛书于 110 周年校庆之际出版发行。丛书在翔实、系统地搜集和梳理历史资料的基础上，全面、生动地回顾和总结各院系、学科、部门的发展历程，全方位、多样化地展示了清华的育人成果和办学经验，不仅有助于了解各院系的历史传承，结合各学科专业特点开展优良传统教育，促进各学科院系的长远发展，而且对更好地编纂“清华大学史”有重要帮助，也可为教育工作者和历史工作者研究高等教育史、学科发展史等，提供鲜活、细化的资料。

习近平总书记指出：“重视历史、研究历史、借鉴历史，可以给人类带来很多了解昨天、把握今天、开创明天的智慧。”学科院系部门发展史的研究与编纂是一项浩大的学术工程，意义重大、任务艰巨，需要持之以恒、不懈努力。我们要进一步加强组织协调、抓紧落实推进，确保“清华时间简史”丛书分批次、高质量地出版，力争“学科院系部门发展史编纂工程”不断取得新的成果，为清华新百年的发展积累宝贵的历史资源、提供有益的历史借鉴，为建设世界一流大学作出独特的贡献。

范宝龍

2021 年 4 月

（作者为清华大学校史研究室主任、研究员）

序　言

在全国人民喜迎中国共产党建党100周年之际，正逢清华大学建校110周年校庆，在这样一个特殊的年份，我们在2011年出版的《清华大学美术学院简史》基础上，重新修编了清华大学美术学院院史。回顾学院发展的65年历程，感悟颇多。1956年成立的清华大学美术学院（原中央工艺美术学院），是共和国各项事业百废待兴之时，应共和国建设需要而创建的。她与国计民生相连，作为新中国创建的第一所高等设计院校，会集了全国最优秀的美术教育家、设计家、杰出研究学者和海外留学归来的艺术与设计人才，开启了新中国艺术设计高等教育。建院以来，学院秉承服务国家民生和“为生活而艺术”的理念，伴随国家建设和改革开放大潮不断成长，并以自身学科特色为中国的社会主义经济和文化建设作出了独特贡献，培养了大批的艺术设计优秀人才。

1999年11月，在即将迈入21世纪之际，学院加盟清华大学更名为清华大学美术学院。从此，学院进入一个新的发展阶段，开启了在综合性大学中发展艺术与设计学科的新篇章。在秉承学院优秀文脉和学术传统的基础上，以清华大学“价值塑造、能力培养、知识传授”三位一体人才培养理念为指导，在众多优势学科的学术支撑下，面向“国家需要、世界一流”，学院回应经济发展和文化建设的重大实际需求，在高端人才培养、科学研究和社会服务与文化传承创新各个领域取得了众多引领性发展。学院坚持立德树人、艺术与科学融合的办学特色，强化高端人才创新力和领导力培养，打破学科壁垒，推动学科交叉融合，组织跨学科教学、研究；强化全球胜任力培养，在意大利米兰建立清华大学米兰艺术设计学院，并与世界顶级艺术院校展开多项国际化研究生项目，跨文化人才培养；强化以知识创新服务国家建设，在山东青岛建立清华青岛艺术与科学创新研究院，产学研相结合，以艺术设计驱动社会创新发展。这一系列战略性布局和面向内涵、高质的学科建设，使艺术设计学科本身获得了全面加速发展，成绩斐然，成为国家一流学科，并跻身世界前列的学科。在学院两个历史阶段的发展中，其丰厚的学术底蕴和人文艺术积淀，不仅是清华大学文科建设和美术学院持续发展的宝贵财富，也对迅速发展中的中国高等艺术设计教育具有重要引领作用。

院史的再次修订出版，无疑对我们系统梳理学院精神文脉，传承传统，坚持使命，保持特色，继往开来，创新发展有着重要意义。我们正处在新时代的新发展起点，科技的迅猛发展、国际形势的变化不定、新冠病毒的蔓延，无疑将改变世界格局，重组产业形态，重塑生活方式，我们正面临前所未有的世界大变局。在这一背景下，危机与机遇并存，教育教学重大变革势不可挡，应对变革更应立志引领，学院将以新的使命感、新的发展理念和创新意识迎接新的挑战。抓住历史机遇，进一步深化教育教学改革，努力探索构建具有中国特色的美术与设计学科知识体系、教学体系、课程体系，建设专业水平高、创新能力强、合理健康的学术共同体，形成适应新时代要求的学术生态。学院将在学校建设世界一流大学的战略目标下，为建设成为世界一流的美术学院而努力奋斗。

清华大学美术学院院长　鲁晓波

2021 年 2 月 18 日

目 录

第一章

筹建与使命（1949—1956）

20世纪上半叶的工艺美术教育与实践，为新中国工艺美术事业的发展奠定了基础。中华人民共和国成立之初，随着国家政治经济建设的发展，工艺美术高等教育引起党和政府的重视。国家对工艺美术人才的迫切需求，成为中央工艺美术学院的筹建背景。一批早年就想通过实用美术救国的有识之士，志同道合，成为学院的创建者。1952年，根据政府有关决策和全国高校院系调整的要求，中央美术学院华东分院实用美术系以及清华大学营建系部分教师并入中央美术学院实用美术系，此后四年间开展了全国工艺美术调查、举办展览、出版教材、培养师资等一系列创办学院的筹备工作。

一、20世纪上半叶工艺美术教育及其代表人物

中国工艺美术具有悠久的历史和辉煌的成就。千百年来，传统工艺行业传授技艺的基本形式一直延续着师傅带徒弟、父母传子女的“艺徒制”。这种传承形式为我国工艺美术的继承与发展做出了贡献。19 世纪末 20 世纪初，中国开始废科举，兴学堂，引进西方的教育制度，提倡科学教育，寻求教育救国的出路。有识之士陆续创办设有美术专业的讲习所、职业学校、师范学校，并开设手工课、工艺课和图案课。这些新科目成为中国现代工艺美术学校教育的萌芽。

1902 年，李瑞清在南京创建了两江优级师范学堂，并于 1905 年率先设立图画手工科，课程设置有中国画、用器画、手工、实用美术等。

1912 年，南京临时政府教育总长蔡元培拟订了新教育宗旨，把“军国民主义、实利主义、德育主义、世界观、美育主义”列为国民教育五项宗旨。1917 年，蔡元培提出“以美育代宗教”的社会理想与文化主张。他的美育救国思想，在 20 世纪上半叶中国工艺美术教育的方向与历程中，产生了深刻的影响。与国计民生息息相关的工艺美术教育是美育的重要组成部分。

1917 年，北洋政府教育总长范源濂采纳蔡元培等人的意见，筹划建立国立美术学校。1918 年 4 月 15 日，我国历史上第一所国立美术学校国立北京美术学校（中央美术学院的前身）在北京成立。学校最初只办中专部，设绘画和图案两科。

1919 年，教育部批准国立北京美术学校升级为高等美术学校，本科设中国画、西洋画和图案三系。1922 年，更名为国立北京美术专门学校。

1927 年，蔡元培任南京国民政府大学院院长，积极推行“以美育代宗教”的主张，在全国开展艺术运动。大学院下设全国艺术教育委员会，林风眠任主任委员。11 月，该会建议在长江流域设立艺术学院，并得到大学院批准。1928 年 3 月 26 日，国立艺术院（中国美术学院的前身）在杭州成立，林风眠任第一任院长，本科设中国画、西画、雕塑和图案四系。学院的办学目的是团结全国的艺术家，一方面从事美育的理论宣传和艺术创作，一方面培养青年艺术人才，把全国的艺术运动开展下去，达到以美育影响社会的最终目的。

1938 年，因抗战入川的李有行、沈福文、雷圭元、庞薰琹等在成都创办“中华工艺社”，表达通过发展实用艺术以振兴中华之意。1939 年，四川省立成都高级工艺职业学校（1941 年更名为四川省立技艺专科学校；1942 年更名为四川省立艺术专科学校；四川美术学院的前身）在成都成立，李有行任校长，雷圭元任教务主任，庞薰琹任实用美术系主任，这是民国时期最早设立的独立的、多专业的工艺、设计学校。

20 世纪上半叶，浙江两级师范学堂、浙江工业学校、上海美术专科学校、武昌艺术专科学院（湖北美术学院前身）、苏州美术专科学校、广州市立美术学校（广州美术学院前身）等，也曾设图案课或染织、商业美术、陶瓷等工艺美术专业。

雷圭元、陈之佛、庞薰琹、李有行、邓白、沈福文等老一辈工艺美术教育家，都曾在这些院校求学或曾担任教学工作。

在五四运动的影响下，20 世纪初，一批有志青年胸怀爱国热情和教育理想，面向世界，奋发进取，力图发展我国的现代工艺美术。庞薰琹、李有行、雷圭元、郑可等先后留学法国，焦自严、黄怀英、陈之佛、祝大年、沈福文等留学日本，张光宇、陈叔亮、张仃、叶浅予、丁聪、吴劳等在国内从事商业美术、漫画、装饰艺术创作，关注民间美术与工艺美术设计，他们从不同的着重点学习工艺美术。这批青年志士有相当一部分殊途同归，成为中央工艺美术学院的创建者。

庞薰琹是从现代绘画走向工艺美术的。1925 年，19 岁的庞薰琹赴巴黎留学，参观了国际装饰艺术博览会。他认识到“原来美术不只是画几幅画，生活中无处不需要美”。他以一个画家的眼光，感性、综合地接受了工业革命之后现代设计的成果，决定报考巴黎国立高等装饰艺术学院，却因中国人的身份而被拒收。国格与人格的侮辱，使他决定献身祖国的工艺美术事业，要办一所中国自己的高等装饰艺术学院。1946 年，他在抗战胜利后回上海途中与教育家陶行知长谈工艺美术办学思想，他想要“创造一所学校，培养一批具有理想，能劳动，能设计，能制作，能创造一些美好东西的人才……要成立研究所，研究我国的传统工艺，研究各国工艺的情况，以及进行有关的理论研究工作和自己印刷一些著作和刊物”。[①] 这个“半工半读学校”的办学思想是全面的、超前的，它深受欧洲现代设计思想的影响，又与陶行知的生活教育理论不谋而合，被庞薰琹自称为“乌托邦”。这次谈话的设想，日后成为庞薰琹创办中央工艺美术学院的思想基础。

雷圭元一生致力于图案的教育和研究。应该说明的是，

① 庞薰琹：《就是这样走过来的》，北京，生活·读书·新知三联书店，1988年，第258页。

庞薰琹:《工艺美术集》,1941年设计,人民美术出版社,1981年

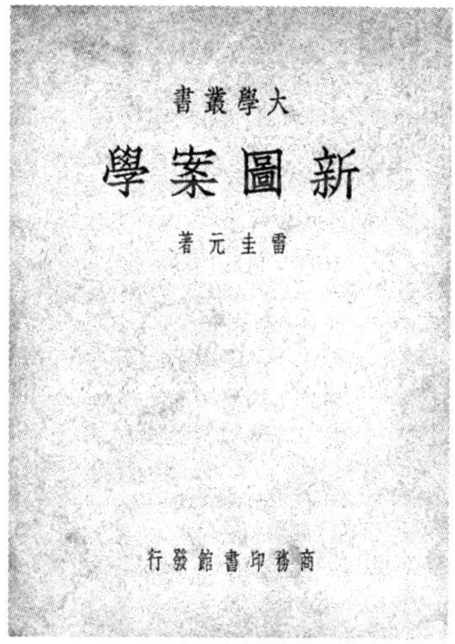

雷圭元:《新图案学》,商务印书馆,1947年

20世纪初期的“图案”概念有着以Design（设计）为主要内容的广阔含义。1923年，他考取国立北京美术学校图案科，1927年，毕业留校任教。1928年，任教于杭州的国立艺术院（后改为杭州国立艺术专科学校）。1929年，雷圭元自费留学法国巴黎，热衷于当地传统工艺——漆艺和蜡染，从法国传统工艺中看到工艺的美和文化意义。1939年，他在四川省立成都高级工艺职业学校任教务主任和图案教授，进行图案分科教学。1946年，赴国立杭州艺术专科学校（简称杭州艺专）任实用美术系主任。1947年，雷圭元的《新图案学》被中华民国教育部评为唯一的“部定大学用书”。他在《新图案学》中指出，“图案事业，是文明社会新兴事业之一种。它是产生于近代生活方式，达到美——快乐、和善——适用的要求的具体表现。”[①] 他的理想是：作为近代应用艺术和应用科学结合

① 雷圭元:《新图案学》,上海,商务印书馆,1947年,第208页。

张光宇：《西游漫记》，1945年

陈叔亮：《窗花——民间剪纸艺术》，高原书店，1947年

的图案艺术，必将提高人生和审美伦理的价值，成为与文明进步合二为一的神圣事业。这决定了他在以后的图案教学和研究中，始终坚持工艺美术对生活的改善和对人的教化作用。

张光宇是自学成才的装饰艺术家，一生涉猎舞台美术、漫画、插图、书籍装帧、装饰绘画、壁画、动画、广告设计、家具设计、字体设计等众多领域。早年曾在上海以演新戏闻名的京剧戏院“新舞台”学画布景，并对京剧的人物形象、脸谱、服饰、唱腔、功架等艺术处理发生兴趣。他融合江南民间艺术特色，借鉴由鲁迅介绍到中国的墨西哥壁画与苏俄和德国版画，形成“至性在真”和“装饰得无可装饰便是拙”的装饰艺术观，立志做“新时代的民间艺人”。他的装饰不是纯形式，而是结合情感表达和强化自然的艺术手段。20世纪30—60年代，他作为《时代漫画》的主创人员，创作了《紫石街之春》（装饰画）、《龙女》（壁画）、《民间情歌》（插画）、《西游漫记》（漫画）、《大闹天宫》（动画）等一批名作。他的装饰艺术思想、创作风格及美学趣味对学院的教学、创作、设计产生了重要影响。

陈叔亮擅长中国画、版画、书法，是从事革命文艺工作多年的美术家和领导者。1930—1931 年，他就读于上海美术专科学校，后在家乡浙江黄岩等地任教于中小学。1938 年到延安，先在陕北公学学习半年，后到鲁迅艺术学院担任木刻创作员、漫画班研究员、美术系教员，创作并发表了大量木刻和漫画作品。1942 年，参加延安文艺座谈会。在延安期间，创作了近千幅反映延安军民生活的速写作品，其速写集《西行漫画》得到毛泽东主席的肯定并题签、题词。1943 年，在陕北三边地区（定边、靖边、安边）采风，撰写国内第一部剪纸艺术专著《窗花——民间剪纸艺术》（1947 年，高原书店出版）。1946 年，到中共山东滨海地委任滨海画报社社长。新中国成立后，在上海军管会文艺处、华东军政委员会文化部文艺处任职。1950 年，著作《新美术运动及其他》由上海商务印书馆出版。1951 年，调任中央文化部，先后任艺术局美术处处长、艺术教育司处长、副司长。他先后出席第一次、第二次中华全国文学艺术工作者代表大会，并当选中国美术家协会第一、二届理事。

1951 年，莱比锡国际博览会的中国馆展台背景，右坐者为总设计师张仃

张仃是综合艺术与设计的艺术家，艺术生涯跨越漫画、装饰绘画、壁画、展示设计、动画电影、邮票设计、中国画、工艺美术教育等诸多领域。1932 年，他考入私立北平美术专科学校中国画系，并开始创作针砭时弊的漫画。20 世纪 30 年代，他深受张光宇等时代图书公司艺术家群体的影响，

郑可：《桂林光复纪念碑》（局部），20世纪40年代

在上海等地从事漫画创作，形成富有民族民间风格和现代意识的装饰艺术。1938年到延安后在鲁迅艺术学院任教的同时，从事解放区许多著名会议和展览的装饰艺术设计。1946年，在哈尔滨主编《东北画报》《农民画刊》。新中国成立后，他主持中央美术学院实用美术系，先后参与全国政协会徽、中华人民共和国国徽、国际博览会中国馆等一系列重大设计。张仃强调从学习民族民间艺术和提倡新的装饰艺术观出发，发展工艺美术教育。

1930年，郑可进入法国国立高等美术学院学习雕塑，并在巴黎国立装饰艺术学院学习家具设计、染织、陶瓷、金属工艺等。他在留学法国前，先在广东省立工业专门学校上学，受过金工、木工等技术训练。20世纪30年代曾两度赴德国参观包豪斯的展览，比较推崇包豪斯思想，毕生关注艺术与技术的结合。1934年学成归国后，被聘为广东省立勷勤大学（并入今华南理工大学）等校教授；主要从事雕塑及实用美术创作，曾于广州、香港、柳州等地开设综合性个人工作室，并创办、经营多家工商业美术设计公司、工厂。1951年，他在香港变卖企业后，携家眷及工人、机器迁往北京，任教于中央美术学院实用美术系。

20世纪30年代初，祝大年分别在国立杭州艺专和国立北平艺专学习绘画与雕塑。1935年，受蔡元培推荐赴日学习陶瓷艺术，深受日本传统复兴派陶艺家富本宪吉、北大路鲁山人的影响。20 世纪 40 年代，他在重庆、上海等地从事陶瓷坯釉研究和日用瓷、建筑瓷的试验及生产，投身于民族工业的复兴，形成了独特的装饰艺术思想和创作风格。1950 年，应轻工业部部长黄炎培之邀，赴北京任中央轻工业部高级工程师，负责全国陶瓷行业工作。1952 年，任教于中央美术学院实用美术系。1952—1953 年，设计新中国庆典用瓷“建国瓷”：青花斗彩缠枝花牡丹纹中餐具和青花西餐具。

20 世纪 30 年代中期，吴劳先后就读苏州美专高中部、国立杭州艺专雕塑系。1938 年，到延安鲁迅艺术学院美术系学习。1939 年，到晋察冀边区，在华北联合大学美术系任教。1943 年，调回延安陕甘宁晋绥联防军总政治部宣传部美术组，进行展览设计和美术创作。1945 年，回到华北联大文艺学院美术系任教，从事年画的创新工作。1949 年初，随人民解放军进驻北平，在军管会华北大学美术工作队工作，随后负责华北大学美术供应社（后为中央美术学院美术供应社），为国内外大型展览、会议、广告、纪念章等进行设计。1956—1957 年，在中央美术学院主持展览设计专修班，从编写教材到授课实践，培养了数十位新中国第一代展览艺术设计人才，并于 1958 年出版新中国第一本展览设计专著《展览艺术设计》，对展览设计进行系统的理论总结。

吴劳：《展览艺术设计》，人民美术出版社，1958 年

二、新中国经济建设对工艺美术的需求

1949年7月2日，在中华人民共和国成立前夕，中华全国文学艺术工作者代表大会在北平召开。吴劳（平津代表第一团）、张仃（东北代表团）、陈叔亮（华东代表团）等出席大会。大会确立了毛泽东主席提出的“为人民服务”的文艺方针。中共中央在发给大会的贺电中说：“我们中国是处在经济落后和文化落后的情况中。在革命胜利以后，我们的任务主要地就是发展生产和发展文化教育。人民革命的胜利和人民政权的建立，给人民的文化教育和人民的文学艺术开辟了发展的道路。我们相信，经过你们这次大会，全中国一切爱国的文艺工作者，必能进一步团结起来，进一步联系人民群众，广泛地发展为人民服务的文艺工作，使人民的文艺运动大大发展起来，借以配合人民的其他文化工作和人民的教育工作，借以配合人民的经济建设工作。”[①] 配合经济建设工作，成为文艺工作的重要内容。

由于工艺美术与国计民生紧密相关，新中国成立初期，国家经济建设对工艺美术的需求十分迫切，尤其在争取扩大出口换外汇方面，传统工艺美术具有优势。1951年6月，全国合作社联合会举行第一次全国手工业生产合作会议。会议明确了发展手工业合作社的方针，即“走向社会主义方向，发展的道路由个体到集体，由手工到半机械化而机械化，由

① 中华全国文学艺术工作者代表大会宣传处：《中华全国文学艺术工作者代表大会纪念文集》，北京，新华书店，1950年，第155页。

小生产过渡到大生产。”[①]1953年1月，我国发展国民经济的第一个五年计划开始执行。工艺美术生产得到恢复和发展，全国工艺美术的从业人员、年产值和出口换汇值逐年递增。1952年换汇900万美元，1956年就增加到2800万美元，四年时间涨了三倍多。工艺美术生产的发展对工艺美术教育提出了更高更迫切的要求。

三、新中国成立初期工艺美术高等教育及重要的工艺美术设计

新中国成立前后，工艺美术高等教育开始得到重视与发展。1949年9月，华北大学文艺学院美术系与北平国立艺术专科学校合并，同年6月成立的华北大学美术供应社亦并入国立北平艺术专科学校，隶属于学校领导，由吴劳负责。11月2日，经中央人民政府批准，国立北平艺术专科学校更名为国立美术学院。1950年1月，中央人民政府政务院批准国立美术学院更名为中央美术学院，并于4月1日举行成立典礼。学制定为三年，设绘画、雕塑、图案、陶瓷四科。叶麟趾任陶瓷科主任，叶浅予任图案科主任。同年，图案科、陶瓷科改为实用美术系，并设陶瓷、染织和印刷三科。

1951年9月，中央美术学院华东分院副院长江丰从杭州调回北京，任中央美术学院副院长。学院组织结构略有调整，其中张仃任实用美术系主任，教师有张光宇、郑可、祝大年、

① 季龙主编：《当代中国的工艺美术》，北京，中国社会科学出版社，1984年，第561页。

周令钊、徐振鹏、夏同光、郑乃衡、刘凌仓、田世光、陈若菊等。美术供应社由张仃、吴劳负责，下设美术工厂和证章工厂，美术工厂设图案股、绘画股、肖像股、雕塑股、工务股（含印染组和缝纫组）。1952 年 6 月，美术供应社因“三反运动”解散，证章工厂从美术供应社分出成立北京证章厂；美术供应社改称展览工作室，吴劳、杨伯达任正、副主任，设办公室、美术科、展览科、总务科，由中央美术学院院办管理（业务管理除外）。1955 年，展览工作室归属文化部艺术局，吴劳、杨伯达任正、副主任。

1949 年 6 月 7 日，杭州市军事管制委员会任命倪贻德等为军代表，接管国立杭州艺术专科学校。9 月，浙江军事管制委员会任命刘开渠为校长，倪贻德为第一副校长兼任研究室主任，江丰为第二副校长兼党组书记。庞薰琹任教务长，郑野夫任总务长，莫朴任绘画系主任，雷圭元任实用美术系主任，刘开渠任雕塑系主任（兼）。实用美术系教师有邓白、柴扉、顾恒、程尚仁、袁迈、柳维和、田自秉等。1950 年 11 月，中央人民政府文化部决定国立杭州艺术专科学校改名为中央美术学院华东分院，隶属中央美术学院领导。

1951 年，梁思成、林徽因在清华大学营建系主持成立工艺美术研究小组，高庄、常沙娜、钱美华、孙君连、吴良镛等曾在此工作。林徽因还带领学生深入民间作坊调查研究，从制胎、掐丝、点蓝等工序开始，跟老师傅熟悉流程。在林徽因的指导下，工艺美术组还为景泰蓝设计了一批具有民族风格的新颖图案，突破了以往单调的荷花、牡丹图，使景泰蓝成为传统工艺在新中国最早进行改造的品类之一。

自新中国成立至中央工艺美术学院成立前，许多艺术家就已经全身心地投入到一系列国家重大的工艺美术设计活动

中华全国文学艺术工作者代表大会会徽，曹思明设计，1949年

中。他们为共和国的形象赋予了清新、刚健、庄重的内涵。

1949 年 7 月 2 日，中华全国文学艺术工作者代表大会在北平召开。任教于国立杭州艺术专科学校的曹思明（后为中央工艺美术学院教授）设计了会徽，这枚会徽纪念章成为中央美术学院证章工厂的第一批产品。1949 年 9 月 21 日—30 日，中国人民政治协商会议第一届全体会议在北平举行，张仃作为主要设计师，设计了中国人民政治协商会议会徽、第一届全国政协会议纪念邮票、开国大典纪念邮票。

国旗设计者是上海华东合作事业管理局的曾联松。因开国大典急需，1949 年 9 月，中央美术学院美术供应社贺嗣昌应用网格绘制国旗图样，缝纫组刘芬、赵文瑞、齐惠玉、傅丽英手工缝制新中国第一面五星红旗，并于 9 月 27 日送交全国政协第一次会议审定。此后经多次实验，美术供应社印染组程之彦、滕凤谦、李恩源发明“拔染法”，在红色绸面上漂白、印染黄色五星，实现国旗的批量化生产，且效果比手工缝制得更轻便、鲜明。

国徽设计是以张仃、张光宇、周令钊等人为主的中央美术学院实用美术系和由梁思成、林徽因主持的清华大学营建系共同设计、集体完成的。国徽的主题形象有：国旗（五角星）、天安门、麦稻穗、齿轮、绶带。其中，齿轮、麦稻穗（北方人多食麦，南方人多食稻）、绶带（中央美术学院小组用飘带）等主题形象，不约而同出现于双方最初的设计方案，象征工农联盟。国旗（五角星）主题1949年10月出现于清华大学营建学系林徽因、莫宗江设计的方案。天安门主题，1950年6月初由中央美术学院实用美术系国徽设计小组提出。1950年6月23日和28日，全国政协一届二次全体会议和中央人民政府委员会第八次会议分别讨论通过国徽图案。同年7—8月，清华大学营建学系教授高庄完善国徽图案，使“国徽更庄严，更明朗，更健康，更坚强，更程式化，更统一，更有理性，更有组织，更有纪律，更符合于应用的条件，并赋予更高的民族气魄和时代精神，以冀我们的国徽艺术性提高到国际水平和千万年久远的将来”。[①] 并在徐沛真协助下制作国徽模型。

1950年9月20日，毛泽东主席签署中央人民政府命令，公布国徽图案及图案说明：“国徽的内容为国旗、天安门、齿轮和麦稻穗，象征中国人民自五四运动以来的新民主主义革命斗争和工人阶级领导的以工农联盟为基础的人民民主专政的新中国的诞生。”[②] 国徽采用金红两色浮雕造型，极富中国特色。同日，《人民日报》刊登由吴劳绘制的国徽方格墨线图、国徽断面图，以此说明国徽各部分的结构。1950年国庆节，天安门装饰设计增加了重要组成部分——毛主席画像东西两侧的绿框木结构大标语（后改为白框金属结构）。大标语由张光宇、张仃设计，曹肇基书写、监制，中央美术学院美术供应社制作。

新中国成立之初，政务院副总理兼中央教育委员会主任

① 中央档案馆编：《中华人民共和国国旗国徽国歌档案》，北京，中国文史出版社，2014年，第448页。

② 同上，第470页。

中国人民政治协商会议，张仃主持设计，1949年

国徽石膏模型，高庄制作，1950年

郭沫若向中央政府建议，组织设计、生产“建国瓷”，作为国家庆典用瓷。建国瓷方案由周恩来总理审定，责成轻工业部承办，中央美术学院实用美术系设计，江西景德镇生产。1952年10月，轻工业部成立建国瓷设计委员会，聘请郑振铎、徐悲鸿、江丰、张仃、章元善、蔡若虹、梁思成、张光宇、徐振鹏、王秀峰、雷圭元、齐燕铭、尹佐庭、庞薰琹、张正宇、林徽因、王逊、叶麟趾、吴劳、郑可、祝大年、高庄、梅健鹰、陈万里、沈从义、钟灵26人为委员；推选文化部副部长郑振铎任主任委员，江丰、张仃任副主任委员，郑可、祝大年、张仃、高庄、梅健鹰、陈万里、沈从文、钟灵为常务委员。1952—1953年年初，建国瓷国宴餐具经过征集，选定祝大年设计的斗彩牡丹纹中餐具和青花海棠纹西餐具，制作工艺从原料的坯、釉料制备，至成型工艺、彩绘工艺，全部为景德镇传统手工制瓷工艺。1953年，建国瓷相继试制生产。1954年，国庆五周年时如期完成。

1949年9月30日，全国政协第一届全体会议通过了在天

建国瓷（斗彩牡丹纹中餐具），祝大年设计，1953年

安门建立人民英雄纪念碑的决议。1952年5月10日，由17个单位组成的人民英雄纪念碑兴建委员会成立，北京市市长彭真为主任，郑振铎、梁思成为副主任。6月19日，美术工作组成立，刘开渠任组长，滑田友、张松鹤任副组长，郑可、张仃被聘为组员。1953年8月17日，装饰组成立，邱陵任副组长。邱陵设计了碑体侧面由红星、松柏及胜利旗帜组成的“光辉永照”装饰浮雕及碑体纹饰。1958年5月1日，人民英

人民英雄纪念碑碑侧上部浮雕“光辉永照”，邱陵设计，1958年

1950年国庆前夕，张仃（右一）率队在天安门城楼上悬挂国徽

雄纪念碑建成揭幕。

四、学院的筹建

随着国家经济建设的发展和一系列国家重大设计活动的开展，工艺美术事业受到党和政府的重视，社会和学校都发出了创办工艺美术学院的呼声。1952 年，周恩来总理在检查建国瓷工作时说，我国是世界上人口最多的国家，有悠久的文化，工艺美术有光辉的艺术传统。我们又是多民族国家，各民族都有自己的民族工艺，对工艺美术要进行全国性的调查，要关心艺人的工作和生活，要成立工艺美术学院，要培养不同专业的工艺美术设计人才。

周总理的讲话，使时任中央美术学院华东分院教务长兼绘画系主任的庞薰琹增加了创建工艺美术学院的信心。1952 年 4 月，他带着建立学院的方案专程到北京与江丰、华君武商议。他的努力得到了中国美术界领导以及文化艺术界的普遍支持。

1952 年，中国学习苏联的教育体制模式，进行全国高等院校院系调整。在此契机下，3 月 24 日中央美术学院致函文化部，建议将中央美术学院华东分院实用美术系迁至北京与中央美术学院实用美术系合并，作为将来成立工艺美术学院的基础。文化部将建议函转交政务院文教委员会核实。4 月，政务院文教委员会批准同意合并。

1952 年 10 月，根据全国院系调整要求，中央美术学院华东分院实用美术系建筑组 22 名学生并入同济大学。同时，

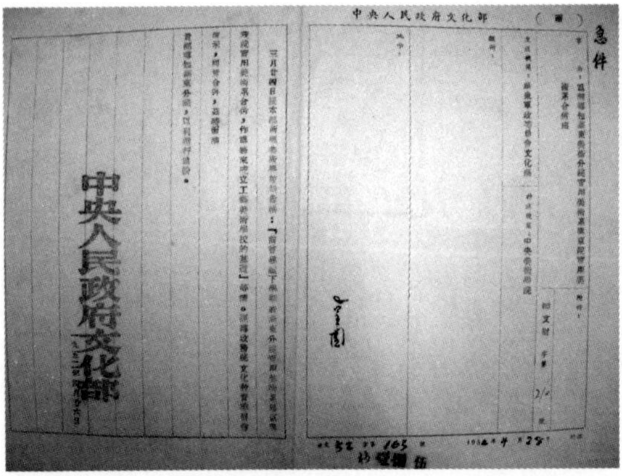
急件

中央人民政府文化部

1952年4月26日，中央人民政府文化部致函华东军政委员会文化部，转告中央美术学院华东分院实用美术系与中央美术学院实用美术系合并，作为将来成立工艺美术学校的基础

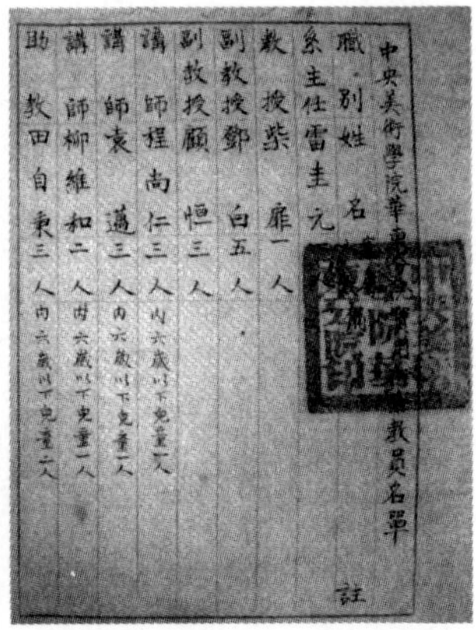
中央美術學院華東分院……教員名單

職別	姓名		註
系主任	雷圭元		
教授	柴扉	一人	
副教授	鄧白	五人	
副教授	顧恒	三人	
講師	程尚仁	三人	内六歲以下兒童一人
講師	袁邁	三人	内六歲以下兒童一人
講師	柳維和	二人	内六歲以下兒童一人
助教	田自秉	三人	内六歲以下兒童一人

中央美术学院华东分院为实用美术系迁并中央美术学院实用美术系所附的教员名单，1952年8月21日

上海美术专科学校22名学生合并到中央美术学院华东分院实用美术系。1953年2月16日，中央美术学院华东分院实用美术系庞薰琹、雷圭元、柴扉、顾恒、程尚仁、袁迈、柳维和、田自秉、温练昌、程新民等教师及家属与实用美术系学生从杭州北上北京，并带来大量工艺美术图书资料。同时，清华大学营建系部分教师也并到中央美术学院，其中调到实用美术系的教师有高庄、常沙娜。合并后，张仃任实用美术系主任，雷圭元任副主任，庞薰琹任实用美术系研究室主任。

1953年，实用美术系组织人员收集、临摹、整理传统图案，编辑出版了新中国成立后第一批专题性质的传统图案教材：《中国锦缎图案》《敦煌藻井图案》《北京皮影》，由人民美术出版社出版，成为图案教学中的主要内容。此时，温练昌和常沙娜接受建筑工程部和文化部的委托，先后参与了苏联展览馆电影馆（今北京展览馆电影馆）装饰雕塑及彩画拱

北京展览馆（原苏联展览馆）大门，奚小彭设计，1953年

北京展览馆电影大厅天顶，温练昌、常沙娜设计，1953年

北京饭店大宴会厅前厅装饰，奚小彭设计，1954年

顶设计和首都剧场装饰设计。

1953年上半年，由中央人民政府文化部组织领导，在各省文化局的支持下，实用美术系全体教师对全国民间工艺美术做了普遍调查和搜集整理工作，同时筹备首届全国民间美术工艺品展览会，他们在实践中得到充实和提高。这项工作对了解当时的全国工艺美术状况，开展工艺美术教育和研究，

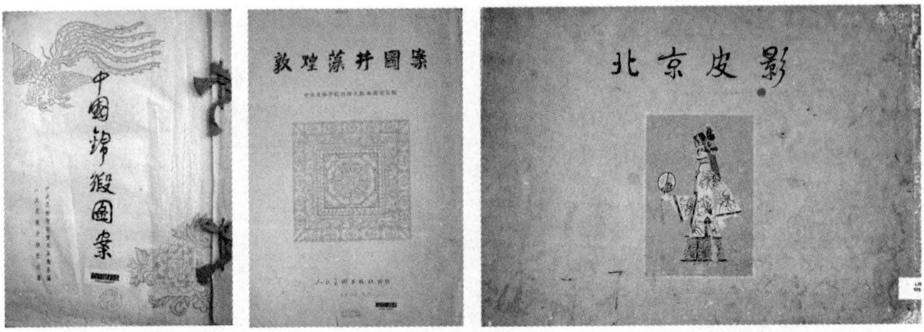

中央美术学院实用美术系收集、临摹、整理、出版的传统图案教材：《中国锦缎图案》《敦煌藻井图案》《北京皮影》，人民美术出版社，1953年

培养师资，均产生了积极的影响，为中央工艺美术学院的建立奠定了基础。

1953年12月7日—1954年1月3日，由文化部主办的首届全国民间美术工艺品展览会在北京劳动人民文化宫展出。刘少奇、朱德、周恩来等党和国家领导人先后参观了展览。周恩来总理非常重视这次展览，观看展览时再次强调："我们要办工艺美术学院，要从小到大逐步发展，要结合生产，要关心人民生产的需要，要学习先进技术。"① 这个指示对工艺美术学院的建立，对民族传统的认识、办学方向等均产生了重要影响。文化部邀请陈之佛、沈福文等在南方的艺术家和各地著名的民间艺人来京参观，交流经验，并与在京的庞薰琹、雷圭元、张光宇、张仃、祝大年、高庄郑可、周令钊等举行了座谈。展览结束后，3000件展品的大部分展品转交中央美术学院实用美术系收藏，用于教学和科研；1956年又转入新成立的中央工艺美术学院。

① 常沙娜：《走向二十一世纪——纪念中央工艺美术学院建院三十五周年》，载《装饰》，1991年第4期。

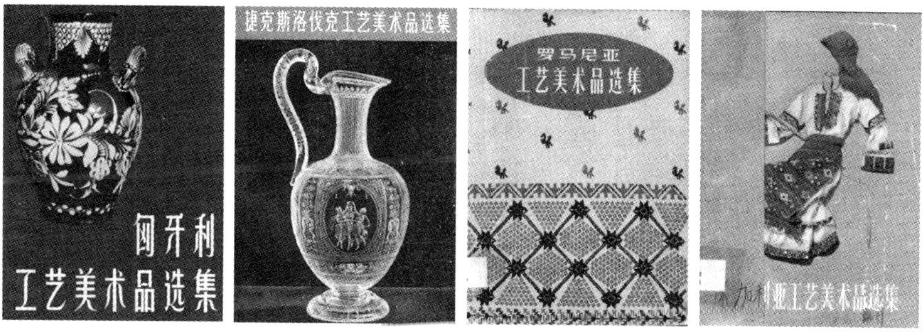

雷圭元：《匈牙利工艺美术品选集》；雷圭元：《捷克斯洛伐克工艺美术品选集》；袁迈：《罗马尼亚工艺美术品选集》；袁迈：《保加利亚工艺美术品选集》，人民美术出版社，1958年

1954年初，实用美术系改为工艺美术系，庞薰琹任系主任，并设立工艺美术研究室，庞薰琹、雷圭元任正、副主任。此时，实用美术系暂停招生，全力投入研究工作。研究室的主要任务是“联系实际，改进工艺，培养师资，准备教材”，为筹建工艺美术学院做必要的各项准备。

1954年8月，为打开我国工艺品的外销出路，同时对外介绍中国民间工艺的艺术成就，文化部委托中国美术家协会等单位筹办了四个规模相同的中国工艺美术展览会。其中，庞薰琹带队到苏联，雷圭元带队到捷克斯洛伐克、匈牙利及瑞士、芬兰，吴劳带队到波兰、民主德国，袁迈带队到罗马尼亚、保加利亚举办展览，并对苏联及东欧各国的工艺美术教育及研究工作进行调查研究。他们带回了有关工艺美术教育的资讯，对学院的专业设置、课程安排、招生办法等，均有重要的参考作用。雷圭元和袁迈回国后还编了四册有关匈牙利、保加利亚、捷克斯洛伐克、罗马尼亚的工艺美术品选集，1958年由人民美术出版社出版。作品集较为全面地介绍了四国的工艺美术，为中外工艺美术交流起到了积极的作用。

与此同时，国家选派工艺美术系部分青年教师出国留学，以培养师资。1954 年，选派李葆年赴苏联穆希娜工艺美术学院学习装饰雕塑（1954—1960）。1955 年，选派王学东赴捷克斯洛伐克，翌年入布拉格工艺美术学院学习玻璃工艺（1956—1961）。1956 年，选派白崇礼赴捷克斯洛伐克布拉格工艺美术学院学习染织、服装设计（1956—1961）、邱承德在捷克斯洛伐克高等工艺美术学院学习书籍装帧设计（1956—1960）；选派朱济辉赴波兰学习装饰壁画。此外，还有其他院校由国家选派赴苏联和东欧国家学习，学成陆续到学院任教的教师：奚静之在苏联圣彼得堡列宾美术学院美术史及美术理论系留学（1955—1960）；1955 年，严尚德赴波兰弗洛茨瓦夫造型艺术学院留学（1956—1961）；林福厚在布拉格工艺美术学院实用建筑系留学（1956—1961）；张国藩在布拉格工艺美术学院壁画专业留学（1956—1960）；余秉楠在东德莱比锡书籍艺术与版画高等学院留学（1956—1962）。

1954 年 5 月 26 日，张光宇、雷圭元、柳维和、张正宇、周令钊、郑可、夏同光、钟灵（美协）、王品渠（军委）在中央美术学院讨论中央军委委托设计荣誉奖章、荣誉勋章、红星勋章的具体问题。1955 年，接受国家有关中国人民解放军实行授衔制度的设计委托，由张光宇主持，周令钊、温练昌、常沙娜、陈若菊共同设计完成了元帅服；周令钊、陈若菊等设计中国人民解放军三大勋章。其中，八一勋章的中心图案是红星和八一，独立自由勋章的中心图案是红星照耀下的延安宝塔山，解放勋章的中心图案是五角星和天安门，勋章分一级（金质）、二级（金质）、三级（银镀金）评授，另有铜镀金奖章。

八一勋章、独立自由勋章、解放勋章，周令钊、陈若菊主持设计，1955年；图为一级勋章

元帅服，张光宇主持，周令钊、陈若菊、温练昌、常沙娜共同设计，1955年

1955—1956 年，工艺美术系恢复本科招生，并开设两个专修班，培训展览设计和染织设计方面的干部。1955 年，第一次接受两名波兰籍的本科留学生，分别学习染织和陶瓷，接受保加利亚籍万曼为染织系研究生（20 世纪 90 年代，万曼成为具有国际影响的纤维艺术家）。工艺美术研究室编绘出版了《图案的组织：牡丹花的写生和应用举例》《民间染织刺绣工艺》《民间雕塑工艺》、*Indigo prints of China*（《中国蓝印花布》英文版）等系列教材，丰富了当时的工艺美术教学，同时在对外文化交流中起到了积极的作用。1955 年，工艺美术系染织、陶瓷、室内装饰三个组开展为期 3 个月的民间工艺美术调查

研究工作；3 月 20 日，《人民日报》以《中央美术学院师生调查研究民间工艺美术》为题进行报道。

中央美术学院工艺美术研究室编辑出版的图案教材：《图案的组织：牡丹花的写生和应用举例》《民间染织刺绣工艺》《民间雕塑工艺》，朝花美术出版社，1955 年；*INDIGO PRINTS OF CHINA*（《中国蓝印花布》），外文出版社，1956 年

1956 年 3 月 4 日，中央手工业管理局局长、中华全国手工业合作总社筹备委员会主任白如冰及中央手工业管理局副局长邓洁、国务院第四办公室（分管轻工业、手工业）主任贾拓夫汇报手工业社会主义改造的情况，毛泽东主席在听取汇报后说："手工业要向半机械化、机械化方向发展，劳动生产率必须提高。""提高工艺美术品的水平和保护民间老艺人的办法很好，赶快搞，要搞快一些。你们自己设立机构，开办学院，召集会议。"[①] 这些指示直接促成了中央工艺美术学院筹备委员会的成立。

4 月 25 日，高等教育部、文化部、中央手工业管理局、中央美术学院共同成立了中央工艺美术学院筹备委员会。文化部副部长刘芝明任主任，委员有邓洁、谢邦选、陈叔亮、朱丹、蔡若虹、江丰、庞薰琹、雷圭元、吴劳、刘鸿达。筹备会决定，在成立中央工艺美术学院的同时，成立中央工艺

① 毛泽东：《加快手工业的社会主义改造》，见《毛泽东选集》第五卷，北京，人民出版社，1977 年，第 265 页。

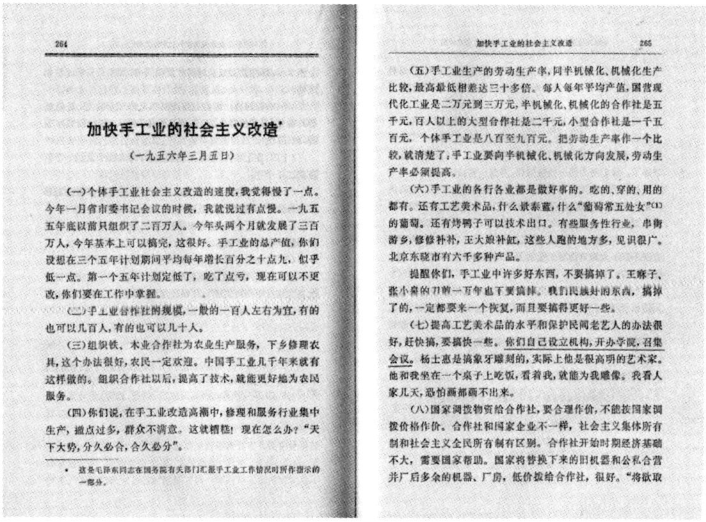
264

加快手工业的社会主义改造*

（一九五六年三月五日）

（一）个体手工业社会主义改造的速度，我觉得慢了一点。今年一月省市委书记会议的时候，我就说过有点慢。一九五五年底以前只组织了二百万人。今年头两个月就发展了三百万人，今年基本上可以搞完，这很好。手工业的总产值，你们设想在三个五年计划期间平均每年增长百分之十点九，似乎低一点。第一个五年计划定低了，吃了点亏，现在可以不更改，你们要在工作中掌握。

（二）手工业合作社的规模，一般的一百人左右为宜，有的也可以几百人，有的也可以几十人。

（三）组织铁、木业合作社为农业生产服务，下乡修理农具，这个办法很好，农民一定欢迎。中国手工业几千年来就有这样做的。组织合作社以后，提高了技术，就能更好地为农民服务。

（四）你们说，在手工业改造高潮中，修理和服务行业集中生产，撤点过多，群众不满意。这就糟糕！现在怎么办？“天下大势，分久必合，合久必分”。

* 这是毛泽东同志在国务院有关部门汇报手工业工作情况时所作指示的一部分。

加快手工业的社会主义改造　265

（五）手工业生产的劳动生产率，同半机械化、机械化生产比较，最高最低相差达三十多倍。每人每年平均产值，国营现代化工业是二万元到三万元，半机械化、机械化的合作社是五千元，百人以上的大型合作社是二千元，小型合作社是一千五百元，个体手工业是八百至九百元。把劳动生产率作一个比较，就清楚了：手工业要向半机械化、机械化方向发展，劳动生产率必须提高。

（六）手工业的各行各业都是做好事的。吃的、穿的、用的都有。还有工艺美术品，什么景泰蓝，什么“葡萄常五处女”(1)的葡萄。还有烤鸭子可以技术出口。有些服务性行业，串街游乡，修修补补，王大娘补缸，这些人跑的地方多，见识很广。北京东晓市有六千多种产品。

提醒你们，手工业中许多好东西，不要搞掉了。王麻子、张小泉的刀剪一万年也不要搞掉。我们民族好的东西，搞掉了的，一定都要来一个恢复，而且要搞得更好一些。

（七）提高工艺美术品的水平和保护民间老艺人的办法很好，赶快搞，要搞快一些。你们自己设立机构，开办学院，召集会议。杨士惠是搞象牙雕刻的，实际上他是很高明的艺术家。他和我坐在一个桌子上吃饭，看着我，就能为我雕像。我看人家几天，恐怕画都画不出来。

（八）国家调拨物资给合作社，要合理作价，不能按国家调拨价格作价。合作社和国家企业不一样，社会主义集体所有制和社会主义全民所有制有区别。合作社开始时期经济基础不大，需要国家帮助。国家将替换下来的旧机器和公私合营并厂后多余的机器、厂房，低价拨给合作社，很好。“将欲取

毛泽东：《加快手工业的社会主义改造》，见《毛泽东选集》第五卷，人民出版社，1977年，第265页。

美术科学研究所，归中央手工业管理局领导。4月30日，为强调国家在社会主义建设时期对于艺术干部的迫切需要，文化部、高等教育部、中央手工业管理局、中华全国手工业合作总社筹委会联衔送呈国务院关于调整建立中央工艺美术学院等院校的报告。同月，根据中央手工业管理局和中华全国手工业合作总社党组的决定，研究所开始筹建。

5月，中央工艺美术学院筹备委员会设立筹备委员会办公室，由学院代表庞薰琹、中央手工业管理局代表谢邦选、文化部代表吴劳三人具体负责筹建工作，由中央手工业管理局副局长邓洁总负责。筹备委员会先后召开三次会议，讨论机构设置、院务委员会条例和人员配备等问题。由于经费和校舍问题，文化部建议在无锡试办学院，庞薰琹则坚持在北京，邓洁、谢邦选、吴劳积极推动解决学院成立急需的校舍、物资、经费等事宜。中央手工业管理局干部学校提供了北京阜

1956年，吴劳（左）、谢邦选（右）在学院筹建会上

成门外白堆子75号的一座楼房，中华全国手工业合作总社筹委会提供30间宿舍和一个汽车房。校舍暂定在阜成门外白堆子75号。

第二章

初创与引领（1956—1966）

1956 年，国家基本实现了对农业、手工业、资本主义工商业的社会主义改造，提前完成第一个五年计划的主要指标，整个社会朝气蓬勃。在这样的背景下，新中国第一所工艺美术设计高等院校——中央工艺美术学院在北京成立了。

一、新中国第一所工艺美术设计高等院校的诞生

1.办学方针与成立典礼

1956 年 6 月 1 日，国务院常务会议讨论通过文化部、高等教育部、中央手工业管理局、中华全国手工业合作总社筹委会联合呈报的关于建立中央工艺美术学院的报告，在中央美术学院工艺美术系的基础上，由文化部与中央手工业管理局和中华全国手工业合作总社合作，在北京建立一所中央工艺美术学院。中央工艺美术学院行政上归中央手工业管理局和中华全国手工业合作总社领导，业务方针上归文化部领导。并指出，学院的方针任务是：培养具有马克思列宁主义基础，精通专业知识，掌握熟练的技能，全心全意为建设社会主义服务的各种高级的工艺美术设计专门人才。中央手工业管理局副局长邓洁兼任院长，雷圭元、庞薰琹任副院长。

8 月 9 日，中央工艺美术学院筹备人员由中央美术学院搬到阜成门外白堆子 75 号中央手工业管理局干部学校。校舍为临时借用，只有一座三层楼房。为解决用房不足，新建了一排 16 间设有天窗的基础课教室和一个简易的实验工场。

9 月，中央工艺美术学院正式开学。10 月，中央工艺美术学院筹备委员会宣布结束筹备工作。11 月1 日，举行中央工艺美术学院成立典礼。院长邓洁主持大会，并宣布国务院的有关批文。文化部副部长钱俊瑞、高等教育部副部长曾昭抡和纺织工业部、轻工业部、中央手工业管理局、中国美术

1956年11月1日，副院长庞薰琹在中央工艺美术学院成立典礼上讲话

1956年11月1日，在中央工艺美术学院成立典礼上，中央美术学院院长江丰致辞

家协会、中央美术学院等有关领导及美术家、民间艺人、知名人士到会祝贺。

副院长庞薰琹在会上作了主旨讲话，详细介绍学院的方针任务、筹备情况、组织结构和人员情况。他谈到学院的方针任务时说，我国工艺美术具有悠久的历史，不论是生活日用品或艺术陈设品，对美化人民生活和丰富人民感情都有很大作用。随着社会主义建设的发展，人民物质文化生活的逐步提高，国家和人民对工艺美术品的需要日益增加，工艺美术教育事业也必须相应地向前发展。工艺美术学院所培养的学生应该是具有一定的马列主义思想水平和艺术修养，掌握工艺美术创作设计及生产知识与技能，全心全意为社会主义服务的专门人才。

院长邓洁在讲话中指出："学院的成立是适应国家社会主义建设，满足广大人民需要，开展国际和平运动、文化交流

1956年11月1日，出席中央工艺美术学院成立典礼的领导、嘉宾和师生在白堆子校园教学楼前合影

和经济合作不可缺少的重要工作。”[①] 学院培养的人才必须理论结合实际；今后要大力开展科学研究工作，总结民间艺术家的创作经验，继承和发展祖国传统艺术；并使教学结合生产实践，和生产部门密切配合。

文化部副部长钱俊瑞致辞说：“中央工艺美术学院的成立，不仅是文化艺术事业的一件大事，同时也是国家经济建设的一件大事。”[②] 高等教育部副部长曾昭抡指出：“工艺美术学院虽然主要不是学习生产过程，但必须熟悉和掌握生产知识，这是与一般美术学院不同的特点。”[③] 最后，中央文史研究馆副馆长叶恭绰（为学院题写院名）与中央美术学院院长江丰也在会上作了讲话。会后，来宾参观了中央工艺美术学院师生作品展览会。

从此，定11月1日为中央工艺美术学院院庆纪念日。

2.教学和教辅机构的设置

学院成立时，设染织、陶瓷、装潢设计三个系和绘画、

① 中央工艺美术学院成立典礼讲话，1956年11月1日，清华大学美术学院档案。

② 中央工艺美术学院成立典礼致辞，1956年11月1日，清华大学美术学院档案。

③ 中央工艺美术学院成立典礼致辞，1956年11月1日，清华大学美术学院档案。

1956年10月1日，中央工艺美术学院师生参加国庆文艺大队游行

共同课两个教研室。其中，染织系、陶瓷系、装潢设计系由原中央美术学院工艺美术系染织科、陶瓷科、印刷科扩大而成。柴扉任染织系主任，祝大年任陶瓷系主任，袁迈任装潢设计系代主任。当时，有教师36人，其中教授5人，副教授4人，讲师12人，助教15人。在校学生94人，其中1955级染织系和陶瓷系本科生23人（含留学生2人），1956级染织、陶瓷、装潢三个系本科生62人（含留学生1人、试读生1人），研究生5人（1955级3人、1956级1人、1956级留学生1人），另有中南美术专科学校图案组4名学生并入本科二年级。其中，本科生学制5年，研究生学制2年，进修生学制1~2年。

建院初期，染织系专业课程设置有棉麻、毛丝、人造纤维纺织品的印染图案设计，柴扉、程尚仁、温练昌、常沙娜、黄能馥、李绵璐等为图案基础和专业设计教师，田世光为工笔花鸟画教师。陶瓷系专业课程设置有陶器、日用瓷、美术瓷设计等，祝大年、郑可、梅健鹰、郑乃衡、张守智、金宝升等为专业基础和专业设计教师，顾丁茴是陶瓷实验室工艺、材料教师，吴祖德、翁智达、潘文卜是实验员。装潢设计系专业课程设置有包装、广告、招贴、书籍装帧设计等，张光

1957年10月1日，学院师生参加国庆文艺大队游行并设计制作“万象更新”彩车及其他道具（摄于白堆子校园）

宇、袁迈、邱陵、柳维和、陈若菊、袁运甫为装饰基础和专业设计教师。

绘画教研室承担各系素描、色彩等基础课教学。张振仕、韩问、林乃干、周成镳、谷嶙、李学准、权正环为素描教师，郑炯灶为色彩教师。共同课教研室承担全院工艺美术史论、文化、体育等共同课教学。田自秉、王家树担任工艺美术史论教学，吴达志教外国美术史课，陶如让教俄语课，杨子美、罗慕云、潘其添、徐荠生教马列主义基础课，黄美华、谭瑞钧教体育课。

1956年，郑可从香港购置设备积极筹建金工专业，因政治运动于1957年停止筹备工作。1957年，学院将原设置的室内装饰教研室提升为室内装饰系，并首次招收学生。徐振鹏任系代主任（无正式系主任），顾恒、徐振鹏、奚小彭、罗无逸、谈仲萱、程新民、梁任生任专业教师，专业课程有制图（含投影、透视、渲染）、建筑构造、专业图案、家具工艺与设计、灯具用材与设计、居住建筑室内设计、公共建筑室内设计、室内装饰风格史等。

校办工厂是学院教学的重要辅助机构。学院成立时，染织系和陶瓷系分别设有印染工厂、陶瓷工厂。1958 年，增设地毯厂、木工厂、丝网印厂、活字印刷和石版印刷厂。各工厂都有师傅和技术人员负责管理和指导学生实习，并进行小批量的样品生产。

1958 年 7 月，由中国美术家协会主办的“中央工艺美术学院师生习作展览会”在美协展览馆（帅府园）展出，这是学院成立以来第一次向社会汇报教学和设计实践的成果。展览内容分为九大类：染织、陶瓷、装饰画与绘画、招贴画、封面设计与插图、装潢设计、室内装饰与家具、泥人、面人，共计 890 余件作品。

图书资料和实物资料是学院从事教学、进行科学研究的重要物质基础。经邓洁争取，中华全国手工业生产合作总社拨给学院 30 万元作为研究费和资料费，为学院图书馆的发展

1956 年，中央工艺美术学院丝绸艺人创作研究班结业留影

提供了资金。图书馆以突显专业性为特点，不仅收藏涵盖工艺美术类各专业图书，还有品类丰富的实物资料。学院成立时，图书馆有图书约 6000 册，实物资料室有 2792 件实物。建馆初期馆藏的专业图书和实物资料都来自中央美术学院实用美术系。其中，部分实物是 1953 年 12 月在劳动人民文化宫举办的“首届全国民间美术工艺品展览会”的展品。图书与实物资料对教学起到了重要的作用。

1957 年 11 月院庆，装潢系师生在白堆子校园合影

为了适应国家和社会对工艺美术的多种需求，学院采用多种办学形式：短训班、进修班、研究班、中专班，接收各地工艺美术生产、设计及研究人员学习基础理论及总结创作经验，提高艺术水平。其中，第一个研究班是 1956 年 10 月举办的丝绸艺人创作研究班。1959 年，为了继承泥塑艺人张景祜、面塑艺人汤子博的技艺，招收 15 名泥塑、面塑专业三年学制的中专学生。1959 年，招收全国各出版社书籍装帧设计人员 40 人，成立书籍装帧进修班。

3. 成立学院党支部和院务委员会

1956 年 12 月，学院召开了建院后的第一次共产党党员大会，选举产生了学院党支部，邓洁任书记。当时共有 26 名党员。1957 年 2 月，王景瑞任学院党支部副书记兼副院长。

1957 年 3 月，为加强学院领导，克服工作中主观主义和官僚主义，更好地发扬民主、发挥全体教职工的积极性与创造性，改进教学与科学研究工作和行政管理工作，认真贯彻集体领导原则，学院成立院务委员会。邓洁任主任，委员有雷圭元、庞薰琹、王景瑞、柴扉、祝大年、袁迈、徐振鹏、张光宇、郑可。院务委员会的职责是：①审查并批准学院的学年学期教学与科研工作计划和总结；②审查并批准学校全年预决算；③讨论并决定学校重大调整机构事项；④讨论并决定系主任、处（科）长的任免事项；⑤审查并批准师资与科研人才的培养计划；⑥根据高等教育部有关规定，讨论学术学位的授予问题；⑦审查并批准学校各种重要规章制度；⑧讨论教学和科研工作及其他工作中的重大问题。

4.校址搬迁

1957 年 9 月，拟将原北京农业大学校址调给中央工艺美术学院。当时考虑多方意见，没有搬迁。后由轻工业部调配坐落在建国门外獐鹿房（现为光华路）的橡胶设计院旧址为学院的新校址。1958 年 9 月 13 日，学院搬迁到新址。此后 40 余年，学院的校址一直在光华路，校园建设逐步发展。

二、关于办学方针的讨论与学院归属问题

1.不同的办学方针

如何具体贯彻国务院 1956 年 6 月批准的“培养具有马克

思列宁主义基础，精通专业知识，掌握熟练的技能，全心全意为建设社会主义服务的各种高级的工艺美术设计专门人才"的办学方针，学院的领导及教职员工存在不同的意见。在如何办学的问题上，当时有三种看法：

其一，从全国手工业生产和手工艺品销售的角度，认为学院的办学方针应适应国家经济建设的需要，学院应是作坊形式，师傅带徒弟，培养的学生直接为手工业生产服务；理论结合实际，专业教学密切结合生产；向民间艺人学习，改进民间手工艺，指导民间工艺美术生产。

其二，接受欧洲综合设计的思想，强调艺术与科学的结合，认为工艺美术是文化艺术事业，生活是创作设计的源泉；强调民间的工艺美术品，不能忽视现代工业品的美术设计；工艺美术的发展应该面向现代生产，面向大众，为广大人民的衣、食、住、行服务。

其三，强调继承和发展民族民间装饰艺术，认为学院应以装饰美术家为主导，培养富有民族情感，坚持民族化的艺术道路，能从事装饰美术高级阶段艺术创造的设计人才。

1957 年，在办学思想和学院领导关系问题上逐渐产生分歧。4 月，庞薰琹起草了《关于怎样办中央工艺美术学院的建议》，认为："学院的任务应是培养工艺美术的创作设计人才，要使学生对我国民族民间艺术的传统进行系统的学习，并有所心得体会，这是学习工艺美术必须具有的基本知识；要使学生具有精确而熟练的描绘对象的技巧，这是设计工作方面必须具备的技术基础；要使学生在基础中掌握图案的原理法则，同时能够举一反三灵活地运用和变化，这是创作方法上必须具备的技术基础；要使学生通过各项专业学习，从开始就不断地、循序渐进地培养和提高艺术修养和审美能力，并掌握专业的科学理论和技能；要使学生通过生产实践，熟悉我国固有的技术传统并掌握近代新的特质材料的处理和生产技术；要学习其他国家的先进经验。”他的主张得到学院大部分专业教师的支持。

2.学院隶属关系的问题

在学院的隶属关系方面，以庞薰琹、柴扉、郑可、祝大年、袁迈为代表的一批教师认为：自建院以来，行政上归手工业管理局领导，业务上归文化部领导，实际情况是行政领导成为统一领导，文化部并未充分发挥其业务领导作用；而生产部门对于艺术与艺术教育规律并未充分尊重；强调工艺美术是文化艺术事业，主要为美化人民生活服务，应该由文化部统一领导；如果由生产部门领导则会改变学院性质，容易产生片面性和本位主义。

1957 年 3 月，中共中央在北京召开有党外人士参加的全国宣传工作会议。毛主席着重讲了知识分子问题、准备“整风”问题和加强党的思想工作问题，继续强调贯彻“百花齐放、百家争鸣”的方针。4 月 27 日，中共中央发布《关于整风运动的指示》。5 月，全党开展整风运动，发动群众向党提出批评建议。

跟着党走真理总会見太陽

中央工艺美术学院副院長　龐熏琹

一个狠忍心的父母所抛弃的婴兒，受到狂風暴雨的吹打，現在終于被檢回來了。这个婴兒是中央工艺美术学院，这个忍心的父母是中央文化部，这狂風暴雨就是手工業管理局的粗暴干涉。

庞薰琹：《跟着党走，真理总会见太阳》，载《人民日报》，1957 年 5 月 12 日

5 月 12 日，在党的“整风”运动期间，庞薰琹在《人民日报》发表题为

老教学楼鸟瞰图

《跟着党走，真理总会见太阳》的文章，剖析中央工艺美术学院领导关系和办学方针的问题，不同意把中央工艺美术学院办成手工艺作坊，认为特种手工艺虽是需要的，但是“工艺美术主要的是应该为人民的日常生活服务”；主张“中央工艺美术学院应该由文化部来领导”。

5 月，《工艺美术通讯》第 7 期发表了《关于工艺美术事业的几点建议》一文，提出关于工艺美术事业的 10 条建议，以供国务院、文化部、美协等部门参考。其中，关于中央工艺美术学院和中央工艺美术科学研究所的领导关系的问题，要求国务院考虑学院和研究所整顿的具体措施，建议将研究所并入中央工艺美术学院，成立研究室。逐步创造条件，积累经验，向正式成为一个由文化部领导的研究所过渡。庞薰琹、郑可、柴扉、祝大年、袁迈、徐振鹏等 36 人在建议上签名。这 10 条建议比较客观地列举分析当时工艺美术教育、科研、生产、管理存在的问题。

5 月 20 日，学院移交文化部统一领导。虽然，学院的领导关系已随上述建议与呼吁改为文化部领导，但是继而开始的“反右”运动使这种学术分歧被当作政治问题，《关于工艺美术事业的几点建议》的签名者受到或轻或重的处理。

随着反右运动的严重扩大化，不少教学中的党团员受到不同程度的处分。学院的良好发展遭受挫折。

三、从中央工艺美术科学研究所到中央工艺美术学院研究室

1.研究所的机构设置

中央工艺美术学院成立的同时，由中央手工业管理局和中华全国手工业合作总社筹办的中央工艺美术科学研究所也成立了。庞薰琹兼任所长，丘堤任副所长，何燕明任秘书。研究所设有两个委员会：①美术委员会“负责艺术思想的领导和艺术水平的提高”；②科学委员会“负责技术改进和成品检查”。另设有理论研究室（田自秉负责）、刺绣研究室（吴淑生负责）、服装研究室（周燕丽负责）、家具研究室（谈仲萱负责）、陶瓷研究室、金工研究室（郑可负责）、民族民间工艺调查研究组和张景祜泥塑工作室、汤子博面塑工作室。

2.研究所的任务

研究所当时明确的任务是“改进工艺，提高创作质量，美化人民生活”。任务具体如下：①研究利用新的材料和生产方法，创造新的工艺品种和工艺装饰方法，设计、创制示范作品，领导和改进工艺美术的生产；②进行关于工艺技术方面的咨询；③系统地收集、整理和研究民族民间的工艺，整理民间艺人的经验，发扬民族传统，介绍、研究外国工艺的成就，出版各种专门著述，推陈出新；④负责编辑有关工艺美术的书刊；⑤帮助工艺美术学校培训技术干部；⑥在开始

阶段，负责提供部分生产的设计工作。

3.研究所并入学院，改为研究室

1957 年 2 月，为使科学研究工作与教学工作相互配合，并加强中央工艺美术科学研究所的业务领导，中央手工业管理局和全国手工业合作总社党组决定将中央工艺美术科学研究所划归中央工艺美术学院领导，设备、资料及结余的 21 万元经费，留研究所继续使用。6 月，研究所并入学院后，改为研究室。研究室的人员，可根据需要调到各系教研组任教。此时，吴劳由中央美术学院调来学院，负责研究室。

研究室的工作方针和任务是：①系统地整理和研究民族艺术的传统，吸取外国的先进经验，进行创作和研究，逐步解决工艺美术创作和科学技术上的一些主要问题；②配合学院各个专业的教学，通过示范性的创作和专题的学术研究，提高教学质量；③逐步地、有计划地把各项专业研究成果提供给某些生产单位加以复制和推广。

4.三种工艺美术刊物的创办

中央工艺美术学院和中央工艺美术科学研究所的建立，对促进工艺美术的理论建设和创作实践均有积极作用。工艺美术高等教育的实施与理论研究，需要交流与探讨的平台，因此创办工艺美术刊物被及时地提到日程上来。建院初期先后创办有三种工艺美术刊物。其中，由中央工艺美术科学研究所创办的《工艺美术通讯》和《工艺美术参考资料》是内部刊物，由中央工艺美术学院创办的《装饰》是公开发行的工艺美术刊物。

《工艺美术通讯》第1期，1956年10月5日出版

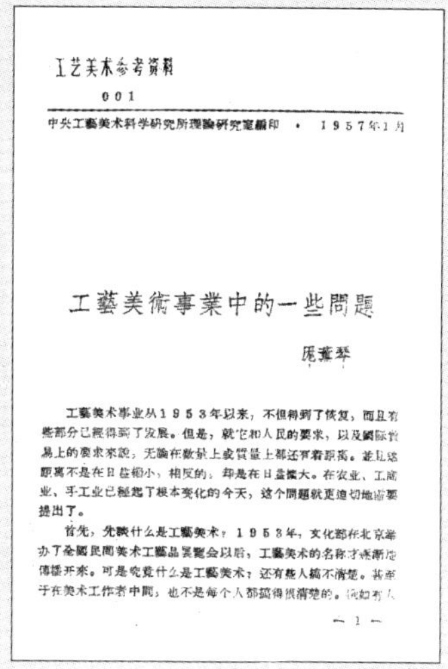
工艺美术参考资料

001

中央工藝美术科学研究所理論研究室編印　·　1957年1月

工藝美術事業中的一些問題

庞薰琹

工藝美术事业从1953年以来，不但得到了恢复，而且有些部分已經得到了发展。但是，就它和人民的要求，以及國际貿易上的要求来說，无論在数量上或質量上都还有着距离。並且这距离不是在日益縮小，相反的，却是在日益擴大。在农业、工商业、手工业已經起了根本变化的今天，这个問題就更迫切地需要提出了。

首先，先談什么是工藝美术？1953年，文化部在北京举办了全國民間美术工藝品展覽会以后，工藝美术的名称才逐渐地傳播开來。可是究竟什么是工藝美术？还有些人搞不清楚。甚至于在美术工作者中間，也不是每个人都搞得很清楚的。例如有人

— 1 —

《工艺美术参考资料》第1期，1957年1月出版

1956年8月，为适应工艺美术事业发展的需要，中央工艺美术科学研究所《工艺美术通讯》编委会提出《关于创办〈工艺美术通讯〉的计划》。9月，《工艺美术通讯》由研究所创办，主要参与编辑的有何燕明、田自秉、王家树、刘守强、张道一等人。10月5日，《工艺美术通讯》第1期出版，为32开本，暂为内部刊物，以赠阅方式发送给工艺美术工作者、教育工作者、有关工艺美术科学研究的工作者、各地工艺美术生产单位和其他美术单位及同人。《工艺美术通讯》主要报道全国各地和国外的工艺美术事业活动情况；交流创作、研究和教学的经验，讨论工作中的问题，反映来自基层群众的要求和意见。“内部刊物”既有试办之意，又有交流之意。《工艺美术通讯》曾有计划地组织关于工艺美术的性质、工艺美术事业的领导关系、工艺美术的创作风格等问题的讨论。1957年6月30日，刊物因“反右”运动停刊，共出版8期。

为改变当时工艺美术界因缺少足够的资料而影响学习和研究的状况，研究所理论研究室结合自身工作，编印了工艺美术内部资料《工艺美术参考资料》。为便于读者的保存和装订，《工艺美术参考资料》以 25 开本活页形式排印。它是一种文字资料，主要搜集散见于国内外报章、杂志和学术论著中关于工艺美术方面著作（国外的以翻译苏联为主，主要译者为陶如让等），以及一些专家在研究工作中写成的笔记、文摘。1957 年 1 月，第 1 期《工艺美术参考资料》出版。5 月，由于“反右”运动《工艺美术参考资料》停刊，共出 10 期。

1958 年 9 月 5 日，工艺美术双月刊《装饰》杂志创刊，张光宇任主编。这是当时全国唯一的工艺美术综合性学术刊物，对中国现代工艺美术的发展产生了深远的影响。《装饰》杂志的编辑委员有邓洁、安性存、沈从文、沈福文、李有行、吴劳、徐振鹏、陈之佛、陈万里、陈叔亮、张协和、张谔、张光宇、张仃、梅健鹰、程尚仁、杨士惠、雷圭元。张仃、张光宇、吴劳任执行编委，责任编辑是王家树、邱陵、梁之（梁任生）。9 月 5 日，第 1 期《装饰》由人民美术出版社出版，为大 12 开本，《装饰》刊名由张光宇设计，封面由张仃设计。封面四面旗帜上“衣、食、住、行”的图形，成为学院办学方向的高度概括，是学院 60 余年来创作、设计学术方向的象征。《装饰》第 1 期的印数是 2500 册，第 2 期增加到 20000 册，可见当时工艺美术界对工艺美术刊物的迫切需求。

当时唯一正式出版的工艺美术刊物《装饰》，创刊号，1958年9月5日出版

《装饰》以学术研究为重点，图

文并茂地报道工艺美术展览、会议、协会、生产等动态，反映工艺美术教学与工艺美术研究成果。专栏和专辑是《装饰》杂志重要的办刊特色。专栏方面既有学术性较强的“工艺美术座谈”专栏，又有时效性较强、报道内容广泛的“工艺美术动态”专栏，还有富于指导性的工艺美术图书资讯以及言简意赅的“封面说明”。《装饰》还以专辑的形式，先后对四川、福建、江苏等工艺美术较为发达的地区进行较为全面的介绍和研究。而且，每一期《装饰》还对相关问题进行集中而深入的探讨，并配以系统而精致的图片说明。《装饰》对全国工艺美术创作、教学、生产等存在的问题进行深刻而公正的批评，并指出发展之路和改进方法，影响广泛。1961 年 5 月，《装饰》出版 12 期以后，因国家经济困难、纸张供应不足而暂时休刊。

四、“反右”后学院领导层的调整和恢复教学秩序

1. 学院领导层的调整

1957 年 10 月，有关方面对中央工艺美术学院的领导层作了重新调整，陈叔亮从文化部教育司、张仃从中央美术学院调来学院，同雷圭元一起担任副院长，并实行领导分工制度。邓洁仍为院长，雷圭元、张仃主管教学，陈叔亮兼学院党支部书记主管党政工作和共同课教学，同时调整各系的领导班子。染织系改由程尚仁负责，陶瓷系改由梅健鹰负责，袁迈负责装潢设计系，徐振鹏负责室内装饰系；吴劳负责研究室；

雷圭元兼管图案教研室；张振仕负责绘画基础教研室；杨崇恺负责教务科。1959年1月，张仃任党总支第一书记、陈叔亮任第二书记，李曙明任专职党总支副书记。团总支升为团委，朱瑞琛任团委书记。

1963年，刘鸿达（左一）、梅健鹰（左二）、陈叔亮（左三）在学院接待印尼代表团来访

1958年12月，院务委员会进行调整，邓洁任主任委员，委员有雷圭元、陈叔亮、吴劳、张光宇、程尚仁、徐振鹏、梅健鹰、郑乃衡。1959年7月，院务委员会再次进行委员调整，邓洁任主任委员，雷圭元、张仃任副主任委员，委员有田世光、史志吉、李曙明、吴劳、郑炯灶、袁运甫、陈叔亮、徐振鹏、梅健鹰、程尚仁、张光宇、张景祜、温练昌、姚发奎。10月，各系建立系务委员会和班主任制。

1961年7月，学院成立党委，刘鸿达（从手管局干校校长调入）任党委书记，陈叔亮任党委副书记。学院党委对“反右”运动扩大化中被错划为“右派”的教师和学生进行了重新核查，根据中央政策摘掉了部分被错划的“右派”帽子。此后，刘鸿达、陈叔亮、雷圭元、张仃四位院领导为学院的稳步发展做出了重要贡献。

1965年2月9日，文化部副部长李琦召集第一轻工业部、第二轻工业部、纺织工业部、建筑工程部、商业部、对外贸易部、化学工业部及学院的有关负责人，成立中央工艺美术学院院务指导委员会，制定院务指导委员会的章程，并对学院今后的工作提意见。院务指导委员会共有 10 名委员，文化部徐平羽为主任委员，第二轻工业部胡明、学院党委书记兼副院长刘鸿达任副主任委员。院务指导委员会的主要职责是：指导学院正确地贯彻执行“教育为无产阶级政治服务，教育与生产相结合的教育方针和为工农兵服务、为社会主义服务”的文艺方针；使学院的事业计划，与有关各部门对工艺美术人才的实际需要能够密切配合；使学院的教学，能够更好地做到理论与实际相联系。院务指导委员会所代表的各有关部门，协助学院解决教育与生产、劳动相结合的有关问题。

2. 教育革命运动与“劳动锻炼”

1958 年，全国掀起教育革命运动。年初，文化部党组书记、副部长钱俊瑞到学院动员开展勤工俭学活动。3 月 3 日，为贯彻教学结合生产、勤俭办校、勤工俭学的方针，完成在年内全部生产自给的任务，学院院务会讨论决定成立中国工艺美术社，学院师生员工均为社员。中国工艺美术社的主要任务是：对内领导勤工俭学和组织全院人员进行劳动生产；对外承接各种有关产品的花色品种设计和陶瓷、印染、印刷等加工订货。“勤工俭学”虽然扩大了社会联系，并使学生初步接触劳动生产，但同时会影响基础课教学和正常的专业课教学。后来，中国工艺美术社并未实行。

1958 年 5 月，党的八届二中全会通过“鼓足干劲，力争上游，多快好省地建设社会主义”的总路线。全国性“大跃进”和大炼钢铁运动，打乱了学院正常的教学秩序。以装潢系师生为主，学院 70 余名师生在短短两天集体创作了一套 70 张（初稿 250 张）的“总路线”“大跃进”彩色宣传画，并于 7 月参加在中山公园举行的北京市“高等学校红与专展览会”。人民美术出版社将这批宣传画全部印刷出版发行，印数多达 168 万份，在全国产生巨大影响。1958 年，学院为国际学联第五届代表大会设计 29 种宣传画。

1959 年，开展“反右倾”斗争。副院长、党总支书记陈叔亮由于撰写《为了美化人民的生活》一文，批评工艺美术设计和生产中存在的浮夸现象而受到批判。“反右倾”斗争中断了纠“左”的进程。

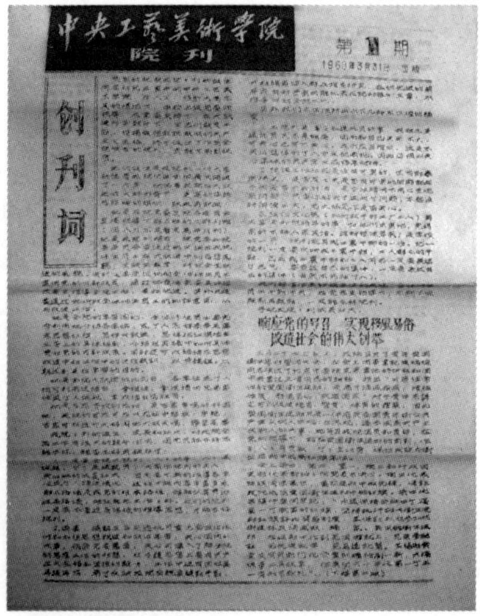
中央工藝美術学院
院刊
創刊詞

《中央工艺美术学院院刊》创刊号，1960 年 3 月 31 日

从 1959 年到 1960 年上半年，文艺界开展批判修正主义与资产阶级艺术遗产的运动。教师和学生普遍没有思想准备，多数人对这次运动所批判的对象持不同的看法。这场运动模糊了不少学生对人类文化史及美学思想的认识。

1960 年 3 月 31 日，在学院党总支和院务委员会的直接领导下，由院长办公室编印的《中央工艺美术学院院刊》作为内部半月刊创刊，报道学院的政治学习、教学成果和工艺美术创作实践活动。6 月停刊，共出 4 期。

这几年中，由于浮夸风和连续的自然灾害，师生生活面临困难。学院决定重点保护老教授、老专家，同时采取积极的措施，为全院师生增加一定的营养。由于上下齐心协力，共渡难关，学院的教学和日常工作得以正常进行。

下放劳动和下乡下厂深入基层、体验生活，是当时锻炼培养师生的重要措施。1957 年 12 月—1958 年 12 月，学院部分教职工参加修治十三陵水库的劳动，另有 18 位教职工到北

1958年2月，学院欢送18位教师、干部下放白家疃村劳动

京市昌平县温泉乡白家疃村（现属北京市海淀区）进行“干部下放劳动”，这是学院“反右”后具有政策性的措施。1959年，师生参加北京西山植树劳动。1961年，学院实行轮流下放劳动锻炼制度，教职工带领学生先后在北京东坝、北郊、密云水库、河北保定田庄参加农业生产劳动。

1963—1965年，学院组织三批师生共600多人次，先后参加了北京昌平、河北邢台、江苏昆山等地农村社会主义教育“四清”运动（即清理账目、清理仓库、清理财物、清理工分）。在运动中，学院师生与当地农民同吃、同住、同劳动，得到了课堂教育以外的收获。

3.学院隶属关系的改变

1958年，学院交由北京市领导。1960年8月25日，文化部根据新的形势，更多地从全国需要出发，报请中央批准将1958年下放北京市领导的中央美术学院、中央戏剧学院、中央工艺美术学院、北京电影学院、中国戏曲学校、北京市舞蹈学校六所艺术院校重新划归文化部直接领导和管理。学校党的工作，仍归北京市委领导。9月29日，根据中央宣传部批示，文化部规定中央工艺美术学院的行政工作和教学工作由文化部和轻工业部共同领导。10月20日，文化部和轻工业部经协商，对领导中央工艺美术学院的协作与分工进行规定。学院的行政工作，包括事业计划、招生计划、人事、毕业生分配、财务、基建、设备等，由轻工业部领导与管理，文化部配合（关于教学干部的配备，由两部共同解决）；学院的教学工作，包括教学思想、教学计划、教学内容和方法、教学制度以及与教学有关的重大社会任务等，由文化部领导和管理，轻工业部配合。

1961 年 11 月 4 日，由于中央手工业管理总局已恢复，根据中央工艺美术学院性质，决定由轻工业部和文化部共同领导的中央工艺美术学院改由中央手工业管理总局和文化部共同领导。

1964 年 7 月 3 日，学院党委副书记兼副院长陈叔亮致函周扬和林默涵，讨论学院的领导关系。陈叔亮指出由于学院的领导关系长期未能合理解决，已经在工作上带来不利影响。文化部考虑艺术教育问题较多，中央手工业管理总局则常常单纯地从手工业生产角度出发考虑问题，又不了解学院情况。因此，双方常常互相牵制，互相推诿。由于文化部是直接掌管和贯彻中央文艺方针的部门，并且设有专管艺术教育的机构即教育司，因此，他提议学院全部划归文化部领导。10 月 30 日，国务院下发了《关于中央工艺美术学院全部划归文化部统一领导和管理问题》的批文。12 月 24 日，中央手工业管理总局和文化部举行了交接会议，学院代表陈叔亮参加了会议。会议决定学院筹建工艺美术系（班），主要为中央手工业管理总局培养工艺美术设计人才和中等工艺美术学校的骨干教师。12 月底，中央手工业管理总局和文化部完成交接工作。从 1965 年 1 月 1 日起，学院由文化部统一领导和管理。

4.贯彻新的国家文艺方针与教育方针

1957年7月22日，全国工艺美术艺人代表大会在北京召开。会议总结新中国成立以来工艺美术工作的成绩和经验，进一步明确工艺美术要继续贯彻执行保护、发展和提高的方针，提出爱护老艺人、提高他们的技艺、大力培养新生力量、加强创作设计人员以及艺人、工艺美术工作者和科学技术人员“三结合”的具体政策和措施。会议陈列了代表们的2388件工艺美术作品。院长邓洁邀请并陪同中共中央副主席朱德等接见全体代表，并观看代表作品展览。

从1960年下半年开始，根据中央提出的“调整、巩固、充实、提高”的方针和关于坚决压缩城市人口、精简职工的指示，各地文化行政部门着重在压缩机构，精简职工，调整布局，提高质量以及改变国家对文化事业负责和管理过多的状况等方面，进行了许多工作。1961年3月，学院开始恢复教学秩序，提高教学质量。

此时，国家重新调整制定新的文艺方针与高校工作条例。1961年6月，中宣部召开全国文艺工作座谈会，通过了《关于当前文学艺术工作的意见（修正草案）》（简称“文艺十条”）。1962年4月，文化部党组和文学艺术界联合会党组发布《关于当前文学艺术工作若干问题的意见（草案）》（简称“文艺八条”）。1961年9月，中共中央批准试行庐山工作会议上通过的《教育部直属高等学校暂行工作条例（草案）》（简称“高校六十条”或“高教六十条”）。学院认真执行新的国家文艺方针与教育方针，进一步改善教学条件，提高教学水平。

5. 专业设置与教学方针的调整

1957 年 10 月，装潢设计专业与室内装饰专业合并为装饰工艺系，由徐振鹏负责，但仍保持两个专业的教学体制。1958 年上半年，吴劳任装饰绘画系主任，设商业美术、书籍装帧、装饰画（后改为壁画）三个专业工作室；恢复室内装饰系设置。同年，陶瓷系设陶器科、瓷器科、雕塑科。

1959 年，学院调整教学方针与专业设置，进一步明确培养目标。学生毕业后，由国家统一分配至全国各地轻工业、纺织工业工厂、印刷出版单位、美术设计公司等，明确职责为 6 亿人民生活需要的衣着、日用器皿、家具、文化用品、书籍装帧、商品包装、室内装饰等方面的设计工作。一部分毕业生作为地方工艺美术学校的师资或者留校继续深造。在教学上，贯彻党的“教育为无产阶级政治服务，教育与生产劳动相结合”的方针，采取课堂教学、车间实习、下乡、下厂与科学研究相结合的方针，继承和发扬我国工艺美术的优良传统，结合现代科学技术创造性地传授知识。1960 年，缘于学院参与首都十大建筑装饰设计，回应社会的需求，室内装饰系更名为建筑装饰系。

1962 年 8 月 31 日，中央工艺美术学院根据国家计委、教育部的通知，对高等学校通用专业目录中三个工艺美术专业提出修改意见，以“美术”一词统一专业名称。①“建筑装饰”建议改为“建筑美术”。理由是该专业内容包括建筑装修、室内陈设布置、家具设计等项，比较广泛，不仅是建筑装饰问题，“建筑美术”一词比较概括，而且“装饰”一词有“附加的”“外在的”词义，对于专业内容不够贴切。②“日用美术设计”建议改为“实用美术”或“应用美术”。理由是该专业内容包括各种日用工业品的美术设计，通过掌握图案法则，培养一般的设计能力，但不限于某种工业品，“实用美术”一词沿用旧名，能够概括其内容。③“漆器”建议改为“漆器美术”，理由是单纯提出“漆器”易与一般漆器的工艺制作或非工艺美术品的概念相混，加“美术”就更为明确。

1962 年 7 月，张景祜主持的泥塑工作室、汤子博主持的面塑工作室于 1959 年招收的 15 名三年学制的中专学生结业。1962 年 10 月 15 日，为了集中力量办好五年制大学，学院决定两个工作室停止招生。汤子博由于年事已高退休。1963 年 1 月，为使张景祜的艺术有更多的机会和广大群众见面，调张景祜及其弟子郑于鹤到北京市特种工艺工业公司研究所工作。

6. 文化学院、北京艺术学院部分师生的加入

1961 年 9 月，根据教育部和北京市委关于北京地区高等学校调整的建议，文化部所属文化学院停办，其印刷工艺系由中央工艺美术学院作为附属专业接办，其中包含一年级学生 39 人，教学和行政人员 30 人。该系的教学方针、招生和毕业分配、干部配备、实验设备等，由文化部负责安排；其日常性的教学、行政工作，由学院统一领导和管理。

1964 年 1 月，北京艺术学院因在调整中被撤销，美术系卫天霖、吴冠中、阿老、白雪石、俞致贞、张秋海、陈缘督、吴保东、殷恭端等 9 名教师（中国画教师 3 名，油画教师 5 名，其他业务干部 1 名）及一年级 25 名学生转调到中央工艺美术学院。他们的到来加强了学院美术方面的师资。

五、工艺美术创作设计实践

1. 20世纪50年代首都“十大建筑”装饰设计

为了迎接国庆十周年，北京从 1958 年年底开始兴建新中国成立以来首批十座大型建筑，称为“十大建筑”。1958 年 11 月 11 日，为完成在首都兴建的“十大建筑”美术设计任务，由文化部、轻工业部、中国美术家协会举办的首都国庆十大建筑美术工作会议在北京召开。会议人员分为八组，第七组以中央工艺美术学院教师为主，包括北京市美术公司等单位人员；召集人是陈叔亮（中央工艺美术学院副院长）、赵枫川（北京市文联美术工作组组长）。参加会议的我院教师有 24 人（按会议分组名单顺序）：吴劳、张光宇、柳维和、邱陵、袁运甫、常沙娜、崔毅、徐振鹏、周成儦、奚小彭、罗无逸、程尚仁、雷圭元、陈若菊、梅健鹰、张守智、黄能馥、王家树、梁任生、谈仲萱、陈汉民、朱宏修、温练昌及老艺人张景祜。中宣部副部长周扬和文化部副部长钱俊瑞作了动员报告，与会的全国美术工作者精神振奋，情绪激昂，愿为划时代的伟大工程贡献自己的力量。

人民大会堂宴会大厅前厅，奚小彭设计，1958—1959 年

1958 年 12 月，在院务委员会的领导下，学院组成

75 人的“十大建筑”装饰设计工作队，其中教师 17 名，高年级学生 58 名，留校上课的师生作为后援。工作队由副院长雷圭元领衔，根据工作需要把建筑装饰、装饰壁画、陶瓷、染织等不同专业的师生分为 6 个工作组，参加人民大会堂、中国革命博物馆和中国历史博物馆、民族文化宫、钓鱼台国宾馆、中国人民革命军事博物馆、民族饭店等建筑工程的部分装饰设计工作。

人民大会堂天顶灯饰及室内设计，奚小彭设计，1958—1959 年

人民大会堂宴会厅天顶灯饰，常沙娜设计，1958—1959 年

室内装饰系承担了人民大会堂内的山东、山西、甘肃、辽宁、陕西、云南、北京等厅的室内装饰设计及顾问工作。参加设计的有奚小彭、徐振鹏、罗无逸、谈仲萱、崔毅等。在这次重大设计任务中，学院师生表现了较强的设计能力，做出了显著的成绩。其中，因为人民大会堂是重点工程，专门组织学院奚小彭、常沙娜、崔毅配合北京设计院完成人民大会堂的重点装饰设计，奚小彭、常沙娜等设计的人民大会堂顶灯及宴会厅顶部图案及其他装饰图案，为装饰设计的民族形式完美融入建筑整体设计做出了示范。北京厅（118 厅）室内设计、

装饰、家具、陈设、灯饰、织物等的设计制作，在当时副市长吴晗直接领导下，由雷圭元副院长、教师奚小彭、学生何镇强历时三年多完成。

人民大会堂墙楣、柱头，常沙娜设计墙楣、崔毅设计柱头，1958—1959年

陶瓷美术系1955级与1956级同学完成了人民大会堂宴会厅大型中西配套陶瓷餐具的设计并参加监制生产，参加设计与监制生产的有梅健鹰、郭万隆、张守智、金宝升等教师及高年级学生霍流芝、魏之騟、胡美生、侯德昌等。同时，1956级与1957级陶瓷组还参与历史博物馆和革命博物馆建筑装饰装修设计与监制，指导教师为金宝升。

中国革命历史博物馆门厅铜饰，温练昌主持设计，1958—1959年

染织美术系完成了人民大会堂、民族文化宫、军事博物馆等建筑的部分装饰设计，人民大会堂主席台、北京厅与钓鱼台国宾馆的地毯设计及人民大会堂的丝织窗帘、锦罗绒沙发面料设计。参加设计的有程尚仁、温练昌、常沙娜、李绵璐、黄能馥、朱宏修、陈汉民和1955级学生崔栋良、李骐、李永平、陈圣谋与1956级学生祝韵琴等。

装饰绘画系于1959年和1960年先后组织全系师生到海南、云南、贵州、广西、四川、宁夏、甘肃、新疆、黑龙江、

中国革命历史博物馆门廊装饰，罗无逸主持设计；旗徽，金宝升主持设计，1959年

民族文化宫《吉祥和美》“大铁花”屏风，高247cm，长465cm，温练昌设计，1959年；原是西配楼舞餐厅屏风的一部分，现安放在主楼三层多功能厅

西藏等地，深入生活，采风搜集创作素材，随后完成了民族文化宫和人民大会堂西藏厅、宁夏厅的装饰画和壁画的创作工作。参加创作的有张仃、张光宇、吴劳、邱陵、袁迈、柳维和、张振仕、周成镳、袁运甫、张国藩、朱济辉及汪钰林、卢德辉、何宝森等1956级、1957级学生。

学院师生进驻工地，夜以继日进行紧张的装饰方案设计工作，完成大量草图，方案经过优选后继续深入推敲，绘制施工图，审核施工大样。师生参与建筑装饰、室内装饰、灯具、家具、屏风、成套餐具、茶具、壁画、地毯、沙发面料、窗帘等设计工作，共完成设计正稿1430件。负责陶瓷、染织、装潢等工作的师生分别下厂制作。

对于“十大建筑”工程，毛泽东主席提出“中国老百姓所喜闻乐见的中国作风和中国气派”①的艺术标准，周恩来总理更是对设计工作始终给予极大关注和具体指导。他看了学院的设计后说，一切要为人民着想，一切是为了人，不是为了建筑物的表面装饰。要使今天的人看了舒服，使用方便。我们不是盖宫殿，我们是为今天的人民设计。装饰要朴素、大方、平易近人。少而精，不要多而滥。古今中外，所有精华，皆为我所用。他还对人民大会堂的万人大礼堂提出具体指示，这个礼堂既要能开会，又要能演戏，既不要像资本主义的议会，又不要像人剧院，更不宜像大宫殿，希望设计出一个台上台下打成一片，天水一色的大会堂。因此，学院师生在代表国家形象的建筑装饰设计中努力寻求现代功能

1958年冬，雷圭元（左三）、徐振鹏（左四）、常沙娜（左六）、张光宇（左八）、吴劳（前排右二）与1957级室内装饰系学生一起讨论人民大会堂室内装饰设计方案

1959年1月，学院美术装饰设计第二轮工作的师生与北京市建筑设计院同志合影于中国革命历史博物馆工地

① 毛泽东：《毛泽东选集》第二卷，北京，人民出版社，1991年，第534页。

与民族形式的融合，古为今用，外为中用，与建筑师、使用单位、施工单位、技工师傅精诚合作，教学相长、互相渗透、互相推动；在建筑装饰设计中从使用出发解决问题，避免复杂繁琐，加强尺度观念和整体意识，推陈出新，创造了简洁明快、朴素大方的时代感。今天，十大建筑宏伟壮丽的气势，端庄大方的民族风格及其所凝结的崇高乐观的时代精神，依

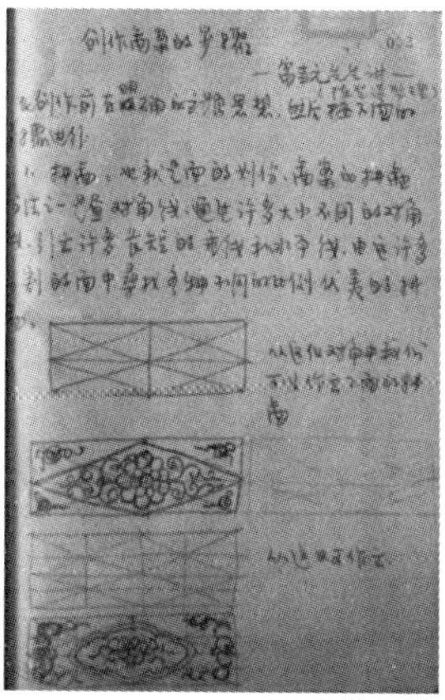

1958—1959年，雷圭元的讲座内容整理稿《创作图案的步骤》，陈圣谋整理

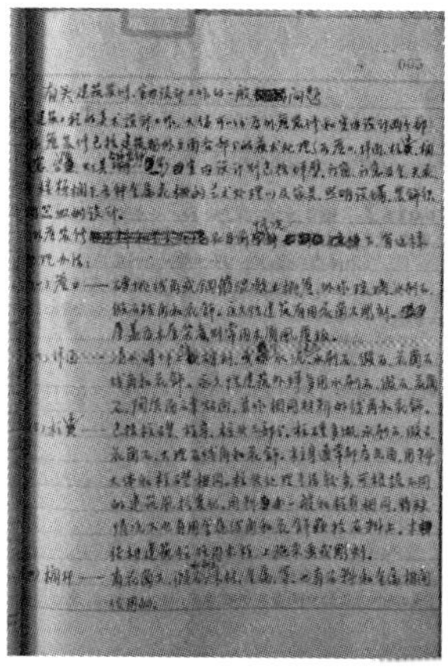

1958—1959年，奚小彭的讲座发言稿《有关建筑装修、室内设计工作的一般问题》

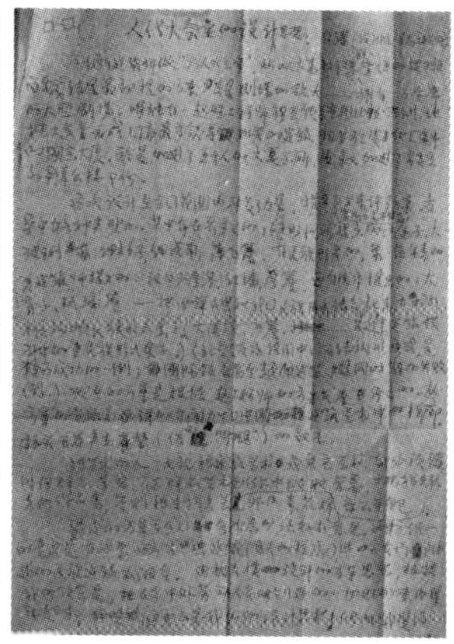

1958—1959年，张镈的讲座内容整理稿《人民大会堂的设计思想》，张世彦整理

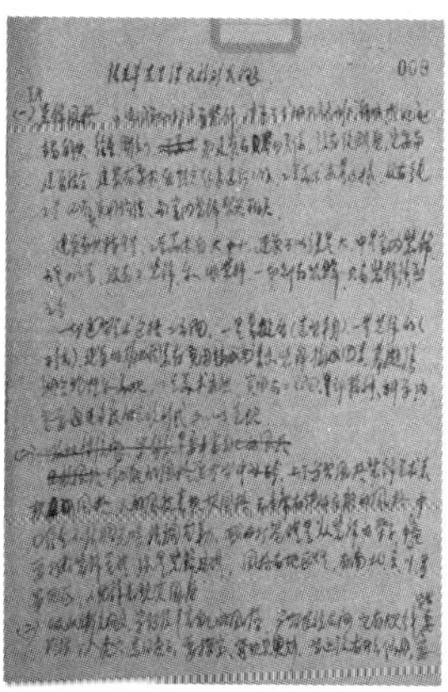

1958—1959年，张光宇的讲座内容整理稿《民族形式问题》，李永平整理

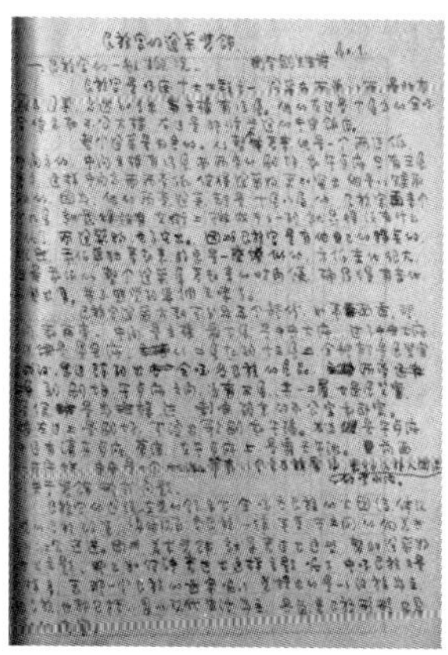

1959年1月3日，周令钊的讲座内容整理稿《民族宫的建筑装饰》，梁启凡整理

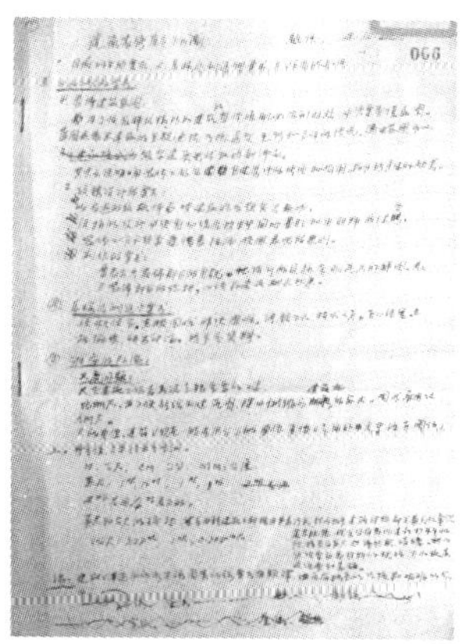

1958年12月2日，顾恒的讲座内容整理稿《建筑装修基本知识》，连维云整理

然是一个时代的光辉典范。由于十大建筑代表了当时中国建筑的最高水平，对于学院而言这是一次高层次的实践机会，不仅培养了师资队伍，而且锻炼了一批学生。

1959年10月1日，在京艺术院校领导出席国庆10周年观礼活动，在天安门前合影，左起：吴印咸、赵沨、李伯钊、沙科夫、章泯、钟敬之、陈叔亮、齐速、张仃、雷圭元

1959 年 10 月 1 日，为庆祝新中国成立十周年，宣传我国工艺美术十年来的成就，广泛交流创作技艺经验，促进工艺美术创作和生产事业的进一步发展，不断提高产品的价值和艺术质量，由中央轻工业部和全国手工业合作总社联合举办的“全国工艺美术展览会”在北京故宫午门展出。展览会规模较大，包括刺绣、织锦、印染、编织、陶瓷、漆器、金属工艺、玩具、雕塑等 3500 余件展品。11 月 10 日，《人民日报》发表雷圭元的评论文章《和人民生活息息相关的展览》。

1960 年 2 月，由文化部和教育部联合召开的全国艺术教育工作会议在北京举行，82 位工艺美术代表还在会后举行全国工艺美术工作会议。张仃参加了全国艺术教育工作会议，并在会上作题为“党的总路线和教育方针的胜利——中央工艺美术学院师生参加首都十大建筑工程的一些体会”的发言，进一步总结学院参加十大建筑装饰设计工作的经验，并在 3 月 10 日的《人民日报》发表同名文章。

2. 专业创作、设计与实践

自建院开始，陶瓷美术教学坚持教学与生产的结合，先后与河北邯郸、江西景德镇、浙江龙泉、广东石湾等地的陶瓷厂合作，为恢复发展我国传统陶瓷（磁州窑青花、粉彩单色釉和龙泉青瓷、石湾颜色釉、结晶釉）做出了贡献。

从1959年开始，学院受北京市委组织部的指示，每年国庆节和“五一”国际劳动节，派部分教师到游行总指挥部和分指挥部参加美术设计工作。学生每年都是国庆节游行文艺大军和文艺大军仪仗队的重要组成部分。

1960—1961年，张光宇担任由上海美术电影制片厂制作的中国第一部长篇彩色动画片《大闹天宫》的美术设计，主要设计人物造型、场景等，造型生动，色彩雅致，角色性格鲜明，动态灵活，兼具现代感与民族特色。他与导演万籁鸣、动画设计严定宪、《大闹天宫》创作团队完美合作，创造了中国动画的经典和辉煌。《大闹天宫》获得广泛赞誉，1962年，获捷克斯洛伐克第13届卡罗维发利国际电影节短片特别奖；1963年，获第2届中国电影“百花奖”最佳美术片奖；1978年，获第22届伦敦国际电影节最佳影片奖；1980年，第二次全国少年儿童文艺创作评奖委员会一等奖；1982年，获厄瓜多尔第2届基多国际儿童电影节三等奖；1983年，获葡萄牙第12届菲格拉达福兹国际电影节评委奖。

张光宇：《大闹天宫》美猴王造型设计，1961年

1961年11月4日，学院举行庆祝建院五周年大会，院长邓洁发表讲话，副院长陈叔亮作庆祝建院五周年的报告。报告总结了建院以来的教学结合生产的成果：染织美术系设计了大量的丝绸、棉织品纹样，其中有110种投入生产，有些远销海外。陶瓷美术系设计了“建国瓷”、国家用瓷、十大建

筑用瓷、国际列车用瓷等共计1147套，其中10%投入了生产。1958年，陶瓷美术系师生还完成了波兰驻中国大使馆10幅现代陶瓷多彩釉壁画的烧制工作。建筑装饰系（原室内装饰系）参与了十大建筑装饰设计、中国美术馆建筑外立面装饰及室内家具设计、国际列车内部装饰设计、大连造船厂万吨远洋轮舱房内部装饰设计等，设计图纸共计1200余张。装饰绘画系创作了壁画、邮票、商标、宣传卡及书籍装帧共300余件，其中完成了为政协设计的20米壁画草稿和为国际书籍展览设计的封面及旅行社广告；创作了一批宣传画，由人民美术出版社出版；还协同其他系进行王府井一条街的橱窗设计及布置活动。其他如泥塑工作室、面塑工作室也创作了不少为群众所喜爱的新作品。为了结合一定的政治形势教育，配合国内外重大事件的政治宣传，五年来各系师生先后创作宣传画、漫画稿共计800余幅。

1961年11月4日，陈叔亮在庆祝建院五周年大会上讲话

1961年11月4日，庆祝建院五周年大会会场（前排左侧坐椅者：张光宇）

1965年，装饰绘画系师生与中央美术学院师生一起，为第二届全国运动会大型团体操《革命赞歌》设计背景画33幅。

3.采风与调查

学院一贯强调艺术来源于生活，重视为师生的创作设计提供条件，积极培养青年教师，有计划、有目的地进行采风与调查。

1959—1961年，学院组织各系专业教师深入生活“采风”。1959年，染织系教师常沙娜、李绵璐、黄能馥等深入敦煌莫高窟，临摹服饰纹样。1961年，温练昌、常沙娜、朱军山、袁杰英、李永平到新疆维吾尔族地区收集民间染织图案，奠定了染织系教学继承发展传统和民间文化艺术的基础。装饰绘画系先后组织师生到西南地区深入生活、搜集创作素材，在张仃、张光宇等的主持下，重视民族民间传统，形成独特的装饰风格。室内装饰系教师赴山西考察古建筑装饰。陶瓷系到磁州窑等传统窑区调查研究。采风成果曾以不同形式展出，反响热烈。这些为学院日后重视传统和民间艺术的风气，在传统的基础上推陈出新，起到了重要作用。

1962年，在云南写生，左起：张仃、李绵璐、黄能馥

1961年，新疆采风，左起：朱军山、温练昌、李永平、常沙娜

1964年，学院学生成绩流动展览到农村征求意见

1960 年，雷圭元带领研究生袁杰英、乔十光、李鸿印到福建采风，调研民间服饰和漆画技艺。1962 年，张仃与青年教师李绵璐、黄能馥、梁任生赴云南采风，回来后，展出彩墨画《苍山牧歌》《集市傣女》等作品，以传统水墨笔法中的线为造型元素，既有民间年画的装饰性造型和色彩，又有立体主义的几何变形，在当时产生广泛影响。

1959 年 3 月 25 日，中国美术家协会组织美术调查小组，于 4 月—5 月在上海、杭州、西安、北京等地调查艺术教育、出版、中国画、工艺美术的情况。其中工艺美术小组的成员

张仃：《苍山牧歌》彩墨画，1962年

有中央工艺美术学院的陈叔亮、顾方松，中央轻工业部工艺美术局的刘作之、西南美术专科学校的沈福文等。工艺美术小组调查了重庆、成都、景德镇、福州、北京（重点调查）等地的工艺美术。6月2日，调查组送呈中央宣传部《关于目前阶段若干地区工艺美术情况的报告》。报告初稿曾经过轻工业部工艺美术局、北京工艺美术研究所、中央工艺美术学院的代表修改补充。报告肯定1958年以来工艺美术在生产发展、技术革新、艺术创作方面的成绩，并指出当时工艺品创作上存在的问题，例如生搬硬套政治口号、盲目追求大型的作品、追求繁琐纹样和单纯模仿自然形态等。分析工艺品创作与生产、供销的关系问题，例如多数工厂领导抓产值多、抓艺术少，过分迁就外销市场的规格而忽略工艺品所代表的国家文化面貌等。最后，报告提出如下建议：①加强艺术领导；②在有条件的地区建立工艺美术研究所，并逐步加强现有各地研究所的组织领导工作；③恢复与发展某些优秀工艺品种的生产；④建立中央与重点省市的工艺品陈列馆。

六、引领全国的工艺美术教学改革

1. 召开会议，编写教材，制订教学方案

1961 年 4 月，全国文科教学会议与艺术院校教材会议在北京召开。在文化部的领导下，以中央工艺美术学院为主，一批有经验的专业教师组成了工艺美术教材编选组。张仃担任组长，陈之佛（南京艺术学院）、雷圭元、安性存（工艺美术局）担任副组长。工艺美术教材编选组用一年的时间领导编写出《图案基础》（雷圭元主持编写）、《工艺美术论文选》（吴劳主持编写）、《家具工艺》及《中国工艺美术史纲》（陈之佛主持编写）、《中国染织纹样简史》（黄能馥、李绵璐编著）。学院编写人员有：张仃、雷圭元、吴劳、陈叔亮、梁任

雷圭元编著：《图案基础》，人民美术出版社，1963年

吴劳编：《工艺美术论文选》，中央工艺美术学院资料室，1963年

谈仲萱、罗无逸编著：《家具工艺》，中国财政经济出版社，1964年

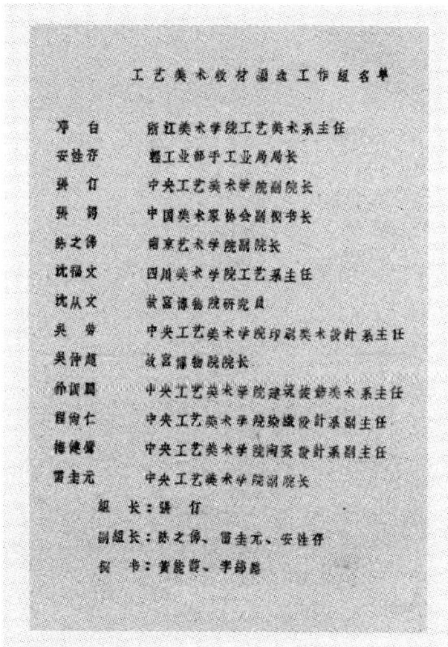

工艺美术教材选编工作组名单

邓　白　　浙江美术学院工艺美术系主任
安性存　　轻工业部手工业局局长
张　仃　　中央工艺美术学院副院长
张　谔　　中国美术家协会副秘书长
陈之佛　　南京艺术学院副院长
沈福文　　四川美术学院工艺系主任
沈从文　　故宫博物院研究员
吴　劳　　中央工艺美术学院印刷美术设计系主任
吴仲超　　故宫博物院院长
徐振鹏　　中央工艺美术学院建筑装饰美术系主任
程尚仁　　中央工艺美术学院染织设计系副主任
梅健鹰　　中央工艺美术学院陶瓷设计系副主任
雷圭元　　中央工艺美术学院副院长

组　长：张　仃
副组长：陈之佛、雷圭元、安性存
秘　书：黄能馥、李绵璐

1961年，全国工艺美术教材编选工作组名单，张仃任组长

生、黄国强、顾方松、徐振鹏、柳维和、奚小彭、邱陵、张守智、陈若菊、郑乃衡、崔栋良、李绵璐、黄能馥；其他院校编写人员有：陈之佛、沈从文、沈福文、何豪亮、刘建斌、龙宗鑫、罗赤子、和兰石、魏松卿。这些教材对当时全国工艺美术教学的提高，起了重要的推动作用。此外，奚静之、吴达志参加中央美术学院主持的西洋美术史类教材编写。

同时，高等学校文科和艺术院校教材编选计划会议根据中央工艺美术学院提出的草案修改制定了《高等工艺美术学校教学方案的修订草案》，明确了培养目标、学制、课程设置与比例，以及课堂教学与生产实习的关系，使工艺美术教学秩序步入正轨。其中包含染织美术、陶瓷美术、书籍美术、商业美术、壁画、建筑装饰等专业教学方案的修订草案。参加讨论和修改的单位有中央工艺美术学院、浙江美术学院（现中国美术学院）、四川美术学院、南京艺术学院。

1961 年 9 月，根据《高等工艺美术学校教学方案的修订草案》，学院各系统一更改名称，染织系更名为染织美术系，陶瓷系更名为陶瓷美术系，装饰绘画系更名为装饰美术系，室内装饰系更名为建筑装饰系。1963 年 8 月，建筑装饰系更名为建筑美术系。1964 年 3 月，根据国务院批准的全国通用高等学校专业名称，建筑美术系更名为建筑装饰美术系，装饰美术系更名为装潢美术系。

2.参与“形式美”讨论

1961年11月18日、12月11日，《光明日报》编辑部为配合学术界深入探讨美学问题的需要，分别邀请在京部分美学、美术工作者座谈艺术的形式美问题。学院两位副院长张仃、雷圭元和王朝闻、毛星、刘开渠、叶秀山、艾中信、陈之佛、陈沛、沈福文、宗白华、周来祥、袁振民、曹景元等美学家、艺术理论家和艺术家参加了讨论。他们指出工艺美术形式美的特征：工艺美术中的图案设计、橱窗布置、展览会陈设和人民生活关系密切，它们的形式美是从人民生活中提炼和升华的，美不美的判断也是人民教育的结果；但是工艺美术工作者又必须在艺术实践中反过来教育人民，提高人民的文化水平和艺术欣赏能力。

不少人在会后写成文章，一些未参加座谈的人也写文章参加探讨。1962年1月7日—9日，《光明日报》连载介绍座谈会的情况，发表座谈会的发言纪要。并从12日起，开辟“艺术形式美的探讨”专栏，先后发表了朱光潜、张仃、罗尗子、孙殊青、周来祥、艾中信、宗白华的文章。其中，张仃在题为《谈“一点”之美》的文章中，以“点”为例阐述了造型艺术的形式美，强调了形式美的相对独立性以及它与社会习俗、人民传统的审美观念的紧密联系，为工艺美术者指明在生活经验中学习形式美的方法。

3.基础课教学讨论

在学院建院初期，绘画课和图案课是基础课的重要内容。两者的比例关系一直是基础课教学讨论的重点。对于基础课，学院教师存在两种意见：专业老师认为学生专业思想不稳固，学生都想将来当画家，所以素描、色彩等基础课多了，尤其是陶瓷系学生不愿到瓷区工作，那里生活条件较苦；基础老师认为素描色彩还是必要，陶坯上要画花鸟，基础不好不能胜任，没有必要减少素描课，主要应做学生重视专业的思想工作。

1961 年 12 月 16 日，在副院长陈叔亮的支持下，学院召开院领导、系主任及部分基础课教师的座谈会。会上主要讨论了绘画基础课和图案基础课的比例关系和教学内容、教学方法等问题，并就副院长雷圭元同年 11 月 28 日在《人民日报》发表的《对图案教学的改进意见》展开讨论。到会教师认为图案课是通向专业创作的主要途径，必须加强图案教学。对于绘画基础课，到会教师认为必须区别于美术学院的绘画课，必须根据工艺美术专业的特点和要求进行绘画基础教学。例如，陶瓷美术专业和建筑装饰专业可适当减少素描课。

1964 年 9 月，为“摆脱西方资产阶级美术教育的学院派传统”，文化部决定取消模特儿制。学院根据这个指示精神取消了模特儿写生教学，致使素描教学一度产生基本训练如何入手的问题。

4.图案班的尝试

1962 年 2 月 25 日，根据中央提出的“调整、巩固、充实、提高”的方针，学院各专业停止招生一年，总结教学经验，改进教学方法，充实教材内容，提高教学质量，为今后学院发展作充分准备。

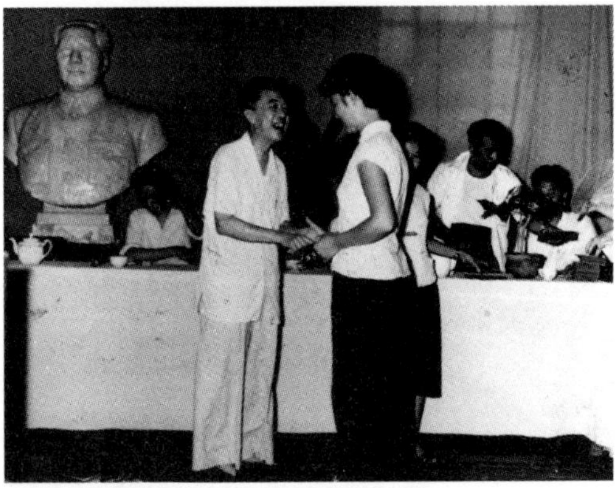

1961年，雷圭元为学生颁发毕业证书

由于我国当时市场上日用工业品的装饰水平普遍不高，不能满足广大群众的要求，外销产品也受到一定影响；图案是工艺美术的基本功，可以满足千百个不同的轻工业、手工业行业的需要；学院在图案教师力量和教材建设方面有一定条件，同年3月19日，学院上报中央手工业管理总局、文化部和教育部，要求增设图案专业，并由雷圭元、程尚仁拟订教学方案。报告得到三个部的批准，文化部建议将专业名称改为"日用工艺品美术设计专业"。

1962年，学院只增设了一个应用范围广泛、适应性较强的，属于"图案班"综合性专业。学生23名，学制五年，由染织美术系代管。雷圭元、程尚仁任正、副班主任。1964年10月后，郑可主持图案教学，加强日用工业品设计教学。图案班学生从中央美术学院附中、北京艺术学院附中、北京市工艺美术学校以及在学院旁听的学生中选拔，图案班学生有王明旨、徐乃湘等。

增设图案班主要是雷圭元的设想。他早在1959年2月3日就提出《关于办好多学科高等工艺美术学校（或称学院、或称工艺美术大学）的教学方案（建议草案）》。他分析工艺美术生产、教育的现状，建议工艺美术教育分两步走：第一步为一般图案阶段，主要解决先天不足，培养学生衣、食、住、行各方面的美术常识，培养学生善于创造新生活的能力；第二步解决后天问题，主要加强专业知识、生产实习和艺术

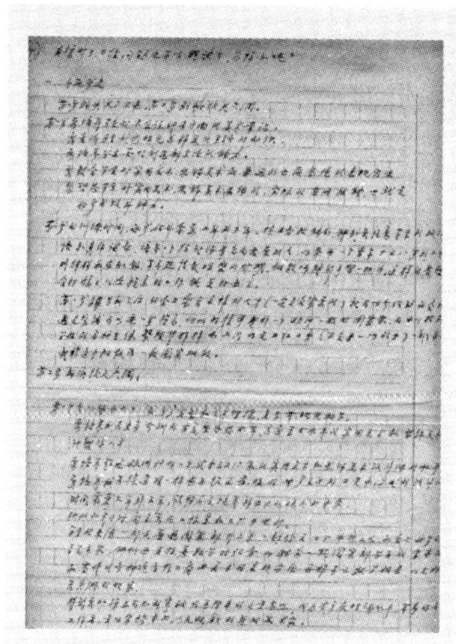

雷圭元:《关于办好多学科高等工艺美术学院的教学方案（建议草案）》手稿，1959年2月3日

理论、美学等现代科学素养，培养具有高度思想水平、艺术水平的实用美术和装饰美术设计制作人才。这个教学方案与图案班的尝试是一脉相承的。

图案班的培养目标提出图案专业的任务是培养日用工业品的装饰美术设计、教学和研究人才；要求毕业生系统地掌握从事美术设计所必需的图案基础知识；对工艺美术的民族遗产以及国内外现代优秀的日用工业品的装饰特点具有深刻的理解。课程设置中的专业课以基础图案和日用工业品设计为主。图案班开创了日用工业品造型设计专业的教学体系，培养了一批具有较高的日用工业品装饰设计能力的学生，为提高当时日用工业品设计的水平，做出了一定的贡献。

5. “四定方案”，增设现代工艺专业

1963年2月，根据教育部的文件和北京市教育局高教处提出的精神，学院制订了“四定方案”，即定规模、定任务、定方向、定专业。学院当时有染织美术、陶瓷美术、装饰美术、建筑美术4个系，内设7个专业，即染织美术、陶瓷美术、书籍美术、商业美术、装饰画（原壁画专业）、室内装饰、日用工艺专业（又名图案班），均五年制，在校生353人，教职员工206人，其中教师95人。在4个系之外另有印

刷工艺专业。学院在四定方案中决定保留7个专业，并增设现代工艺专业。现代工艺专业的目的是为全国培养与现代工业有关的金工、塑料、玻璃、陶器制品等方面的美术设计人才，学制五年。

1963年7月12日，学院向中央手工业管理总局和文化部提出筹建现代工艺专业的报告，拟在1963年在工业品美术专业中添设现代工艺专业。报告所附的筹备计划指出，“现代工艺”是现代自然科学、现代工业技术和材料与现代艺术的综合体；学院拟在1963年9月建立“现代工艺工作室”和“现代工艺教研组”，暂时附设在陶瓷美术系，由该系具体管理现代工艺专业的筹备和教材编写等事宜。报告所附的现代工艺专业教学方案（草案）指出，现代工艺专业的教学任务是为工厂培养现代工艺设计、教学和研究的专门人才。10月16日，中央手工业管理总局批准中央工艺美术学院在“工业品美术专业”中添设现代工艺专业，并于1964年开始招生（后未实现招生）。

6.教学成果与图书实物资料的充实

1960年5月27日，经中央宣传部、中央文教小组批准，中央工艺美术学院等12所艺术院校被评为文化部重点学校。6月，雷圭元作为学院十大建筑装饰设计工作组的带队教授和北京市教育系统先进工作者，出席全国教育和文化、卫生、体育、新闻方面社会主义建设先进单位和先进工作者代表大会（又称“文教群英会”）。

1960年6月，为迎接和庆祝全国文教战线群英会和中国文学艺术工作者第三次代表大会的召开，中央工艺美术学院师生在院党总支的领导下，通过布置北京王府井大街100多个商店橱窗美化市容，其中工艺美术礼品部的橱窗展示学院1958年以来教育结合劳动生产的教学成绩等。

1961年6月，学院在中国美术家协会展览馆举办了建院后第二次大型的“中央工艺美术学院师生作品展览”，展出建院以来各专业师生作品700余件，向社会展示了各专业所取得的初步成绩，得到社会的好评。1963年9月30日，中国美术家协会和中央工艺美术学院联合举办的“第三届实用美术创作展览”在北京中国美术馆举行，展出应届毕业生作品483件，作品在社会产生广泛反响。

图书资料与实物资料是教学工作的重要保证。1959年3月，鉴于采购图书资料工作制度不健全、批准权限不明确的状况，学院成立了图书资料委员会，负责审查决定图书资料的采购工作。图书资料委员会由副院长陈叔亮负责，委员有雷圭元、张仃、陈叔亮、张光宇、吴劳、徐振鹏、梅健鹰、程尚仁、田世光、郑乃衡、侯信，秘书是蔡诚秀。以陈叔亮为主的学院领导的重视与图书资料审查委员会的执行，使学院的图书资料采购工作得到良好的发展。

1962年4月，时任全国人大副委员长郭沫若来学院视察并题词

学院图书馆的藏书以工艺美术专业图书为主，造型艺术、民间艺术等艺术类图书为辅，并收藏文、史、哲等方面的书籍；不仅有《纂组英华》《东瀛珠光》《古铜精华》等工艺美术珍贵画册，还有《四部丛刊》《四部备要》《丛书集成》《古今

中国宋代至清代缂丝刺绣大型图录《纂组英华》，1935年在日本印制，清华大学美术图书馆收藏

日本正仓院宝物图录《东瀛珠光》，1928年在日本出版，清华大学美术图书馆收藏

图书集成》等丛书、类书。图片资料有金石拓片、民间剪纸、木版年画、邮票等。实物资料涵盖了从原始社会的彩陶以至各个时期陶瓷、染织、织锦、刺绣、地毯、壁挂，并有相当数量的明代家具和古代书画真迹及国内外民间工艺品。其中，有一批实物资料为故宫博物院所赠送，用于教学与研究。20世纪60年代中期，经陈叔亮副院长邀请，张珩、徐邦达、谢稚柳三位专家来馆对所藏字画一一鉴定，肯定了图书馆收藏的历代书画的价值。还从荣宝斋调来裱画大师刘金涛负责图书馆书画装裱工作。

学院图书馆本着以藏书及实物资料为教学科研服务的宗旨，利用图书资料为师生读者服务，发挥积极的作用，开展了多种服务方式：① 1958年，图书馆为配合学院师生连夜创作政治宣传画的任务，图书馆24小时日夜值班开馆服务。②为使参加首都十大建筑装饰工作的师生做好设计工作，图书馆将所需要的参考图书送到工地。③配合课堂教学，实物资料室根据教师课程的需要，提供相关实物资料，布置“资

任伯年：《苏武牧羊图》，1874年，清华大学艺术博物馆收藏

明代黄花梨圈椅，清华大学艺术博物馆收藏

料观摩室”供教师讲课，同学观赏、临摹。图书阅览室配合教师讲课，展出授课所需的专题图书，供同学阅览，还开放部分馆藏图书，设立“开架图书室”供读者借阅。④ 1961—1965 年，实物资料室分别开辟陶瓷、染织、书画、民间工艺品等陈列室，按时代、专题定期轮换展出。除为教学服务外，还接待来学院参观的国内外来宾。⑤图书编目工作，除完善馆藏图书的分类目录、书名目录、专题图书目录外，在外文专业图书编目上，除著录原文，还将有关信息如书名、作者、出版者、书内图录状况译成中文，以利读者了解外文图书内容，便于借阅。

据 1964 年 5 月统计，学院的图书已由 1956 年的 6000 册增加到 50000 册；实物资料由 1956 年的 2792 件增加到 8240 件。1956—1966 年，杨崇恺、蔡诚秀、李枫先后任图书馆负责人。

7.学术委员会的建立

1964 年 5 月 19 日，为了推动学术研究和加强对学术研究的领导，学院成立学术委员会。文化部任命陈叔亮为学术委员会主任，雷圭元、张仃、卫天霖为副主任。委员有程尚仁、梅健鹰、徐振鹏、吴劳、杨子美、柴扉、庞薰琹、郑可、袁迈、奚小彭、常沙娜、李葆年、吴达志。学术委员会是院党委和院务委员会在学术方面的助手和顾问机构，定期开会研究全院教学、科研工作中的重大问题。学术委员会的任务是：①审查教学、科研计划、总结、报告；②讨论、研究教学、教学法、科研工作中的重大问题，组织交流教学、教学法、科研工作经验；③在“百花齐放、百家争鸣”方针指导下，讨论重大的学术问题，组织学术思想批评工作；④讨论政治思想教育工作；⑤审查毕业生的毕业设计，听取毕业生的论文答辩；⑥研究、领导教师进修和研究生的培养工作；⑦审查业务干部的学术论文、科研报告，评定业务干部的学术等级。学术委员会对恢复正常的高等工艺美术教育、提高教学质量、编写专业教材、开展创作设计活动，都起到了积极的指导作用。

8.试行半工半读教育制度

1965 年，由于中央关于备战工作的指示和高教部半工半读会议精神的要求，全日制的文科实行半工半读教育制度。1965 年 9 月开始，学院在染织美术系和印刷工艺系开办了两个半工半读试点班。1966 年 2 月，学院决定试点分期分批完成半工半读规划；修业年限仍保持五年，工读比例按四六安排，即两年工，三年读。前三年以工为主，以读为辅，后两

1963年夏天，邓洁院长在学院第四届（1958级）毕业典礼上讲话

1966年，五一劳动节期间的学院西门

年以读为主，以工为辅。为了实现半工半读，各系的课程设置和内容都本着少而精的原则，加强基本功训练，加强艺术实践，进行一系列教学改革。并要求中青年教师先到工厂参加生产劳动，熟悉有关工种的工艺过程，以便指导学生，进行半工半教。1966年3月，学院按照中央“加强备战”的指示，拟在山西蒲县建立分院，但未实现。中央工艺美术学院初建的十年，是在不间断的政治运动中度过的。尽管发展道路不平坦，但全院教职工与学院同舟共济，坚持教学与生产、社会实践相结合，为国家输送了700多名各类专业人才，同时培养了近30名外国留学生。学院还先后开办或与外单位合办了丝绸纹样设计、服装设计、书籍装帧、民间雕塑、图案、陶瓷、工艺美术等9个研究班、进修班或训练班，吸收有关单位的青年技工、艺人和干部进行短期训练，提高他们的工艺美术设计能力、艺术思想和生产技术，先后有513人结业回原单位工作。为满足工艺美术教育事业的需要，学院先后接受全国19个地区兄弟院校的教

师 61 人到院进修，以提高他们的艺术理论、学术研究和教学水平。在早期毕业生中，先后有 20 多人留校任教，其中有一些成为后来学院教学和管理的中坚力量；更多的毕业生在各个行业领域，为国家的经济建设和满足人民的衣食住行需求，作出了重要的贡献。

第三章

坚守与恢复（1966—1982）

1966年，“文化大革命”开始，新中国的工艺美术教育事业转向低潮，经历了停止招生、招收工农兵学员等过程。学院也被迫中止了正常的教学活动。尽管如此，广大师生员工在非常时期依然爱校如家，在特殊的岁月中难能可贵地坚守着。

1978年12月，中国共产党召开十一届三中全会，会议提出了“坚持四项基本原则、坚持改革开放、以经济建设为中心”的指导方针，做出了把党和国家的工作重点转移到社会主义现代化建设上来的战略决策。从此，我国社会主义进入了一个新的历史发展时期。工艺美术教育工作也出现了新的局面。学院迅速着手恢复工作，规划学院前景，整顿教学秩序，充实教学力量。经过几年的建设与发展，学院恢复了生机与活力，开始逐步进入全面发展的时期。

一、教学停滞，下放劳动

1966 年 5 月 16 日，中共中央政治局扩大会议通过了《中国共产党中央委员会通知》(又称《五一六通知》)，“文化大革命”由此开始。学院教学与行政中的重要人物、知名教授，如庞薰琹、刘鸿达、陈叔亮、张仃、雷圭元、郑可、柴扉、祝大年、梅健鹰、阿老等，被送到社会主义学院“学习”。经过调整刚刚走上正轨的教学工作全面停滞，初见雏形的中国现代工艺美术教育体系遭到破坏。

1966 年 6 月，领导“文化大革命”运动的工作组及军宣队同时进驻学院。7 月，学院成立“革筹会”。7 月 24 日，中共中央、国务院下发了《关于改革高等学校招生工作的通

1967年，“文革”中的学院大门

1968年，解放军宣传队进驻学院

1969年4月，师生参加庆祝中国共产党第九次全国代表大会召开的游行

知》，全国高校统一招生考试停止。1965级学生成了学院“文化大革命”之前的最后一批大学生。1966年12月，全院教职工和在校学生分立为两大派组织，学院主要领导人和骨干教师受到不同程度的审查和冲击。党委书记刘鸿达、副院长陈叔亮、张仃、雷圭元及各专业的专家、教授被诬为“走资派”“反动学术权威”“黑帮”而受到批判斗争。在随后的“破四旧”中，一批宝贵的教学资料、教师作品和手稿遭到破坏，给教学造成了无法弥补的损失。

此时，学院的部分学生（学生自发组成的“红画兵”，教师有李永平）结合政治任务，创作了一批在北京市以至全国都具有影响的漫画、宣传画等作品。其中，有刘春华（1963级装饰绘画系）1967年主创的油画《毛主席去安源》（发行9亿张）。

1967年，周恩来总理指出，“工艺美术这条战线，在显示新中国新气象方面，在为国内人民和世界人民服务方面是有成绩的。这是贯穿17年来社会主义革命和社会主义建设的一

“文革”中，学院学生绘制的巨幅宣传画

条红线。”①

1968 年 7 月，学院成立了院“革委会”。8 月，工宣队进驻学院。混乱的局势继续在全国蔓延，百万青年的生计成为影响社会的不稳定因素。12 月 22 日，《人民日报》发表毛泽东主席指示：“知识青年到农村去，接受贫下中农的再教育，很有必要。”之后，千百万知识青年上山下乡。1969 年 3 月，学院的 1966 届、1967 届、1968 届学生完成毕业分配，大部分学生被分配至公园、工厂等单位。

1970 年 5 月 9 日，周恩来总理接见文艺界各单位群众组织的两派代表。随后，中央直属文艺单位下放到部队农场劳动。同年 5 月，学院受命下放到 1594 部队农场，驻在河北省获鹿县（现为鹿泉市）的李村和小壁村，从事农业劳动，并开展运动。学院在北京只设留守处 8 人，负责一切联络事宜，负责人是丛树章。另有副院长陈叔亮等 6 人以疏散人口名义，到文化部湖北咸宁“五七干校”均县（今丹江口市）分校

① 季龙主编：《当代中国的工艺美术》，北京，中国社会科学出版社，1984年，第81页。

（又称“文化部湖北五七干校丹江老弱病残留守处”）劳动。

全院师生共 364 人在河北省获鹿县北京军区 1594 部队农场参加下放劳动。全院编为一个营两个连：一连由染织系、印刷系师生和学院总务部门人员组成；二连由陶瓷系、装饰绘画系、建筑装饰系师生和学院政工部门人员组成。每个连由学院人员担任司务长，一连是李文瑞，二连是白振欧，负责师生的伙食和组织师生进行副食生产（种菜：侯德昌等人；养鸡：郑炯灶等人；养猪：付凌等人；养鸭：潘昌侯、张守智、张孝友、陶如让、吴冠中、袁迈等人。养鸡鸭要住在河滩，生活艰苦）。

下放劳动期间，艺术创作、学术研究被迫搁置。师生实行部队管理，没有节假日，不准探亲、不准家属来访，不准离开营地、不准串连队，处于全封闭状态。班、排、连长均由解放军担任，副职由学院师生担任。每天早上要出操点名，白天下地劳动，晚上开会学习。

1971 年“九一三林彪事件”之后，部队农场允许半天劳动，半天业务，师生在繁重的体力劳动之余，利用有限的机会和资源坚持设计、创作练习及收集资料。以吴冠中、袁运甫为代表的“背筐画派”师生画风景、农舍、集市、庄稼；张仃在土坡上进行焦墨写生；郑可为老乡画速写头像；雷圭元为学生讲授图案的组合变化；程尚仁讲授如何直接在纸上刷彩色适合纹样的底色；温练昌挨门串户收集农村的枕头花样；常沙娜带学生画野花野草、瓜果豆等农作物的花朵；白崇礼指导学生收集农民的剪纸花样。郑可等还带领学生做木工活，制作了马扎、油画箱、茶叶盒、化妆盒，有的还画上图案。一年有两周探亲假，学院教职工可以去外地或回京探亲。吴冠中、奚静之等教师可以每月互相看望在中央美术学

1970—1973年，下放1594部队农场劳动的装饰绘画系师生合影，左起：李宝瑞（1965级）、袁迈、吴冠中、张国藩、阿老、黄国强、姜玉军（1965级）、刘孝义（1965级）

院工作，并在附近1593部队农场下放劳动的家人。

1972年下半年，学院师生回北京参观全国工艺美术展览；到石家庄参观全国印染行业选样定产会；赴正定县参观大佛寺。1973年1月，学院师生参观西柏坡七届二中全会旧址，并拍摄毕业合影。4月，1964级（1969届）、1965级（1970届）学生进行毕业分配。

二、返京复校，恢复教学

1.返京复校，开门办学

1973年8月，李先念副总理批示，中央工艺美术学院划归轻工业部直接领导，并立即接回北京。同年9月25日，学院负责人陈叔亮受国务院、轻工业部委托，与轻工部工艺美术局局长史敏之带领接收组，到部队农场接回全院师生，三年下放劳动结束。学院随即成立中央工艺美术学院复校临时领导小组，陈叔亮任组长，召开复校临时领导小组会议，集中研究机构组织、人员分工及主要工作。复校后专业教学并未立即回到正轨，教师被组织起来继续学习马列主义和毛泽东著作，深入研究三大革命运动实践，改造锻炼自己。复校后全院有教师 115 人，其中教授 5 人，副教授 7 人，讲师 31 人，助教 63 人，教员 9 人。

1975 年 4 月 7 日，轻工业部批准成立了中央工艺美术学院党的核心小组，并派遣姚秦城担任组长，傅石霞、陆振声、王建邦、翟树成任副组长。中心工作是贯彻“开门办学”方针，继续推动学院的恢复建设。

学院结合社会政治经济发展的需要，适时制定了新的教学工作规划，从办学方针、培养目标、办学方式、招生来源、系（班）专业设置、教师队伍建设、校办工厂（实验室）及科研机构的建立健全八个方面，明确了学院此后的建设发展方向。工作规划中确定的办学方针是：贯彻“教育为无产阶级政治服务，为工农兵服务，与生产劳动相结合”的方针；贯彻“百花齐放，推陈出新”“古为今用，洋为中用”的创作设计方向；坚持工艺美术设计

1973 年 9 月，在河北获鹿下放劳动的教职工和学生返京复校

1975年6月9日，学院举行开学大会，有关领导、教师与工农兵学员在教学楼前合影

1975年9月，中央工艺美术学院汽车美术班开学纪念

的适用、经济、美观的原则。采取的办学方式是，以三年制的普通班与多种形式的短训班相结合，以厂校挂钩，开门办学为主，结合各系、专业的典型，有计划地选点，选择典型设计任务，以工厂为基地组织教学工作。教学内容是根据厂、

特种工艺美术系牙玉雕创新进修班结业典礼大会留影，1976年

地区的需要，与主办单位协商制定。教学方法则是要打破基础和专业的界限，提倡一专多能，以创作设计带动基础学习，培养学生分析和解决实际问题的能力。同时，学院根据当时教学力量的实际情况制定了具体的办学方案，决定先做试点，摸索经验，招收一个普通班，并试办短训班和参加厂办大学。

1975年，学院开始招收工农兵学员，生源主要是按照毛泽东主席的指示："要从有实践经验的工人、农民中间选拔学生，到学校学几年以后，又回到生产实践中去。"[①] 根据轻工业部要求，学院除原有的染织美术系、陶瓷美术系、装潢美术系、工业美术系（原建筑装饰系更名）、印刷工艺系之外，新设立特种工艺美术系，该系是以原设在装潢系的装饰壁画专业为基础成立的。当时只有商业美术专业是三年制，其他专业都是短期班，学院以多种形式试办了6个班次，先后招生196名。

1975年下半年，装潢美术系招收了商业美术专业三年制普通班21人；特种工艺系举办牙雕、玉雕创新一年制的进修班，招生30人；染织美术系与市纺织局联合举办以校为主的印花美术设计短训班，招生22人，学制为11个月；工业美

① 新华社记者：《从上海机床厂看培养工程技术人员的道路（调查报告）》，载《人民日报》，1968年7月22日。

术系与一机部汽车局联合举办汽车造型美术设计短训班，招生25人，学制为11个月；陶瓷美术系与江苏省轻工业厅陶瓷公司联合举办以地方专业骨干为主的陶瓷造型及装饰短训班，招生63人，学制为11个月。特种工艺系于6月7日正式开课，其他班于10月15日前陆续开课。当时有些课还吸收少量旁听生，以扩大教学效果。这次招生侧重政治条件，学员专业基础普遍较低。但由于教师恢复教学后，在教学中认真负责，因此大多数学生在专业上都有一定进步。

“文革”中的学院大楼外景，1967年

1976年10月，学院师生在天安门广场参加粉碎“四人帮”反党集团游行

1976年10月6日，“四人帮”被粉碎，“文化大革命”结束。1977年，染织系应纺织工业部委托创办一年制“全国丝绸设计进修班”，重点培训、提高全国主要丝绸印染厂在职设计人员，聘请国内专家李有行、蔡作意、楼紫郎、苏葆桢等亲临授课。同年，染织系在轻工业部的支持下举办“中国花鸟画进修班”，重点培训轻工业部所属院校的花鸟画青年教师。考虑到本院花鸟画教师俞致贞及社会上著名的花鸟画家们年事已高，需要及早传承，故先后聘请李苦禅、孙其峰、康师尧、苏葆桢、田世光等亲临授课，教学质量受到轻工业

部肯定。学院青年教师高沛明、胡美生、黄显隆也随班进修。此外，学院还举办工艺美术创作展览，整顿了图书馆及后勤工作等，为学院教学与学术研究秩序的恢复和发展奠定了基础。

2.改革开放，重组领导班子

1978 年，经国务院批准，学院的领导体制再次恢复为以轻工业部为主，与文化部共同领导。5 月，经轻工业部党组批准，成立了学院的党的临时领导小组，罗扬实任组长，着手尽快恢复正常教学秩序。同年成立学院党委，罗扬实任书记，杨少先任副书记。他们为学院拨乱反正、恢复教学做了大量工作。

1978 年 12 月，党的十一届三中全会全面认真地纠正了“文化大革命”及其以前的“左倾”错误，做出了把工作重点转移到社会主义现代化建设上来的战略决策，结束了长时期的社会动荡，国家恢复了安定团结的政治局面。学院的组织机构、体制建设也做出相应的调整。为了尽快恢复正常教学，学院对各系进行了调查研究，并开始给“文化大革命”中受到不公正待遇的教师恢复名誉，给 1957 年被扩大划为“右派”的教师平反。学院当时的情况正如张仃所言：“运动搞乱了教师队伍，搞乱了思想，荒疏了业务。值得庆幸的是保住了校舍，保住了教具图书资料，保住了教职工队伍……活着就有希望。”到 1979 年时，学院已基本摆脱了“左”的思想束缚，将工作重点重新放到了教学上。这一年，雷圭元 73 岁，庞薰琹 73 岁，陈叔亮 78 岁，郑可 73 岁，张仃 62 岁，吴劳 63 岁，阿老 59 岁……这些先生多已过花甲之年。

1979 年 3 月 8 日，轻工业部签发党组文件呈报中央组织部，为庞薰琹恢复政治名誉。5 月，学院新的领导班子组成，由张仃任院长，陈叔亮、雷圭元、吴劳、庞薰琹、方振远、阿老任副院长。新领导班子一上任就着手恢复学院体制，整顿教学秩序，充实教学力量，完善招生制度，规划学院前景。

3. 恢复招生，整顿教学

1977 年下半年，学院与全国各高等院校一样，恢复了停顿 10 年之久的全国统一招生的考试制度。“文革”后第一批本科生 1977 级 106 人于 1978 年 3 月入学。1978 年 9 月，本科生 1978 级 108 人、专科生 15 人入学；同年 5 月，研究生 20 人入学。1979 年，招收本科生 81 人，专科生 15 人，研究生 13 人。这几届学生主要集中于染织、陶瓷、装潢、工业、特艺、印刷 6 个专业，是从积累了十多年的考生中优选出来的，专业水平和文化素质普遍较好，不少人成为后来艺术设计领域的骨干。

1977 年 9—10 月，为编写《中国工艺美术简史》，院党组副组长罗扬实和研究室负责人吴劳带领共同课教研组教师田自秉、王家树、吴达志、陶如让、奚静之以及拍摄资料的杨德福一行 8 人到上海、南京、湖南、广东等地进行为期一个多月的工艺美术考察调研。1978 年，书的初稿完成，奚静之撰写前言和后记，吴达志撰写原始社会、奴隶社会时期工艺美术，王家树撰写封建社会时期工艺美术，田自秉、陶如让撰写近百年工艺美术，田自秉撰写新中国工艺美术。同年，在初稿基础上，南京艺术学院吴山、青岛工艺美校王进家参加二稿编写和插图工作。1983 年，学院集体编写的《中国工艺美术简史》由人民美术出版社出版，促进了中国工艺美术史学术研究与专业教学的新发展，具有历史意义。

1977年9—10月，学院领导与研究室教师为撰写《中国工艺美术简史》，到南京等地考察工艺美术行业

1979年8月16日，叶剑英、邓小平、邓颖超等国家领导人接见“全国工艺美术艺人和创作设计人员代表大会”的全体代表。之后，轻工业部提出“高速度、高质量、高水平、高品种”“以自己的笔头大胆创外汇”的生产口号。当时，手工艺行业在全国的创汇率占轻工业出口换汇总额的32.25%，有2800多个企业、80多个工艺美术研究所，从事工艺美术的人员近600万人。工艺美术不仅需要大量的专业技术工人和一般设计人员，同时还十分缺少高水平的专业设计人才，工艺美术教育的迅速发展成为当务之急。

在新的形势下，如何办好这所全国最早成立的工艺美术高等学府，是当时学院主要思考的问题。1979年2月，在文化部召开全国艺术教育工作会议之后，学院重新制定了工艺美术各专业的教学方案。确定的教学宗旨是：以美化人民生活为目标，培养热爱祖国、热爱专业，并在继承和发扬民族传统工艺美术的基础上，适应现代生活的审美心理，具有独立设计能力，德、智、体全面发展的工艺美术设计专业人才。各专业教学坚持理论与实践、继承与创新、教学与生产相结合的原则，注重对民族民间美术和对国内外各种设计思想的学习与研究，注重艺术与科学、创作与生活、设计与工艺、工艺与材料等多种关系的结合。课程安排为每学年36周，共计4500学时。课程设置比例为：文化课占总学时的20%，基础课占 40%，专业课占 40%，专业课中包括每年 4 周的社会调查与生产实习。另外，还开设选修课，学制四年。

同时，学院根据轻工业部机构设置方案的精神，结合教学的具体情况和此后的任务，经广泛讨论，重新设置了学院机构。院务行政体系下设党委办公室、院办公室、人事处、教务处、总务处、科研处和图书馆。教学体系下设染织美术系、装潢美术系、工业美术系、陶瓷美术系、特种工艺美术系、印刷系和共同课教研室。染织美术系程尚仁任主任，常沙娜、白崇礼为副主任；陶瓷美术系梅健鹰任主任，陈若菊为副主任；装潢美术系阿老任主任，黄国强、邱承德为副主任；工业美术系奚小彭任领导小组组长，潘昌侯任副组长（当时未设主任之职）；特种工艺美术系袁运甫、权正环任副主任；印刷系郑德琛任主任；共同课教研室杨子美任主任，奚静之为副主任。

1978 年，国务院恢复和增设普通高等学校 169 所，其中，在中央工艺美术学院印刷系的基础上改建成立了北京印刷学院，划归国家出版事业管理局领导。自 1979 年 11 月 1 日起，原由学院管理的印刷系及教职员工 43 人、学生 77 人，正式移交给北京印刷学院筹备处。

1978 年年底，学院恢复成立团委、学生会，夏凯平、董汇斌先后任团委书记，吴晞任学生会主席。由团委和学生会共同主办的校刊《光华路》成为学院学生开展思想交流和学术讨论的重要阵地，为学生在学术和业务上与外界的交流起到了积极作用。1979 年 5 月，吴晞代表学院学生出席中华全国学生联合会第十九次代表大会。9 月，教工团支部张忠燕被共青团中央授予全国新长征突击手荣誉称号。

4. 重建学术委员会

1979 年，“为了贯彻高教会和艺教会精神，开展学术研究，提高教学质量”，学院决定重建学术委员会。陈叔亮任主任委员，张仃、雷圭元、庞薰琹、吴劳、阿老、郑可、吴冠中、祝大年任副主任委员，田自秉任秘书。委员会于 5—6 月举行了三次会议，研究讨论学术委员会的性质、任务等问题，起草委员会章程，并通过邀请委员名单，共计 24 人。

学术委员会建构了学院的学术核心，主持评定因“文化大革命”停止多年的教师职称，确定教师 89 人，其中教授 4 人，副教授 22 人，讲师 58 人，助教 5 人，占教学人员比例的 68%。许多持续 20 多年的讲师、助教得到提职。

学术委员会自成立的半年时间里，围绕学院的学术问题先后组织 7 次与工艺美术有关的学术讲座，如来访的香港大一学院院长吕立勋主讲的“设计中国”，中央美术学院教授周令钊主讲的“西德的艺术教育”，中央歌舞团舞蹈家王之麟主讲的“舞蹈与装饰艺术的美术问题”等，并举办“香港现代设计”展，在师生中产生较大的影响。同时，举办图案教学讨论会，副院长雷圭元在会上作关于“传统图案研究”的发言；并举行两次素描教学讨论会。学术委员会的工作对开展教学经验交流、活跃学术气氛起到了积极有力的推动作用。由学术委员会负责的研究生培养问题也取得了进展。

5. 统一教学思想

1976 年以来，一方面，在老一辈工艺美术教育家和全院师生的努力下，学院的教学、创作、科研得到了较快恢复；另一方面，由于经历了十年的停滞，专业的荒疏、国内外资料信息的匮乏、教学体系的断层，随着教学工作的恢复与开展，一系列的缺失与不足暴露出来。

首先，突出的表现是专业师资力量的缺乏。一些专业教师每学期 19 周的课时尚不能满足教学需求。其次，在教学上，各系虽然依据 1961 年的教学方案和《中华人民共和国教育部直属高等学校暂行工作条例（草案）》的规定安排了课程表，但是各专业没有系统的“教学大纲”，教学内容由教师自行决定，缺乏总体规划和切实可行的教学方案。最后，学院基建工作落后，图书馆虽然收藏了大量的图书和实物资料，但是国外资料，特别是关于西方现代设计的资料非常少。对于一些新发展的专业如工业设计专业来说，问题尤为严重。当时，许多现代工业设计产品在国内还只是个名词概念，根本没有实物资料，工业美术系曾列出一个轻工业产品名单，从冰箱、彩电到收录音机，希望求助于通过国家进口以获得教学实物资料。另外，专业发展需要的实验工场，如陶瓷、摄影工房等都亟待建设。

围绕学院恢复建设所面临的一系列问题，1979—1980 年在全院范围内开展了大规模讨论，主要内容有：①专业如何与生产发展的要求相结合；②根据专业要求如何制订各门主课的教学大纲；③如何抓好专业课的教材建设；④办好实验工场；⑤办好进修班；⑥研究准备新办专业的教学方案。

同时，学院召开老、中、青教师座谈会，就师资队伍建设、专业调整、建立工作室制度、试行学分制，以及如何形成工艺美术教学体系等问题展开讨论研究。这一系列的讨论为学院工艺美术教学体系的形成与完善奠定了基础。

在讨论中，“工艺美术学院专业设置究竟以什么为主、究竟什么是工艺美术”成为学院一切教学改革讨论的核心所在。

围绕这个问题，副院长庞薰琹在《装饰》复刊后的第一期上发表了《论工艺美术和工艺美术教育》一文。他指出："什么是工艺美术？根据我国目前的情况来说，基本上可以分为两类：一类是实用的，一类是装饰的。在装饰的方面也可以分为两类：一类是民间工艺，一类是高价的摆设品。我们历来就主张两条腿走路。既要先进的科学技术，又要保护手工艺。我们要着重发展实用的现代工业方面所需要的美术设计工作。"[①] 这种认识为学院工艺美术教学改革确立了方向。

三、重大社会任务

1972 年，学院承接国际俱乐部、北京饭店的建筑装饰和陈设所用的绘画任务。其中，参加北京饭店装修的名单由奚小彭和华君武商定，奚小彭、郑可、邱陵、温练昌、张守智、胡美生、白山、黄显隆、张国藩等人参与饭店室内装饰、陈设用瓷、餐具、壁纸、地毯等的设计工作。当时，周恩来总理指示国际俱乐部为对外单位，应该展示民族传统绘画，委派干部与学院教师阿老联系，让阿老组织一批画家完成这一任务。由阿老、彦涵及中央美术学院的邓澍三人成立领导小组，由阿老总负责，主要组织社会上有名的画家如李苦禅等。学院参加绘画的教师有阿老、乔十光、何镇强、黄云等，所作画种主要是中国画。北京饭店所陈设的中国画，主要由国际俱乐部的一些画家，并扩充社会更多画家参与完成，其中

① 庞薰琹：《论工艺美术和工艺美术教育》，载《装饰》，1980 年第 1 期。

1972—1973年，崔栋良（左）与常沙娜（右）在故宫，为中华人民共和国出土文物展临摹、复制文物

学院参加绘画的教师有阿老、白雪石、袁迈、袁运甫、乔十光及染织美术系、建筑装饰系的教师等。但在 1974 年“四人帮”策划的“批黑画”事件中，这些画被当作黑画批判，认为其违反总理指示，没有民族特色，部分教师受到不同程度的批判，被指为没有肃清欧美资产阶级文化的流毒，有洋奴哲学和复古思想。

1972 年，学院教师王家树、杨永善、李绵璐、顾丁茵及学生邱百平等参与中国历史博物馆重新开馆的陈列设计。1972—1973 年间，国家文物局先后抽调学院教师常沙娜、陈若菊、崔栋良、朱军山、李永平、侯德昌参加“中华人民共和国出土文物展览”的文物临摹、复制及设计工作，黄能馥参加出土织物的分析工作。在不到一年的时间里，他们以湖南长沙马王堆出土文物为复制重点，为展览完成了 51 件高质量的文物临摹复制品。此次展览是“文革”后首次以国家名义组织的出国文物展，先后在日本、法国、美国、墨西哥等国巡回展出，为恢复我国与国际社会的文化交流起到了重要作用。1973 年，张秋海、林乃干、张振仕、李永平等人，先

毛主席纪念堂水晶棺及基座，崔栋良、张仲康、陈汉民、朱军山、何镇强、李骐、陈和鼎设计，1976年

毛主席纪念堂建筑陶板装饰，袁运甫、张绮曼、周令钊设计，1976年

毛主席纪念堂建筑陶板装饰，袁运甫、张绮曼、周令钊设计，1976年

后为石家庄白求恩和平医院绘制医用解剖图，为河北新医科大学编辑的《人体解剖学》绘制医用解剖图、细胞组织图。

1974 年，为庆祝国庆 25 周年，全国美术作品展览展出版画、雕塑、连环画、年画、宣传画作品 430 件，白雪石、侯德昌合作的国画《长城脚下幸福渠》和郑炯灶的油画《台湾同胞心向祖国》参展。1975 年，学院承担第三届全国运动会会标设计与开幕式团体操《红旗颂》部分背景设计。其中，李永平设计会标及儿童、乒乓、武术、跨栏、登山等 7 个场景和 20 多个标语画面；张仲康设计《横跨千山万岭险，成昆天堑变通途》（第二场之二）、《钢花四溅铁水流，奋发图强攀高峰》（第二场之四）、《麦浪滚滚万里香，年年丰收广积粮》（第三场之五）、《万紫千红百花开》（第五场之四）等 8 个场景；罗真如设计团体操背景画面《祖国万岁》。1979 年，张仃、常沙娜、袁杰英、张仲康及校友楚启恩（1956 级壁画专业）和中央美院周令钊、李化吉等设计第四届全国运动会开幕式团体操《新的长征》背景设计（五场）。

1976年，根据中央有关部门要求，为组建毛主席纪念堂建筑设计方案工作班子，学院抽调何镇强、李骐、辛华泉与全国知名建筑师、教授进行纪念堂建筑及室内设计方案。同年9月，学院接到为毛泽东主席遗体设计水晶棺和基座的任务，院党委核心小组副组长傅石霞、陆振声负责组织协调工作，抽调专业教师崔栋良、张仲康、陈汉民、朱军山、何镇强、李骐、陈和鼎、奚小彭、林乃干组成设计组参加设计工作。设计组连续工作多日，共完成5套设计方案，造型、装饰体现了庄严、肃穆的设计风格。水晶棺设计方案确定后，由上级部门任命崔栋良为水晶棺设计装置组组长，与张仲康进一步参与了水晶棺后期制作施工时的设计工作。同时，学院教师袁运甫（与黄永玉

1976年10月12日，毛主席水晶棺设计组成员在天安门广场留影，左起：崔栋良、司机彭志怀、陈汉民、何镇强、李骐、朱军山

1979年8月8日，全国工艺美术艺人创作设计人员代表大会，在北京举行

1979年夏，学院师生参加首都机场壁画工作组会议，前排左起：郑可、吴冠中、权正环、王舒冰；后排左起：曾小俊、唐薇、池小清、韩眉伦、岳景融

彩色宽银幕动画片《哪吒闹海》，张仃任美术总设计，上海美术电影制片厂，1979年

1979年夏，张仃（中）、张一民（左）、楚启恩（右）在首都机场壁画《哪吒闹海》绘制现场

合作完成纪念堂北大厅大幅绒绣《祖国大地》）、辛华泉、侯德昌（创作瞻仰厅隶书《伟大的领袖和导师毛泽东主席永垂不朽》）等还参加了纪念堂建筑陶板装饰设计、室内装饰用大型壁毯、屏风、美术字等设计工作。白山设计室外灯具；谈仲萱、崔毅、林福厚设计室内家具；程尚仁参加建筑花板图案设计；乔十光创作漆画《农民运动讲习所》；温练昌参加建筑装饰设计和壁纸设计（选用9种19色壁纸图案）及试制工作。1976年，柳冠中（1966届毕业生）承担毛主席纪念堂灯具设计、结构工艺、制造安装的设计任务。1977年9月，经纪念堂工程选派，学院教师温练昌将在北京饭店工程中设计并研制成功的“涂塑印花壁纸”，根据纪念堂墙体结构需要进一步设计研制成功“涂塑压花壁纸”。涂塑压花壁纸的试制成功填补了我国该项建筑材料的空白，因此温练昌于1978年被授予“全国科技大会奖”。

1978—1979年，张仃担任由上海美术电影制片厂制作的中国第一部宽银幕动画长片《哪吒闹海》美术总设计，他笔下的画面色彩鲜艳，线条流畅，性格鲜明，想象丰富。此后，动画片《哪吒闹海》获得诸多奖项，成为中国现代动画片经典之作：1979 年，获文化部 1979 年优秀影片奖；1980 年，获大众电影百花奖最佳动画电影；1983 年，获菲律宾马尼拉国际电影节特别奖；1988 年，获法国布尔波拉斯文化俱乐部青年国际动画电影节评委奖、宽银幕长篇动画片奖。

四、首都国际机场壁画创作

1979 年 9 月 26 日，首都国际机场候机楼壁画群及其他美术作品举行落成典礼，向国庆 30 周年和全国文学艺术工作者第四次代表大会献礼，这是中华人民共和国成立以来我国美术工作者第一次大规模的壁画创作。

首都国际机场壁画及其他美术创作由中央工艺美术学院院长张仃主持并担任总设计。创作团队以中央工艺美术学院师生为主，由机场党委借调全国 17 个省市的 92 位美术工作者（包括画稿作者、绘制、工艺顾问、工艺监制、实习生）历时约 10 个月集体合作完成。同时，作品还凝聚了江西景德镇、河北邯郸磁州窑、江苏扬州漆器厂、北京昌平制镜厂、青岛市贝雕厂、西安美术学院工艺美术系、广州美术学院工艺美术系、青岛市工艺美术研究所等地区、单位工艺技术人员的心血。从外地、外单位美术院校或工艺美术厂等处借调来京参加创作设计或绘制的人员共 16 名，借调来京参加磨漆画制作的人员 7 名。1978 级研究生杜大恺、刘永明和特艺系 1977 级全班同学参加上述创作设计工作。其中，大部分是中青年，平均年龄 38 岁，创作与绘制团队富有活力。

在“百花齐放、百家争鸣”的文艺方针指导下，机场壁画及其他美术创作发挥了个人的艺术特长，呈现了多种多样的艺术风格，运用了传统的、现代的工艺与绘画材料，完成了传统重彩壁画、景德镇瓷砖拼镶壁画、磁州窑陶板拼镶壁画、丙烯壁画以及其他美术作品等，共计 58 幅。作品分为以下八类：一、壁画 8 幅（作者 9 人：张仃、祝大年、袁运甫、袁运生、张国藩、肖惠祥、李化吉、权正环、张仲康）；二、丙烯画 1 幅（作者：李鸿印、何山）；三、漆画 7 幅（作者 4 人：乔十光、杨富明、李鸿印、朱曜奎）；四、玻璃画 3 幅（作者 4 人：王学东、张为、何镇强、常沙娜）；五、贝雕画 3 幅（作者 3 人：朱军山、李兴邦、王晓强）；六、油画 1 幅（作者 1 人：吴冠中）；七、国画 21 幅，其中重彩画 3 幅（作者 4 人：李宝瑞、祝大年、刘力上、俞致贞），水墨画 18 幅（作者 18 人：叶浅予、范曾、钱松喦、李苦禅、唐云、程十发、潘天寿、亚明、黎雄才、霍春阳、孙其峰、于希宁、谢稚柳、刘继卣、许麟庐、侯德昌、蒋正鸿、阿老）；八、书法作品 14 幅（作者 8 人：沙孟海、于立群、李铎、费新我、刘炳森、范曾、刘博琴、林散之）。此外，学院工业美术系负责人奚小彭带领 1978 级研究生张绮曼、黄林、贾延良等人承担了室内装饰总体设计和家具、灯具、屏风设计以及领导人专机波音 747 飞机外观涂装与内饰设计。

其中，主要作品有：张仃的《哪吒闹海》（重彩），祝大年的《森林之歌》（瓷砖彩绘），袁运甫的《巴山蜀水》（丙烯），张国藩的《民间舞蹈》（陶板刻绘），权正环、李化吉的《白蛇传》（丙烯），李鸿印、何山的《黄河之水天上来》，张仲康的《黛色参天》（重彩），袁运生的《泼水节——生命

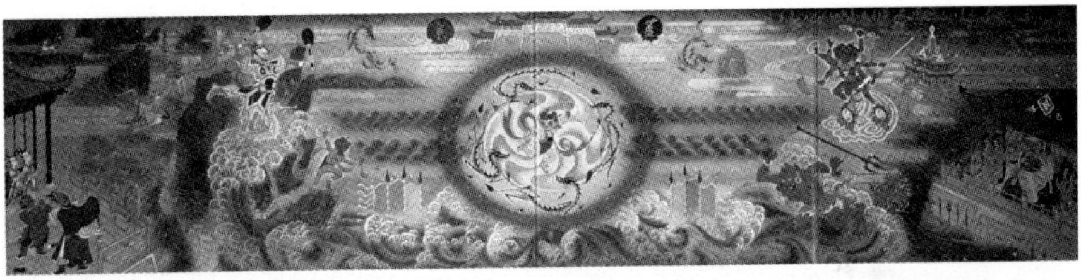

张仃：《哪吒闹海》，重彩，1500cm×340cm，1979年

祝大年：《森林之歌》，瓷板彩绘，2000cm×340cm，1979年

袁运甫：《巴山蜀水》，丙烯，2000cm×340cm，1979年

袁运生：《泼水节——生命的赞歌》，丙烯，2700 cm×340cm，1979年

权正环、李化吉：《白蛇传》，丙烯，700cm×200cm，1979年

肖惠祥：《科学的春天》，陶板刻绘，2000cm×340cm，1979年

张仲康：《黛色参天》，重彩，600cm×150cm，1979年

张国藩：《民间舞蹈》（狮舞），陶板刻绘，600cm×300cm，1979年

李鸿印、何山：《黄河之水天上来》，丙烯，360cm×180cm，1979年

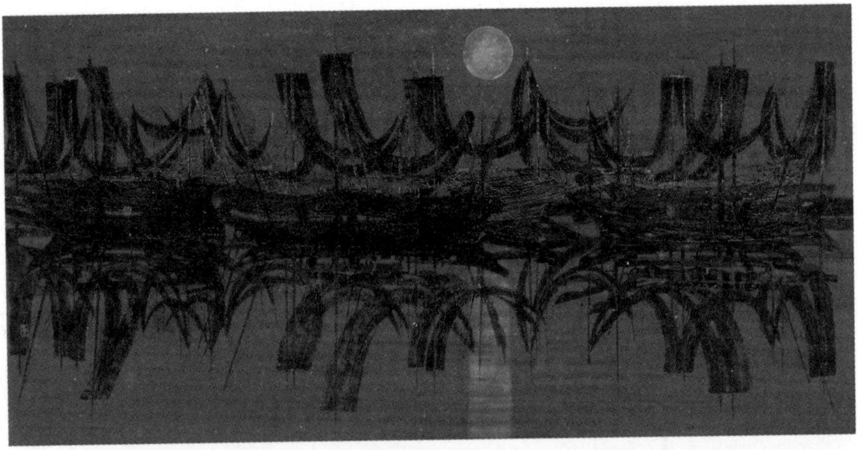

乔十光：《南海落霞》，漆画，180cm × 90cm，1979 年

朱军山、李兴邦、王晓强：《傣家风光》，贝雕画，420cm × 200cm，1979 年

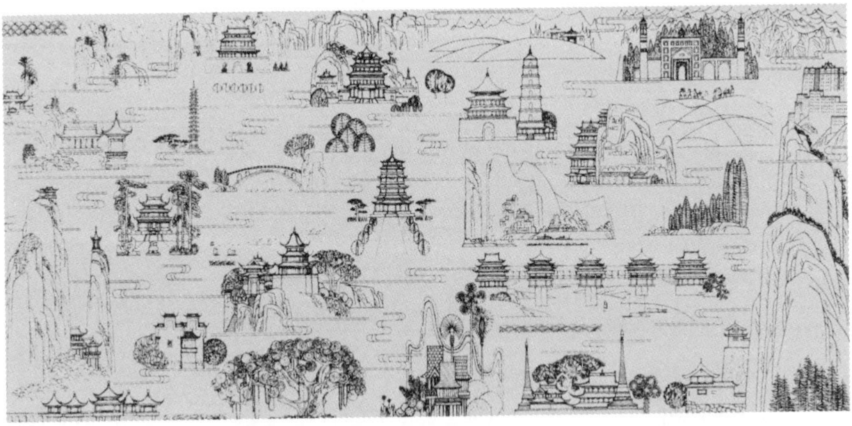

何镇强：《祖国各地》，玻璃隔断画（画稿），640cm × 360cm，1979 年

李宝瑞:《白孔雀》,重彩,575cm×123.5cm,1979年

的赞歌》(丙烯),肖惠祥的《科学的春天》(陶板刻绘),李宝瑞的《白孔雀》(重彩)10幅壁画;祝大年的《玉兰花开》(重彩),吴冠中的《北国风光》(油画),范曾的《屈子行吟》(水墨),阿老的《舞蹈》(水墨),刘力上、俞致贞的《花鸟》(工笔)等国画与油画;常沙娜的《四季花开》、王学东的《北国风光》、何镇强的《祖国各地》等玻璃隔断画;以及乔十光的《梅》《苏州水乡》《万泉河》《南海落霞》,李鸿印的《黄河》,朱曜奎、张虹、赵志纲的《长城》等磨漆画;朱军山、李兴邦、王晓强的《傣家风光》等贝雕画,侯德昌、蒋正鸿等人的书画作品。这些作品从整体上呈现出具有鲜明中国特色的艺术新气象。

这些壁画和美术作品,不仅引起中国社会各界人士的广泛关注,而且获得中外艺术家、美术评论家的高度评价。9月26日,首都国际机场壁画群举行落成典礼,首都文艺界、理论界、建筑界、新闻出版界、外贸界等领导和知名人士以及外宾300多人出席典礼。典礼后举行座谈会,张仃、沈图、江丰、蔡若虹、王朝闻、艾青、姚雪垠、白桦、刘开渠、宋振庭、吴良镛、郁风、庞薰琹先后发言。党和国家领导人邓小平、李先念、王震、谷牧等,以及中宣部、轻工业部、文化部、文联等部门负责人黄镇、胡乔木、夏衍、周扬等先后到机场参观视察,对壁画创作给予高度肯定和赞扬。

1979年10月,中国文联主席周扬在全国文学艺术工作者第四次代表大会大会上发表的《继往开来，繁荣社会主义新时期的文艺》报告中指出："新近完成的首都国际机场的大壁画及其他有关美术作品，博得了各界人士和中外文艺家的高度评价，为我国建筑壁画开创了新途径。这些壁画的作者大多是有才华的青年壁画家，他们解放思想，勇于创新，融合我国民族传统壁画的技法和现代技巧，表现了新的时代精神。这些壁画是他们和陶瓷工艺美术家、建筑师密切合作的产物。他们的具有鲜明个性特点的艺术成果及创作经验，值得总结和推广。"[①] 学院教师张仃、陈叔亮、雷圭元、吴劳、吴冠中、郑可、阿老、高庄、祝大年、梅健鹰、白雪石、程尚仁、奚小彭、常沙娜、袁运甫、乔十光16人参加此次文代会。

1979年9月14日，日本著名画家平山郁夫一行参观机场壁画与张仃院长及创作人员座谈后合影

1979年9月26日，首都国际机场壁画落成座谈会

经历了革命现实主义主导的"红、光、亮""高、大、全"等文艺创作思潮之后，首都机场壁画群以其丰富多样的题材、既具有传统意味又具有现代特征的艺术风格，将人们心中久违的审美感性表达出来。它是改革开放初期的思想解

① 周扬：《继往开来，繁荣社会主义新时期的文艺》，载《南方日报》，1979年11月20日。

放运动的形象折射，成为推动当代中国艺术复兴的先声。它也因此成为改革开放之初中国重要的文化现象之一，围绕它引发了许多关于“美”“人性”“现代性”“思想解放”等文艺思想的争论与探索。同时，首都机场壁画群的创作开创了中国现代壁画的新纪元。随后，在全国掀起了现代壁画的创作热潮。

五、改革开放初期步入正轨

1.顺应时代需要，再次调整工作

文化部、教育部在1980年12月发出的《关于当前艺术教育事业若干问题的意见》中，要求全国美术院校要多培养一些工艺美术人才。中央工作会议也决定，进一步调整国民经济，大力发展轻纺工业，相应发展和调整教育事业。为此，学院经过广泛讨论，于1981年4月提出《中央工艺美术学院调整工作意见》（简称《意见》），并经轻工业部审批执行。学院贯彻“日用品要工艺化，工艺品要实用化”的要求，把和广大人民群众生活关系密切的日用工艺美术作为重点予以重视和发展，同时兼顾装饰性工艺美术。办学中坚持“量力而

1981年9月28日，恢复高考后的中央工艺美术学院第一届团委、学生会成员在学院门口合影

行，尽力而为”的原则，把主要精力放在教学质量的提高上。

《意见》还对学院规模、学制、专业设置等提出了改进意见，决定下一步学院教学工作的重点是稳定教学秩序，提高教学质量，具体计划如下：①由教务处负责组织力量，研究修订各专业教学方案和课程设置。根据专业需要，增加基础理论、基本知识课程，增加专业基础课的课时比例，以扩大学生的知识领域，提高学生的艺术修养和创作能力。②严格执行教学计划。各专业必须按照教学方案规定的教学目的、要求设置课程，各门课程必须制定教学大纲，编写教材，严格按照教学计划，有秩序地组织课堂教学。③学校的中心任务是搞好教学，提高教学水平，保证教学质量。必须有计划地组织中青年教师进修，不断提高教师的政治、业务水平，增强他们的教学责任心、荣誉感；尊重与发挥教师在教学上的主导作用和积极性。④为了结合生产、联系实际，加强工艺研究和工艺教学，决定建立电化教学和专业工艺教室，增加必要的工艺设备。⑤加强科学研究是提高学校学术水平和教学质量的重要措施，必须尽快建立和充实研究机构，负责全院科研组织工作。《意见》还就学院领导机构、思想政治工作、总务后勤工作等提出调整措施。随后，各系就《意见》提出的整改措施展开讨论和调查研究。下半年各系根据专业方向和特点调整教学结构，改进教学方法，推动学院各项工作的开展。

2.教学力量的充实和教学体系的完善

（1）师资与教材建设

面对一直存在的专业师资严重不足的情况，学院一方面充分发挥老教师的力量，保证教学质量，另一方面通过抽调外单位专家人员来充实教学力量，并积极培养研究生，有目的地为各教学岗位储备师资。这一时期，许多优秀的艺术家、工艺美术家调入学院从事教学工作。同时，学院把重点放在从自己的研究生中培养师资的工作上，选派一些优秀毕业生出国留学，增长才干，获取外国设计及设计教育的最新信息。以此使得一批学有专长、年轻有为的青年教师充实到了教学岗位上。经过几年的努力，学院基本上形成了一支老中青相结合的师资队伍，弥补了断裂的学术脉络，教学力量形成规模。

学院在加强师资队伍建设的同时，积极着手教材建设。这一时期，老一辈艺术家相继出版在全国具有重要影响的学术著作，雷圭元于1979年出版《中国图案作法初探》，庞薰琹于1980年出版《中国历代装饰画研究》。在老教师的带动下，各专业的中青年教师积极整理教学积累，总结教学经验，出版各种研究性专著和作品集，其中有许多在中国工艺美术教育史上产生了深远影响。

（2）工艺美术教学体系的不断完善

经过几年的恢复与重建，学院的教学基本走上正轨，各系都形成较为合理的教学体系。

染织美术系教学始终坚持整体设计的出发点，结合自身专业特点形成了独特的图案基础教学模式，要求学生从自然界、传统、民间以及国外相关专业设计或绘画艺术中兼收并蓄地吸收精华，以获得创作灵感。同时强调构思训练，重视构思草图的作用。课程设置明确规定了绘画基础课、专业基础课与专业设计课的比例关系。学院组织学生到工厂实习、参观、调查，将实践任务与教学有机地结合起来，取得了显著效果。在完成教学任务的同时，坚持结合社会需要，为相关部门培养优秀的专业技术人才，举办各种短训班。1976 年，染织系受国家轻工业部委托举办一年制“全国服装研究班”，并组织教师编写相关教材《服装造型工艺基础》《服装简易裁剪法》等；1978 年，受纺织工业部委托举办全国性一年制“丝绸印花设计班”，并邀请李有行、蔡作意、苏保桢等授课。染织系通过开展服装专题设计教学以及多次举办服装培训班取得了专业教学经验，于 1980 年正式创建服装专业。

陶瓷美术系教学上历来重视工艺实践，无论是造型基础课、装饰基础课，还是陶瓷设计课，都能针对各自需要，进行内容和形式各不相同的工艺实践教育和训练，以培养学生手脑并用、理论联系实际的综合设计能力。一、二年级侧重于对象描绘，表达能力和平面、立体造型基础知识，技能的训练及初步专业设计的训练，三年级以后加大专业训练力度，扩大专业视野。最受全国同行瞩目的是该系十分重视文化教育和学术研究，杨永善、陈进海等出版的一系列研究成果在专业领域产生了广泛影响。

装潢美术系的教学突出商业美术与书籍装帧设计的核心地位。学生的毕业创作主要集中于招贴广告、包装设计以及书籍封面、插图等方面，强调实用性。在教学中力求培养学生科学与艺术相结合、设计与生产相结合的设计思想，以及灵活多样的设计手段。专业课不仅重视工艺，同时注重民族、民间风格，注重结合生产实际。通过教学改革，确立了“两头小，中间大”的教学体系，即专业与绘画基础比重小，加大专业基础训练。1980 年开设摄影课，随后又陆续开设色彩学、构成课、专业水粉课、版画技法课、黑白画课等专业基础课。其中，色彩学是在改革原有色彩课的基础上，从色彩科学与视觉心理方面来培养学生掌握色彩知识与技能，使之更好地适应创作设计的需要；想象构成课着重培养学生的设计思维能力和表现能力，在全国同行中有重要影响。该系参与了社会许多知名机构的形象设计，其中有国内主要银行、政府机构的标志设计。

工业美术系，1977 级、1978 级、1979 级三个班不分专业，学习室内设计和工业造型设计等课程。鉴于当时涉外饭店不断涌现，急需室内设计人才，工业美术系 1980 年分为室内设计与工业产品设计两个专业。工业美术系确定了从总体出发的专业课教学结构，重视专业设计课与模型制作、实物制作与社会任务相结合。课程设置上紧扣专业特点和行业需求，强调系统性，突出重点。同时，根据不同专业特点，采取由个别到整体和由整体到个别两种循序渐进的专业教学体系。1981 年下半年，工业美术系在基础课程中试行构成课，并且与传统的图案课有机地结合，从抽象构成向应用设计过渡，逐步丰富了不同材料、不同工艺特征的构成教学。在授课内容上，根据专业需要有空间构成或立体构成等的不同侧重。图案课注意与专业设计教学的衔接，强调民族、民间特色，教学安排上横跨基础和专业设计两个领域，试开了民族、民间图案、传统陈设、中国古建筑装饰概论等课程。除了在课堂进行必要的理论讲授以外，还安排学生进行有目的的、有适当深度的社会调查，选择典型实例做针对性讲解，要求学生写调查报告并作为考核内容计算成绩。曾先后为燕京饭店、昆仑饭店、钢铁研究院等建设工程做了设计方案。

特种工艺美术系，基于深厚的民族工艺传统与较强的师资，建构了较为合理的基础教学、专业教学、工艺制作的课程结构。教学上重视基础、专业设计、工艺制作几个方面相互配合和合理平衡的内在结构，强调：①深入生活，设计反

1981年，中央工艺美术学院院系领导与81届研究生合影于毕业典礼

映新时代生活的内容；②在创作设计课程中有计划地进行工艺材料教学；③高年级的专业创作设计尽可能地结合社会任务；④重视对中华民族传统艺术及民间艺术的钻研。1981年，特艺系为明确专业方向，提出将本科生以培养装饰壁画人才为主，改为以培养多种工艺装饰绘画人才为主；装饰雕塑以推动当代装饰雕塑发展为人才培养目标；提出一专多能、小型多样的方针，以适合社会的需求。该系与各地工艺美术厂、工艺美术研究所建立了密切联系，许多学生的毕业创作是在下厂实践中完成的。为了适应生产部门的急需，几年来除了重视、提高、健全本科生的教学工作以外，还重视短期进修生的培训工作。特艺系师生完成了许多重要的装饰壁画和室内外装饰雕塑，以及多种材料、形制、风格的工艺设计。

1981年11月，学院成为国务院批准的首批硕士学位授予单位，学科名称为工艺美术历史及研究，下设陶瓷美术研究、装饰雕塑研究、商业美术研究、书籍装帧研究、室内设计研究、染织美术研究、装饰绘画研究7个专业研究方向。

学院在着手稳定教学秩序、加强教学研究的同时也进一步改善基础建设，进行了大规模的校园校舍的修缮和教具的制作维修。1979 年 3 月，由陈叔亮题写馆名的新图书馆正式开馆。

随着改革开放的逐渐深入，学院加强了与国外同类艺术院校的学术交流。1978 年 8 月 14 日，美国艺术院校访问团的 6 位成员前来学院参观座谈。双方交流了两国工艺美术教育的发展情况，这是学院恢复教学以来第一次接待外宾。此后，不断有来自美国、英国、德国、日本、加拿大、挪威、芬兰、瑞典等国的外宾来访，同时，学院也开始对外派出考察团，加强与国际工艺美术教育界的交流。

（3）展示教学成果

1980 年 9 月 22 日，由中国美术家协会和学院联合主办的“中央工艺美术学院师生作品展览”（第四次）在中国美术馆揭幕。展览历时 20 天，展出的主要是近三年的师生作品，约 11 个种类，包括陶瓷设计、染织设计、装潢设计、书籍装帧设计、服装设计、室内设计、工业造型设计、装饰绘画、装饰雕塑等，共 2000 余件作品。展览向社会展示了工艺美术各专业的最新设计与创作的成果和艺术上的新探索。国家领导人、各相关部委负责人到会参观，并肯定学院在恢复教学以来所取得的成绩，对

1980 年 9 月 22 日，“中央工艺美术学院师生作品展览”在中国美术馆开幕，展览历时 20 天，在社会上引起强烈反响

学院未来的发展提出建议。这次展览会不仅吸引了大量的国内观众前来参观，同时也引起了外国同行和有关人士的关注，荷兰工艺美术家代表团及几十个国家驻华使馆人员饶有兴趣地参观了展览，并给予了高度评价。展览在社会上引起了强烈的反响，受到了社会各界的好评，同时也扩大了学院在国际上的影响。

为了增进美术院校间的教学交流，推动教学研究，提高教学质量，在文化部艺术教育事业管理局的倡议和组织下，中央工艺美术学院和中央美术学院等 8 所美术院校联合举办了“全国高等美术学院学生作品巡回展览”，展览于 1980 年 9 月 1 日在中央美术学院陈列馆及美院附中展览室展出。学院通过组织学生参展，向兄弟院校及社会各界展示了工艺美院学生的创作设计水平，加强了与其他院校的学术思想交流。

3. 加强学术研究

自建院以来，学院为国家和社会承担了大量建筑装饰、装饰艺术、日用工业品造型、日用陶瓷等设计任务，学院师生始终坚持设计结合生产，表现了突出的设计能力和艺术水平，产生了广泛的社会影响。为了在完成教学任务的前提下挖掘设计潜力，使专业设计与生产实践相结合，有计划地组织创作设计活动，既能增加办学经费收入，又能改善教学条件和教职工生活，1980 年成立“中央工艺美术学院设计中心”。1980 年 3 月，在特艺系装饰雕塑专业的基础上成立“郑可工作室”，以研究现代金属工艺和装饰雕塑为主，为国家培养金工雕塑的高级专业人才。

1980 年 6 月，《装饰》杂志在休刊 19 年后复刊（丛刊），丁聪担任艺术指导，仍由人民美术出版社出版。1981 年 10

《装饰》复刊第1期，1980年

《工艺美术论丛》第1辑，1981年

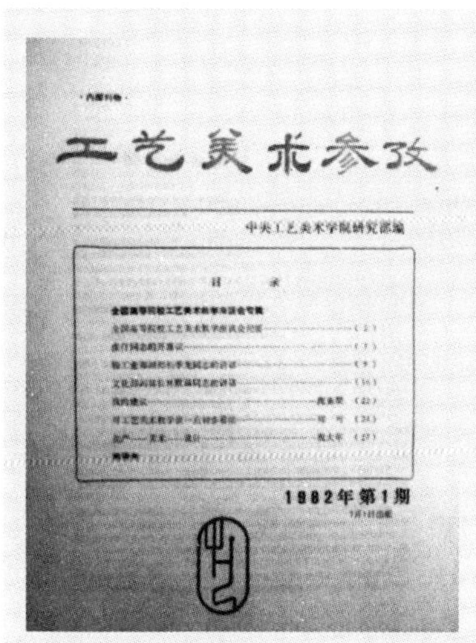

《工艺美术参考》创刊号，1982年

月，由黄能馥主持编辑的学术刊物《工艺美术论丛》第1辑出版，吴劳任主管，丁聪任美编，由人民美术出版社出版，到1982年共出版3辑。

为进一步提高学术水平和教学质量，1982年1月，学院成立研究部，由副院长李绵璐主管，统一负责全院科研、情报资料、《装饰》杂志、设计中心及工艺教室的管理工作。

为“研究探讨工艺美术的学术理论；总结交流工艺美术教学、科研、设计、生产等方面的经验，其中着重是教学和研究工作的经验；提供国内外工艺美术情报资料和动态，以推动提高教学质量，改进工艺美术设计，促进生产发展”[①]，1982 年 7 月，研究部编辑出版了以提供工艺美术研究参考资料为主的内部刊物《工艺美术参考》第 1 期，不定期出版。1983 年 12 月，转由《装饰》编辑部编辑；1985 年 1 月，转由工艺美术史论系编辑；1988 年 3 月，转回《装饰》编辑部编辑。《工艺美术参考》因为其信息量大、更新及时、文风活泼、观点鲜明而受到全国同行的普遍欢迎。直到 1991 年，共出版 40 期。

4. 建院 25 周年庆典

1981 年 11 月 1 日，学院举行建院 25 周年庆祝活动。轻工业部副部长乔明甫、杨玉山，文化部副部长林默涵，中国美协主席江丰，北京市委副秘书长贾星五，国务院机关事务管理局副局长谢邦选及兄弟院校有关方面的负责人参加大会。院长张仃作大会发言，介绍学院建院 25 年来的成长和发展过程，并对学院未来的发展提出几方面的要求，希望学院进一步明确办学方向，坚持课堂教学为主，联系生产实际，坚持两条腿走路；坚持工艺美术为人民服务，为社会主义服务；要充实科研机构，加强各系教研活动。文化部、轻工业部、中国美协负责人在会上分别作了发

中央工艺美术学院25周年院庆纪念章、印染小壁挂

① 《工艺美术参考》编辑部：《致读者》，载《工艺美术参考》，1982 年第 1 期。

言，肯定学院25年来为中国工艺美术事业作出的贡献。校友代表魏之騟（1955级陶瓷专业）在会上发言，衷心感谢母校的培养、恩师的教诲。院庆期间，在学院举办院庆作品展览，展出作品2500多件，并制作纪念章和印染小壁挂。

六、全国高等院校工艺美术教学座谈会

由文化部和轻工业部联合主办、中央工艺美术学院筹备的“全国高等院校工艺美术教学座谈会”，于1982年4月16日—28日在北京西郊北京军区第一招待所召开。参加会议的有中央工艺美术学院、浙江美术学院（现中国美术学院）、鲁迅美术学院、广州美术学院、四川美术学院、西安美术学院、天津美术学院、南京艺术学院、无锡轻工业学院、景德镇陶瓷学院、湖北艺术学院、吉林艺术学院、广西艺术学院、苏州丝绸艺术学院、湖北轻工业学院共15所艺术院校的代表，中国美术家协会、中国工业美术协会、轻工业部工艺美术公司等有关单位应邀派代表参加会议。另有云南艺术学院、浙江丝绸工学院等院校派代表列席会议。会议还特邀请庞薰琹、雷圭元、吴劳、郑可、沈福文、邓白、祝大年等工艺美术界老一辈的教育家和学者出席会议，出席会议的代表共计118人。

会议由中央工艺美术学院院长张仃主持，并致开幕辞，介绍工艺美术教育发展现状，说明会议的意义与任务，提出工艺美术教学中存在的主要问题。轻工业部副部长季龙、文化部副部长林默涵到会讲话。

这是一次有重要影响的学术性专业座谈会，是新中国成立30多年来第一次工艺美术教育界的盛会。会议总结交流了工艺美术教学的经验，讨论了工艺美术教学中存在的问题，提出了改进教学的意见和发展工艺美术教育事业的建议。

1982年4月，“全国高等美术院校工艺美术教学座谈会”在北京西山北京军区第一招待所召开

会议主要围绕以下几项内容展开：①讨论工艺美术设计课的有关问题，包括教学任务、目的、内容、要求；工艺美术设计课如何体现“为人民服务、为社会主义服务”的方向和“百花齐放、百家争鸣”的方针；如何与生产劳动相结合；深入生活、生产实习、市场调查的目的和要求。②讨论工艺美术设计课与绘画基础课、设计课与基础课的关系；基础课的任务、目的和要求；基础课课程设置、教学内容、比例安排等。③交流教学经验，由中央工艺美术学院介绍立体构成教学，广州美术学院介绍色彩构成教学，四川美术学院介绍水粉教学，西安美术学院介绍工艺素描教学。④对工艺美术教学改革提出建议。⑤国外工艺美术教育情况介绍。⑥教学成果观摩。

围绕会议议题，与会代表重点讨论了工艺美术教育的特点，工艺美术各专业设计课的内容和任务，各专业基础课的设置和要求及其与专业设计课的关系，工艺美术专业共同课应开设的科目，如何加强基础理论教学，如何提高设计能力等问题，并在会上达成了共识。与会代表认为，工艺美术各专业有自己的培养目标和专业要求，应根据工艺美术教学的特点，根据专业应具有的知识结构开设课程，不能把工艺美术教学简单地理解为工艺加美术。工艺美术各专业要贯彻“古为今用，洋为中用”“百花齐放，推陈出新”的方针。要学习古今中外一切有益的艺术设计与文化资源，深入研究传统，不断研究借鉴国外新成就，丰富我们的教学内容，促进专业知识更新。

各院校代表还同国家计委、轻工业部、文化部、教育部、纺织部、商业部、外贸部等有关部委畅谈了关于工艺美术教学体制、培养目标、专业设置、专业分工、招生工作、实习场所、毕业分配等问题的观点与建议。会前，各院校进行准备工作，向会议主办方提供了教学总结、专题探讨、经验介绍、教学方案、教学大纲等60余份材料。会议期间放映了反映各院校教学成果的录像、幻灯片等。

中央工艺美术学院庞薰琹、郑可、祝大年等作了重要发言。其中，庞薰琹以“建议”为题，对工艺美术教学提出中肯的建议，主张办学形式多样化，加强师资培养，课目方面加强专业课和理论课，课程安排注意连续性和实习制作，加强设计、试作与创新，提高设计水平，为生产与市场服务。郑可以《对工艺美术教学一点初步看法》为题，分析国内外工艺美术的形势，主张现代工艺美术应面向现代大生产，加强手脑训练，加强设计的功能与价值。祝大年以《生产——美术——设计》为题，主张工艺美术应切合国情，立足生产，以求创新。此外，学院的发言还有：张守智的《谈日用陶瓷设计课教学与生产相结合》、何镇强的《工业美术系专业绘画课程探索》、辛华泉的《谈设计基础教育——构成》、余秉楠的《版面设计的形成法则》，以及1980年年底罗扬实、邱陵、李绵璐、陈汉民赴法国、瑞士考察工艺美术教育的报告《法国

1982年4月，中央工艺美术学院筹办的全国高校工艺美术教学座谈会与会领导、各院校代表、工作人员合影

的工艺美术教育》《瑞士的工艺美术教育》。

这次会议由文化部、轻工业部以《全国高等院校工艺美术教学座谈会纪要》的形式联合发文，对进一步开展工艺美术教学研究，提高教学质量产生了积极的推动作用，也为新时期工艺美术教育的发展指明了方向。会后，学院各系根据座谈会精神以及专业发展的需要，进行了一系列研究讨论，制定了各专业教学方案和各门课程的教学大纲，以及4年的教学进程表。

第四章

开放与探索（1982—1989）

20世纪80年代，在改革开放的社会背景下，各种思潮和学术观点风起云涌，中国进入锐意改革的新时期。学院适应时代的发展与社会的需求，在教学、管理上作了诸多调整，学科建设的规模和体制、教学秩序等都得到较快的发展。专业设置日趋合理，在校生人数、校舍建设、教学设备、图书资料等都有显著增加。对外学术交流加强，扩大了学院在国内外的知名度和影响力。

一、新时期的办学思想及领导班子调整

1981 年 9 月，轻工业部党组根据中央“培养选拔中青年干部，实现干部革命化、年轻化、专业化、知识化”的精神，任命常沙娜、李绵璐、张瑞增为副院长。1982 年 12 月，计惜英任党委代理书记，昭隆、蔡诚秀任副书记。1983 年 4 月 16 日，常沙娜任院长，李绵璐、张瑞增分别任分管教学、行政和后勤的副院长。1984 年 8 月，计惜英离休，周显东任党委书记，同时前任老院长们相继离休。11 月成立中央工艺美术学院咨询委员会，聘请陈叔亮、庞薰琹、雷圭元、张仃、吴劳、郑可、祝大年、白雪石、俞致贞、张振仕、杨子美、奚小彭、叶喆民、尚爱松任委员，张仃任主任委员。

1984 年 11 月，成立新一届学术委员会：常沙娜任主任委员，李绵璐、吴冠中、潘昌侯、温练昌、陈若菊、袁运甫、权正环、陈汉民、奚静之、白崇礼、何镇强、柳冠中任常务委员；邱承德任秘书；常沙娜、李绵璐、李葆年、邱承德、温练昌、黄能馥、白崇礼、袁杰英、陈若菊、张守智、陈汉民、黄国强、邱陵、潘昌侯、何镇强、罗无逸、胡文彦、柳冠中、何燕明、袁运甫、乔十光、奚静之、田自秉、王家树、吴达志、权正环、吴冠中、阿老、蔡厚菊任委员。在院长领导和主持下，学术委员会对学院教育事业的发展规划、科研工作和研究生培养工作中的重大问题提出建议、审查；鉴定科研成果；评议研究生的毕业论文、毕业设计；参与提升教授、副教授、讲师等职称的审议工作，主持校内学术讨论会，

1984年，雷圭元、庞薰琹、陈高华、奚静之（右起）参加史论系首位硕士生尚刚毕业答辩会

组织参加国内、国际学术交流活动等。同时，成立学位评定委员会，李绵璐任主任委员，温练昌、张守智、田自秉、袁运甫、权正环、蔡厚菊、黄国强、袁杰英、张世礼、柳冠中、邱承德任委员。

1983年年初，学院确定以改革为工作要点，从办学方针、教学体制、专业设置、用人制度、招生制度到提高教学质量、人才交流、后勤工作和思想政治工作等方面展开一系列改革。1983年8月经多次修改形成《中央工艺美术学院改革汇报提纲》，明确学院的办学总方针为："发展现代化的高等工艺美术教育，为生产服务，为美化人民的生活服务，为社会主义现代化服务。"[①] 并确定了学院的发展规模和编制，制定了教师工作规范和岗位责任制度。1985年5月27日，中共中央颁布《中共中央关于教育体制改革的决定》，要求从教育体制入手，系统性地进行改革。1986年6月，学院制订了"七五"发展计划。在实施发展计划的五年里，提出拓宽和调整专业结构，改革教学内容与教学方法的要求。强调"加强基础、增强能力，拓宽专业、突出特色"的教学改革原则和学群教学结构，在基础教育阶段，拓宽知识面，模糊专业界限，适当引进竞争机制，使学院真正成为教学、科研、设计"三位一体"的唯一的综合性高等工艺美术设计学院。

① 《中央工艺美术学院关于改革的汇报提纲》，1983年8月，第5页，清华大学美术学院档案。

根据时代发展的需要，学院突出各专业的设计理念，即艺术设计。1986 年，“中央工艺美术学院”的中文名称不变，而英文名称由“The Central Academy of Arts and Crafts”改为“The Central Academy of Arts and Design”。

在深化改革的过程中，学院实行党委领导下的院长负责制。重大决策和改革部署首先由党委会集体讨论研究决定，实行院务会、院长办公会及学术委员会的会议制度。

1984 年 5 月，副院长张瑞增调轻工业部工作，轻工业部任命林义成为分管行政、后勤的副院长。1985 年 4 月，张世礼任副院长，任维武任党委副书记。1986 年年底，党委书记周显东病逝。昭隆由中国轻工业报社调回学院，接任党委书记。1989 年 3 月，在学院第三届党员大会上，昭隆连任党委书记，高沛明任党委副书记。

二、多层次教学体系的建立

20 世纪 80 年代，学院的专业设置及专业教学，从整体结构上，已形成了由专科、本科、硕士与博士研究生及成人教育组成的多层次教学体系。在办好本、专科的同时，学院还为各企、事业单位举办了各类专业在职人员进修班、培训班，以及与有关地区联合举办专业证书班、自学考试班，为社会培养了适应实际工作需要的各种人才。各专业都有新的发展，创建了许多适应社会需求的新专业。

1.师资建设

学院在发展的过程中集聚了一批著名的工艺美术教育家、专家、史论学者和中年教学骨干，使学院在 20 世纪 80 年代得以快速发展。学院又选派优秀青年教师出国留学，学习国外艺术设计教育的先进经验，为拓宽原有的专业学科积累师资力量。先后公派或以其他不同支持方式留学的教师有柳冠中（德国，工业设计）、张绮曼（日本，室内设计）、王明旨（日本，工业设计）、李当岐（日本，服装设计）、鲁晓波（德国，工业设计）、包林（法国，工业设计、艺术理论）、尚刚（苏联，工艺美术史）、郑曙旸（美国，室内设计）等。学院此时已形成一支经验丰富、学术水平及年龄结构合理的教学、学术研究、创作设计的师资和教学管理梯队。

2.创建新专业

自建院以来，学院的学科发展始终和国家的经济建设紧密相连。在改革开放的背景下，学院的学科建设积极适应社会主义市场经济发展的需要，适应国际艺术设计教育发展的形势，在原有专业的基础上拓宽了学科领域。20 世纪 80 年代初，在张仃、庞薰琹等的支持下，学院相继在全国率先创建工艺美术史系、服装设计系、工业设计系，随后，全国各地的一些艺术院校也纷纷建立了相应的专业。1984 年 1 月，在国家颁布的第二批硕士学位授予学科中，学院添加了中国工艺美术史、工业造型、服装设计三个专业研究方向。

（1）工艺美术史系

庞薰琹、张仃、雷圭元、吴劳、陈叔亮等都十分重视工

1983年，工艺美术史论系首届本科生与部分教师合影

艺美术理论的建设。庞薰琹在 1979 年恢复副院长职务后，即主张建立工艺美术史系。尚爱松亦曾数次向时任院党委书记的罗扬实建议，应尽快考虑建立工艺美术史系。工艺美术史系于 1982 年筹建。1983 年 4 月 1 日，教育部同意学院增设“工艺美术史”专业，全国第一个工艺美术历史与理论系在学院成立。该系主要研究中外工艺美术的历史、现状以及相关理论，学制 4 年。同年 9 月，第一批 17 名本科生入学。奚静之任系主任，田自秉任系副主任。

（2）服装设计系

张仃、雷圭元院长十分关注服装作为新兴学科在学院的发展。染织美术系服装设计专业自 1980 年开始招生，先后招收了两个专科班（30 名），一个本科班（14 名）。经过几年教学经验的积累、师资的调整和补充以及服装专业教材的编写等筹备工作，1984 年 9 月 20 日，学院在全国率先成立服装设计系，当年招生 40 名，学制 4 年。雷圭元、庞薰琹致

1984年9月，服装设计系成立大会

信祝贺，前辈们对这个新建的系寄予厚望。白崇礼、袁杰英、魏雪晶任系副主任。在重视健全和逐步提高本科教学质量的基础上，为满足社会需要，服装系实行短期培训、接受单位委托代培或函授教育等多种办学方式，学习内容与学习期限根据需要与条件设定。

（3）工业设计系

20 世纪 50 年代初国家实施第一个五年计划时，中国的工业产品设计受苏联和东欧社会主义国家的影响，有了初步的发展。在学院内部，关于工业设计教学的尝试也以图案班的形式开展起来。但一方面由于计划经济体制的制约，另一方面由于连续不断的社会动荡，中国的工业设计并未真正发展起来。1962 年，学院唯一招收的图案班（本科，学制 5 年）是应用范围广泛、适应性较强的综合性专业，开创了日用工业品造型设计专业的教学体系，培养了一批具有较高的日用工业品装饰设计能力的学生。1975 年，建筑装饰美术系（前身是 1957 年成立的室内装饰系）更名为工业美术系。1978 年，招收两名最早的工业造型专业研究生柳冠中、王明旨。20 世纪 80 年代初又将他们分别送往现代设计发达的德国和日本学习深造。经过长期酝酿，1984 年 7 月 16 日，工业设计系在全国率先建立，柳冠中任系主

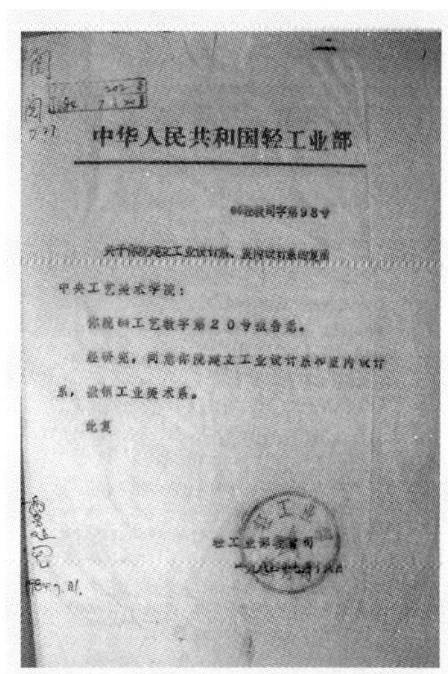
中华人民共和国轻工业部

中央工艺美术学院：

此复

1984 年 7 月 11 日，轻工业部下发的《关于你院建立工业设计系、室内设计系的复函》

任，王明旨任系副主任。同时，原工业美术系下属的室内设计专业独立为室内设计系，撤销原工业美术系。

3.修订学科目录与专业、学系设置

1987 年 9 月 4 日，受国家教委关于重新修订高等学校本科专业目录的委托，学院组织召开专业目录审定研讨会，讨论修订“高等学校工艺美术类本科专业目录的指导思想和原则”及“工艺美术类专业说明”，并提出我国工艺美术应设的 14 个专业。专家审定会 9 月 10 日—12 日在学院召开，张仃、沈福文、邓白等著名的工艺美术家参加了审定。从 1988 年起，国家教委规定按照新修订的专业目录招生。

为了强调艺术设计观念与内涵，根据新修订的专业目录的要求，1988 年，学院各专业称谓中的“美术”改为“设计”，各系系名作了相应的调整。至 1989 年上半年，学院设有陶瓷设计、染织设计、服装设计、装潢设计、书籍艺术、环境艺术设计、工业设计、装饰艺术、工艺美术历史与理论 9 个系 13 个专业。至此时，学院成为全国专业设置最完整的，设计与工艺、专业与社会需求相适应的艺术设计类最高学府。

（1）陶瓷设计系

陶瓷设计系教学场景

陶瓷设计系设有陶瓷设计专业。该专业是学院开设最早的专业之一，培养日用陶瓷（餐具、器皿、茶具、咖啡具）、艺术陶瓷的设计人才。专业教学中注重学习传统陶瓷艺术技巧，并

借鉴外国优秀的陶瓷艺术，注重造型与装饰的整体设计训练，强调基础与专业相结合。为适应社会对陶瓷设计人才的需要，教学中着重培养创作设计能力，熟练掌握工艺技巧。陈若菊、杨永善先后任系主任。1989 年 2 月 22 日，陶瓷美术专业被定为部属院校的重点学科。

（2）染织设计系

染织设计系设有印染设计、织绣设计专业。印染设计专业注重学习传统图案及写生，培养学生的整体观念与设计能力。强调基础训练服务于专业，专业教学与社会实践相结合；织绣设计专业培养设计各种纤维，如棉、麻、毛、丝、化纤等织物设计的专业人才。着重装饰造型和专业基础训练，从室内装饰和服装整体要求出发，既有敏锐的设计构思又能掌握生产工艺。为使教学适应生产和生活需要，各专业师生定期到工厂实习，进行社会调查，了解国内外市场动态，在完成教学任务的情况下，结合社会任务，从事创作实践，使课堂教学成果直接为社会服务。温练昌任染织设计系主任。

染织设计系教学场景

服装设计系教学场景

（3）服装设计系

服装设计系设有服装设计专业。服装设计是一门与造型艺术、工艺学、社会心理学、商品学、美学密切相关的综合性艺术学科，培养从事服装设计、教学和科研的专门人才。教学中注重专业基础理论、专业设计与工艺实践的结合，注重对学生的思维观念、创造能力及艺术、技术表达能力的全面训练，组织教材编写，进行开放式、多层次教学。袁杰英任服装设计系主任。

（4）装潢设计系

1985 年下半年，装潢美术系更名为装潢设计系，设商业美术专业。装潢设计与现代社会经济和文化发展关系至为密切，教学中注重培养学生具有科学与艺术、设计与生产相结合的设计观念，培养学生掌握新颖丰富的设计表现手法，并结合教学，组织学生参加社会调查、业务实习等实践活动。阿老、邱陵、陈汉民先后任装潢设计系主任。

装潢设计系教学研讨活动

（5）书籍艺术系

1958 年，学院已在装饰绘画系设置了书籍装帧专业，当时是全国唯一的培养书籍装帧设计人才的专业。书籍装帧专业于 1979 年恢复教学，设在学院装潢美术系。经过多年的教学实践，书籍装帧专业的教学已形成体系，并拥有一支实力较强的师资队伍，1985 年下半年，装潢设计系的书籍装帧专业独立为书籍艺术系。书籍艺术系设书籍装帧专业。培养书籍封面、插图、装帧、编排以及文化

书籍艺术系教师合影

类商品宣传设计的专门人才。余秉楠任书籍艺术系主任。

由于国家教委实行新专业目录的限定，1990 年撤销书籍装帧专业，书籍艺术系归并到装潢设计系。

（6）工业设计系

工业设计系设有工业设计专业。工业设计专业强调学习人文自然科学、社会科学中多种学科的知识，如应用物理、数学、生理学、美学、市场学、价值工程学等。该专业培养学生掌握工业产品设计理论、方法和技巧，也能胜任社会上各种实用美术工作。开设了设计思维方法、设计基础等 11 门新课程，并确立了中国设计教育体系的教学大纲；形成多层次的教学结构，制定严格的教学科研管理制度（包括备课、试讲、研讨、下达任务书、教材编写和评审等）。1990 年 10 月 15 日，轻工业部教育司同意学院工业设计系开设“展示艺术设计”专业，于 1991 年招收专科学生，学制两年。柳冠中任工业设计系主任。

工业设计系教学研讨活动

（7）环境艺术设计系

1984 年，工业美术系分立出室内设计系，张世礼任主任。室内设计系贯彻学院教学、科研、设计“三位一体”的改革精神，与北京市建筑设计院合作培养一个班（15 名）本科生，日后成为北京市室内设计的骨干力量；并接受北京市建筑设计院邀请，承担拟建的人大常委办公楼室内设计工作。

1986 年 6 月，张绮曼从日本留学回国，任室内设计系主任。1987 年，为扩大室内设计专业内容，将室内空间设计扩展到外部空间环境设计，室内设计系向学院提请改名为环境艺术设计系。1988 年 5 月，室内设计系改称为环境艺术设计系，招收环境艺术设计专业学生。张绮曼任环境艺术设计系系主任。

环境艺术设计系教学场景

环境艺术设计系设有室内设计专业和家具设计专业。室内设计专业的教学，注重树立空间环境的整体设计观念。从园林、建筑及室内设计、陈设艺术等多方面的设计教学中，对学生进行基础技能的训练，不断增强艺术修养和现代科技知识，强化创造力。家具设计，是室内环境设计的重要组成部分。家具设计专业通过课堂教学、操作实习等活动，联系生产和生活实际，开发学生的智能并进行设计技能训练。把创造力的培养，放到教学的首位，以培养各类家具设计的专门人才。室内设计系改名为环境艺术设计系后，全国艺术设计院校也相继将相关专业改称环境艺术设计。

（8）装饰艺术系

1988 年，特种工艺美术系更名为装饰艺术系。装饰艺术系设有装饰绘画、装饰雕塑、金属工艺、漆艺四个专业。装饰绘画专业创设于 1958 年，主要培养建筑装饰壁画、工艺绘画及其他装饰画的创作、研究和教学人才。1977 年，装饰绘画专业恢复后，归属特种工艺系。1980 年，该专业确立了专业创作教学与工艺材料科研相结合，与社会实践相结合，重视民族民间艺术传统与学习西方现代艺术相结合的“三结合”

装饰艺术系教学场景

专业教学思想，体现了老中青三代专业教师共同的教学主张。1984 年，为发挥老教授的学科导师作用，分别设立张仃工作室和郑可工作室。实行三、四年级的工作室制，开设新的专业基础课与创作工艺课，强调专业教学结合社会任务。装饰雕塑专业旨在培养室内外公共环境装饰雕塑创作、教学与研究人才，教学上注重雕塑基础、装饰基础与艺术修养的提高，着重平面造型与立体造型两个方面的训练，不断加强专业创作能力及对中国传统雕塑的系统研究。金属工艺专业以首饰设计、金属陈设品与纪念品设计为主要教学内容。设有专业绘画、雕塑基础专业制图、金属工艺概论、金属工艺设计及制作等课程。1988 年，增设漆艺专业，以漆工艺绘画教学为主，强调创作与生活的结合，通过艺术实践，加强学生的漆工艺制作能力。袁运甫任装饰艺术系主任。

工艺美术史论系教学场景

（9）工艺美术历史与理论系

1983 年，学院成立工艺美术历史与理论系。1988 年，改称工艺美术史论系。设工艺美术史论专业，培养能从事教学、理论研究、编辑及博物馆工作的专业人才。结合教学，组织学生参加社会调查、业务实习等实践活动。奚静之任系主任。

1986 年，工艺美术历史及理论专业成为全国工艺美术领域首个具有博士学位授予权的专业学科，指导教师为田自秉、王家树。1987 年，招收首位博士研究生祝重寿，导师为田自秉。

（10）夜大学部

1985 年 7 月，成立夜大学部，实行工艺美术基础知识、应用知识与技能的专科教育。根据社会需要，分阶段先后开办工业设计、展览设计、装潢设计、室内设计、织绣设计等专业班。夜大学部归属教务处，由成人教育科直接管理。学院主管教学的副院长李绵璐兼任夜大学部校长。1991 年 6 月，夜大学部改称成人教育部。

4.教学改革与基础部的建立

1984 年 4 月，成立绘画基础课教研室，主任权正环，副主任庄寿红、刘永明。1985 年 1 月，轻工业部高等教育研究协作组工艺美术分组成立会在中央工艺美术学院召开。会议选举李绵璐为组长，余进宝为副组长。1986 年 8 月 7 日—10 日，由中央工艺美术学院筹备，大连轻工业学院负责承办的“轻工高等教育研究协作组工艺美术分组专题讨论会议”在大连轻工业学院召开。会议就各院校共同关心的工业设计、服装设计、包装装潢设计三个专业的办学思想、培养目标、专业范围、课程设置、学生入学条件以及校际间的协作等问题进行了讨论。会议还关注与教学改革比较密切的问题：关于基础课教学如何更紧密地结合专业教学实际的问题；产品设计中的民族化、传统化与现代化的关系问题；学校与企业，教学与生产的关系问题，即教学如何适应社会生产需要的问题。1986 年，轻工业部委托工业设计系举办“大专起点班”（师资班，本科），学制两年。1986—1992 年，持续招收 8 届学生。毕业生在全国工业设计教育的普及与推广方面起到重要作用。

1988 年 5 月 28 日，学院按照“七五”规划要求，结合教学实践以及社会对工艺美术设计人才的需求情况，决定从建立基础部着手，根据“加强基础教育，拓宽知识面，以适应社会对工艺美术人才知识结构的需要。适当引进竞争机制，提高教学质量”的原则，迈出学院深化教学改革的重要一步。1988 年 7 月 21 日，基础部成立，同时撤销原马列主义教研室和绘画基础教研室。

为拓宽专业知识面，打破专业界限，教学改革内容为：按专业招生，本科新生入学后，即进入基础部进行具有工艺美术特点的基础课的全面训练，以加强基础知识及基本技能学习，加强学群意识，模糊专业界限，拓宽知识面，为下一步进入专业学习和将来适应社会、转移开拓新的工作领域打下坚实的基础。实现二二制和以工艺美术基础教育为特征的学群教学结构，一、二年级均在基础部按学群分班学习，以学群编制安排共同基础和专业基础课程。通过升级分流考试及德智体全面考核，成绩合格者升入专业系，再用两年时间完成本科学业。

基础部教学场景

基础部设造型基础教研

室（下设素描、色彩、国画、雕塑四个教研组）、设计基础教研室（下设图案装饰、构成字体、设计表示、材料工艺四个教研组）、政治文化教研室（下设政治、史论、外语、体育四个教研组）。分三个学群：工业、环境艺术；染织、服装、陶瓷；装潢、装绘、装雕。黄国强任基础部主任，辛华泉、高沛明、袁智骢任副主任。蔡厚菊任政治文化教研室主任，郭莲莲任副主任；侯德昌任造型基础教研室主任，庄寿红、刘永明任副主任；辛华泉任设计基础教研室主任（兼），王小飞任副主任；梁乐宜任基础部办公室主任。1991 年，《基础部教学大纲》修订完成。

三、教学管理、教学设施与教产结合

1.教学管理

1979 年 5 月学院新领导班子成立后，建立了教务处。教务处是学院实行教学管理的重要职能部门，下设教务科、师资管理科、学籍科、研究生科、招生办公室、教学设备管理科、成人教育科（后成立成人教育部）。为加强教学管理、教材建设和信息交流，学院

20世纪80年代的西校门

重新修订《学生手册》，制定《教师工作手册》和《教师职务细则》，编印《教学动态》及全国工艺美术教研刊物《设计教育》。1979—1999年，陈寒、邱承德、崔栋良、张廷禄、黄维先后任教务处长。

1986年起，学院管理体制改革经过四年的努力，实现了学生宿舍公寓化管理，同时助学金制改为奖学金制。对部分后勤部门的管理实行责任承包制。1988年开始，在食堂、车队、学生公寓及有关后勤服务部门全面实行责任承包制；同时各系、处、室实行经费切块包干制。

2.教学设施

从1976年开始，学院先后兴建了图书馆楼、留学生楼、工艺楼及教职工宿舍，总计35237m^2，改善并健全了学院的教学设施。为了加强设计与实践相结合的教学模式，保证教学工作的顺利开展，学院筹资兴建了多个实习工场，陶瓷专业搭建了梭式窑。盖窑棚、土电炉以及烤花炉的安装、练泥机的调整、注浆及原料室的设备安装、土升降机的安装等，基本上使陶瓷专业的实验室初具规模。同时建设的还有特种工艺系的金工实验室、磨漆作坊，染织系的丝网印工

学院图书馆，20世纪80年代

学院礼堂外北墙镶嵌有郑可、何宝森设计的浮雕壁画《西游记》，20世纪80年代初

作室、工艺室等。1985年8月30日，学院成立教学实验大楼基建管理处。1986年3月，工艺楼落成，建立实验室管理处，由王忠信任处长，方厚鑫任副处长，设木工、印染、服装、漆艺、陶瓷、印刷、摄影、装裱、电脑、电教等工艺实验室。工艺实验室的设立为各专业教学提供了较完善的实验场地，也为提高教师、学生的实际动手能力，创造专业成果提供了有力的保障。

自改革开放以来，图书馆仅订购的外文期刊达数百种之多，至20世纪80年代末，学院图书馆的藏书增加到17万册。经过数十年的积累，图书馆珍藏了丰富的实物资料，以中国古代书画、古代陶瓷、古代家具、古代织绣艺术品最有特色，已有数量众多的古代艺术与工艺美术藏品收录于国家最具学术权威性的《中国美术全集》之中。为方便师生查阅资料，图书馆设立了教师和学生阅览室，并增设中外工艺品藏品陈列室。学院还在图书馆楼和工艺楼分别设立毕业生作品陈列室和展览室，以供各专业展示教学成果。

3.教产结合

为密切学校和社会的联系，推动理论与实际、教学与实践的结合，促进教育、教学改革，提高教育质量，促进科技成果尽快转化为生产力，在切实保证教育质量和科研水平不断提高的前提下，学院充分发挥人才集中、设备先进、图书丰富，信息灵通及多学科综合等优势，为社会提供高层次、高效益的有偿服务，从而补充教学经费，改善办学条件及师生生活条件。

1984年，中央工艺美术学院将“设计中心”改为“教学科研设计经理处”，陈寒任处长，负责有计划地接受国内外企

1988年4月，学院环境艺术研究设计所成立大会场景，一排左起：常沙娜、昭隆、奚小彭、李绵璐

业、团体、机关和个人的委托，开展有偿社会服务工作。1985年11月15日，经学院第三十六次党委会讨论决定，成立学院基金委员会，常沙娜任主任，任维武、李绵璐、张世礼任副主任。“学院基金”主要用于补充教学经费、改善教学和科研工作条件，并适当地改善教职工的文化生活、福利待遇和劳绩奖励。1988年5月26日，“教学科研设计经理处”改名为“中央工艺美术学院科技开发部”，统筹管理全院对外有偿服务工作，经济独立核算，自主经营，自负盈亏，其创收主要作为学院自筹基金，补充教育经费不足，用于改善学院办学条件。陈寒任主任，董汇斌任副主任。

1985年7月19日，学院成立科研处，负责全院工艺美术科研的组织、规划，安排科研项目及组织科研验收鉴定等工作，兼筹备恢复“中央工艺美术科学研究所”的任务，何燕明任处长。1987年1月10日，由何燕明、冉宝清主持的《中央工艺美术学院院刊》（月报）创刊；直至1999年11月15日，共出版132期。学院并入清华大学后改称《清华大学美术学院院报》，至2003年4月10日共出版了24期。1987年，在原科研处的基础上成立“工艺美术研究所筹备小组”，李绵璐任组长，王明旨、梁任生任副组长。1989年4月10日，轻工业部体制改革司同意学院设立艺术设计研究所。

1985年7月，在室内设计系设计室的基础上成立“中央工艺美术学院环境艺术设计中心”，张德山任主任，属学院直接领导的独立核算、自负盈亏的事业单位。对社会展开环境艺术设计、创作设计的有偿服务。1988 年 4 月，经国家计委、建设部批准，学院又在原“环境艺术设计中心”的基础上成立“环境艺术研究设计所”，直接对外承接环境艺术的设计任务。该所是当时全国最早的“建设工程室内设计专业甲级”资质单位之一，标志着我国室内设计业作为一个独立行业开始起步，随后建设部建筑设计院、北京市建筑设计院及上海、重庆等地先后成立了室内设计所、设计部。环境艺术研究设计所由奚小彭任所长兼总设计师，潘昌侯、罗无逸任副总设计师，白振欧任办公室主任，张德山任业务管理部主任，何镇强任设计部主任。1991 年 6 月，张世礼任所长，何镇强任总设计师，黄林任副总设计师。环境艺术研究设计所不仅承担国家重要工程设计任务，为学院创造了较好的社会效益和经济效益，而且为教学提供了设计实践的场地，培养了一批研究生和进修生。

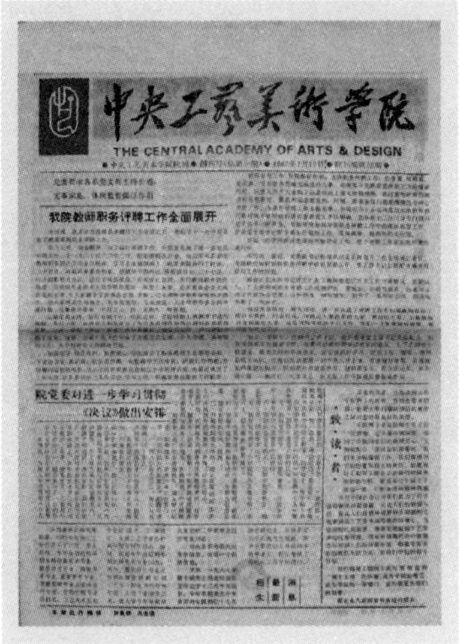
中央工艺美术学院
THE CENTRAL ACADEMY OF ARTS & DESIGN
我院教师职务评聘工作全面展开
院党委对进一步学习贯彻《决议》做出安排
致读者

《中央工艺美术学院》院刊创刊号，院刊编辑部编印，1987 年 1 月 10 日

四、教研成果与国际交流

1.展览及获奖

1983 年 11 月，为庆祝庞薰琹教授执教 52 周年，学院在光华路校园举办“庞薰琹教授教学成果展览”，在中国美术馆举办“庞薰琹画展”。1984 年 10 月，第六届全国美术作品展开幕，14 个画种 800 多件作品在中国美术馆展出，评出金质奖 19 个，银质奖 59 个、铜质奖 128 个。这届全国美展是党的十二大以来新的历史时期规模最大的一次展览。吴冠中的国画《春雪》、乔十光的漆画《青藏高原》获银质奖，罗真如的漆画《一品红》、魏小明的连环画《一个女人的刚毅》获铜质奖。11 月 1 日，学院举办庆祝雷圭元教授执教 57 周年活动，

1983年11月，庆祝庞薰琹教授执教52周年大会部分来宾合影

1984年11月，常沙娜院长在庆祝雷圭元教授执教57周年大会上讲话

“雷圭元教授从事艺术教育57周年教学研究及作品展览”同时在学院礼堂侧厅展出。

1987年，服装设计系1984级学生胡小平作品在巴黎国际青年时装设计大赛上获国家奖

1984年，学院与中国工艺美术总公司在北京联合举办“首届壁挂艺术展”，展出多种材料、多样制作技艺的现代壁挂艺术品。1985年10—12月，由文化部主办的“中国现代实用工艺美术展览”在莫斯科东方艺术博物馆举行。展览团团长为学院副院长李绵璐。展览包括牙、玉、木石雕刻；陶瓷、抽纱、刺绣、漆器、银器、景泰蓝、工艺画、玩具等手工艺品及民间工艺品；还有学院师

生漆画、壁挂作品共200套，均为具有民族特点的新作品。

1986年10月30日—12月17日，“中国现代漆画展”在苏联列宁格勒（今俄罗斯圣彼得堡）和莫斯科先后揭幕。这是中国现代漆画首次赴外展出。1987年，学院染织设计系壁挂、壁毯设计作品赴欧洲、拉丁美洲展出。1988年9月20日，学院现代陶艺展览在苏联首都莫斯科开幕。1989年11月27日，学院师生的上千件作品参加了在新落成的中国工艺美术馆举办的“首届全国工艺美术展览”。

20世纪80年代，学院各系师生创作的艺术设计作品，在国内外获奖总计160余项。其中，服装设计系在国际青年服装设计大奖赛上多次获“国家奖”，多名教师分别获得“国际女装博览会时装设计奖”“中国时装文化奖”等奖项。陶瓷系张守智、陈进海等设计的茶具，获南斯拉夫萨格勒布第十四届国际博览会金质奖，另有多名教师获得各类博览会、陶瓷艺术展评会等众多奖项。装饰艺术系获“1990年国家教委普通高校专业教学成果一等奖”，专业教师在各类国际比赛及全国美展中多次获得奖项。1986年，装潢系陈汉民、华健心设计的民居邮票获日本邮趣协会颁发的“最佳邮票奖”；1986年，张国藩设计的生肖“虎票”被日本评为“世界25枚最佳邮票”；1988年，余秉楠获民主德国“莱比锡国际书籍艺术展览古腾堡奖”。基础部刘巨德担任美术设计的动画片《夹子救鹿》，1986年获“广播电影电视部1985年优秀影片奖”，1987年获“第二届中国儿童少年电影童牛奖优秀美术片奖”“印度第五届库塔克国际儿童电影节最佳短片金像奖”。环境艺术设计系潘吾华、装潢系邱承德设计的招贴画在意大利米兰举办的国际比赛中获“特别审查奖”。工业设计系设计的作品，多次在轻工业部工业设计评比中获得奖项。其中，柳冠中的

“节点”设计获 1989 年轻工业部首届工业设计一等奖。

2. 参与国家重大活动及重要设计项目

1984 年，为庆祝中华人民共和国成立 35 周年，学院完成了首都游行队伍的队形设计及有关彩车（工业系 1980 级全班学生参加并延期毕业）、纪念章、奖状等设计，学院师生参与国庆 35 周年天安门广场大型联欢晚会活动。室内设计系、陶瓷设计系、服装设计系完成了中央书记处会议厅大圆桌的设计和加工，以及国务院、紫光阁总理接待厅的室内设计及沙发、地毯、茶具、工作人员服装等配套设计。学院以特种工艺美术系和陶瓷设计系为主，完成了京伦饭店内部装饰设计（包括壁挂、挂盘、装饰、浮雕等），完成了长城饭店、中国社会科学院、中国大剧院、西苑饭店、京西宾馆等单位的壁画、玻璃画、刻漆创作，并参加了“全国美术壁毯展览”。

1984 年，学院师生参与国庆彩车设计及游行活动

1984 年 10 月—1986 年 10 月，完成北京地铁 2 号线工程站台壁画设计 6 幅。其中包括：西直门站焦墨壁画《燕山长城图》《大江东去图》，均长 70m，高 3m，由张仃设计，张仃、姜宝林、赵准旺、王镛、蒋正鸿、龙瑞、赵卫、陈平绘制，北京海淀大理石厂制作；建国门站陶板壁画《中国天文史》，长 60m，高 3m，由袁运甫、钱月华设计，钱月华、袁运甫监制，中国磁

《燕山长城图》局部，张仃设计，北京西直门地铁站，1984年

《大江东去图》，张仃设计，北京西直门地铁站，1984年

《华夏雄风》，阿老、严尚德设计，北京东四十条地铁站，1986年

《走向世界》，李化吉、权正环设计，北京东四十条地铁站，1985年

《中国天文史》，袁运甫、钱月华设计，北京建国门地铁站，1985年

《四大发明》，彦东设计，北京建国门地铁站，1986年

州窑艺术陶瓷厂制作；建国门站高温花釉陶瓷壁画《四大发明》，长60m，高3m，由彦东设计，彦东、张立德、刘秀山、牛凤仪监制，唐山市工艺美术厂制作；东四十条站陶瓷壁画《走向世界》，长70m，高3m，由李化吉、权正环设计，权正环、李化吉、孟翔龙、曹春英监制，唐山市工艺美术厂制作；东四十条站陶板壁画《华夏雄风》，长62m，高3m，由阿老、严尚德设计，严尚德监制，中国磁州窑艺术陶瓷厂制作。

1984年，学院受外交部委托，派遣室内设计系教师潘昌侯、张世礼、郑曙旸、李凤崧和教辅木工技师张永库先后赴我国驻西德、英国、比利时大使馆及联合国驻意大利罗马粮农总部的中国厅，进行室内设计与家具设计和制作，这些设计在民族化、现代化的探索上取得成功。

1985年，中国国际贸易中心中国大饭店室内设计举行国际设计竞赛。在万里副总理和杨波部长支持下，学院和北京市建筑设计院组成联合设计组赴港设计。张世礼任组长，奚小彭、吴观张任专业顾问，设计组成员有何镇强、郑曙旸、梁世英等，还特邀常沙娜设计夏宫天花。联合设计组以客房方案中标，取得夏宫中式客房和一部分空间装饰的设计、制作权。中国大饭店是北京第一个五星级饭店，国贸工程是中国建筑设计界第一次参与国际设计竞争，赴香港学习国际投标经验，开创了接轨国际的先河，在建筑设计与室内设计专业中具有一定影响，被北京规划委评为北京十大优秀设计之一。

中国大饭店夏宫客房，张世礼设计，1988年

中国大饭店夏宫雅间，梁世英设计，1988年

此外，20世纪80年代，学院教师承担的其他重要设计任务均具有较高的现实价值，并产生了广泛的社会影响。其中，陈若菊参与第四套人民币纸币设计，陈汉民负责第四套人民币五角硬币设计。张仃设计第一轮生肖鸡邮票，韩美林设计第一轮生肖猪邮票，张国藩设计第一轮生肖虎邮票，李芳芳设计第一轮生肖兔邮票。陈汉民设计中华人民共和国国家标准安全标志、公路交通标志、公共信息图形符号和中华人民共和国公安部奖章、司法部奖章等奖章，全国劳动模范奖章等奖章。在室内

设计方面，学院还完成了北京王府饭店食街、中餐厅室内设计，约旦使馆春夏秋冬壁毯设计，日本长野县岡谷市点心苑商业设计，北京兆龙饭店高级中式客房室内设计，美国驻华使馆蜡染壁挂装饰设计，北京钓鱼台国宾馆清露堂室内设计、12 号贵宾楼室内设计、工作人员服装设计，人民大会堂东大厅、接见厅室内设计，北京大观园大观楼室内及家具设计，深圳金碧酒店室内设计，北京日坛餐厅室内设计，法国巴黎蓬皮杜文化中心中国建筑、生活环境展览设计，中国驻美国大使馆室内设计，中国驻澳大利亚大使馆室内设计。在标志与图案设计方面，学院还完成了全运会会旗图案设计，中日青年交流中心标志设计，中国贸促会北京分会会标及徽章设计，欧共体农业科技发展中心玻璃画等。

辛酉年生肖邮票，张仃设计，1981年

癸亥年生肖邮票，韩美林设计，1983年

丙寅年生肖邮票，张国藩设计，1986年

丁卯年生肖邮票，李芳芳设计，1987年

3.学术成果

1983 年，《装饰》由原来的丛刊属性改为中央工艺美术学院学报（工艺美术季刊）。改版后的《装饰》以学术研究为主，着重反映教学和学术研究成果。具体内容包括：服装设计、染织设计、家具设计、工业设计、室内设计、书籍装帧、商业美

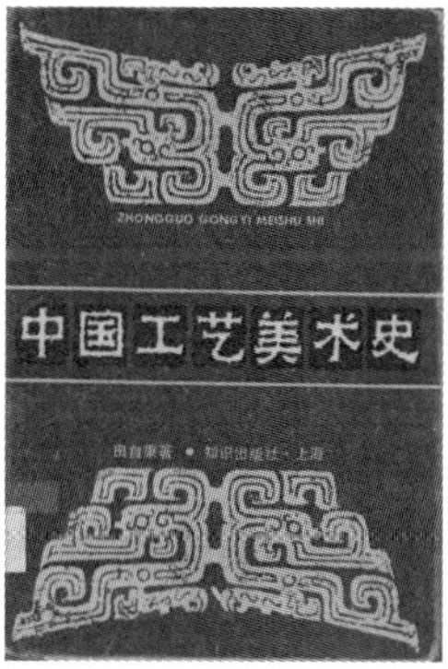

田自秉:《中国工艺美术史》，知识出版社，1985年

季龙主编:《当代中国的工艺美术》，中国社会科学出版社，1984年

中央工艺美术学院设计作品选编委会《中央工艺美院设计作品选1956—1986》，北京工艺美术出版社，1986年

中央工艺美术学院学术委员会、科学研究处编：《工艺美术文选（1956—1986）》，北京工艺美术出版社，1986年

术、陶瓷美术、装饰绘画和装饰雕塑等各方面的创作设计经验、工艺制作技法；刊载有关工艺美术的学术论文、译文、科技文献和国内外的最新行业资讯。1984年8月，吴劳任主编，李绵璐、郭华、李尊贤为副主编。1987年11月—1992年5月，何燕明任主编，李尊贤、陶如计为副丰编。

1984年12月，新中国成立以来首部由国家编纂的、学院部分教师参加的《当代中国的工艺美术》出版。1987年，由工艺美术史论系教授田自秉编著的《中国工艺美术史》（庞薰琹主编的“中国工艺美术丛书”之一），获国家教委全国高等院校优秀教材奖。1987年10月，由何燕明、李锦璐编选的《中国高等美术学院作品全集：中央工艺美术学院作品集》（湖南美术出版社，1986年）获“中国图书奖”。1988年10月，由何燕明主持编辑的《工艺美术辞典》由黑龙江人民出版社出版。这些专业著述的出版初步构建了我国现代的工艺美术理论体系，并为工艺美术的探索和发展奠定了坚实的理论基础。

1987 年、1989 年，中央电视台先后与环境艺术设计系、工业设计系合作拍摄专题片《设计与文明》，并在全国多次播放。专题片的播放，对普及室内设计、环艺设计、工业设计专业知识，宣传这些专业在国家经济建设和文化建设中的重要意义，促进现代设计观念的转变，起到了积极的推动作用。

20 世纪 80 年代，学院共编辑了 200 余部教材、论著。其中出版发行的有：柳维和编绘的《蝴蝶图案》，林福厚、亦山编著的《灯具设计》，张仃绘的《张仃焦墨山水》，庞薰琹的《庞薰琹工艺美术文集》，雷圭元、李骐编著的《中外图案装饰风格》，田自秉的《中国工艺美术史》，常沙娜的《敦煌历代服饰图案》，杨永善的《陶瓷造型基础》，黄林、张绮曼编著的《住的艺术》，奚静之的《俄国巡回展览画派》，叶喆民的《中国陶瓷史纲要》，张错编著的《中国泥人张彩塑艺术》，冯梅编著的《装饰人物造型》等。

1982 年 4 月，学院领导、教师与美国威斯康星大学来华进修班师生在结业典礼上合影

1982 年 5 月，学院举办美国哥伦布美术与设计学院学生作品展，学院领导与哥院图书馆馆长一同参观，左起：庞薰琹、哥院图书馆馆长、张仃、祝大年、常沙娜

4. 国际交流

在改革开放的新形势下，学院对外出访及聘请外国专家来院讲学的活动日益增多。1980 年，由张仃院长推荐，何镇强参加法国

1983年，美籍华人姚庆章在学院为装潢系80级学生讲授“照相写实主义”

1987年，学院授予德国斯图加特造型艺术学院教授克劳斯·雷曼名誉教授称号

巴黎蓬皮杜文化艺术中心举办“中国建筑生活环境（中国城乡）展”，与北京市建筑设计院张开济总建筑师等两次赴法，这是改革开放以来中国第一次对外具有影响力的展览与交流。1982年2月22日—4月18日，美国威斯康星州密尔瓦基大学艺术系15名学生在露丝·高教授的带领下来学院进修，在特种工艺系学习中国装饰艺术课程（雷圭元等先生授课）。这是学院建院以来第一次以单独编班的方式接待外国学生。

20世纪80年代，学院邀请美籍华人姚庆章、李小镜先生，美国新表现主义画家弗朗西斯克·布朗先生，日本东京艺术大学平山郁夫教授，美国新泽西州亚格斯大学研究生院、视觉艺术教授彼得·斯特劳德、美术系主任视觉艺术教授安东尼·尼格拉与设计系副教授布鲁内尔，联邦德国斯图加特国立造型艺术学院工业设计系主任雷曼教授，联邦德国卡塞尔综合大学造型艺术学院工业设计系教授德林格博士，日本著名环境造型设计家稻次敏郎教授，日本筑波大学艺术系工业设计专业原田昭副教授，日本著名室内设计家樋口治教授，德国书籍装帧专家卡伯尔教授，美国纽约时装工艺学院服装系主任瑞丽教授，美国芝加哥艺术学院斯凯林格副教授、奥莉森教授、里亚特教授和时装设计系主任里西·包曼教授等外国专家及访问学者来学院讲学、交流，为各个学科进行国际间专业信息的沟通提供了渠道，也为学院增添了活力。

学院授予联邦德国斯图加特国立造型艺术学院克劳斯·雷曼教授及日本东京艺术大学平山郁夫教授为名誉教授；聘请日本著名室内设计家樋口治教授、民主德国书籍装帧专家卡伯尔教授、日本东京艺术大学教授稻次敏郎等为客座教授。

1988 年，学院成立外事办公室，从组织上、制度上、管理上加强对外交流工作的力度。

5. 首届教师节和三十周年院庆

1985 年 9 月 10 日是我国第一个教师节。学院举行首届教

1985 年 9 月 10 日，首届教师节庆祝会上，杨波部长向张振仕颁发从教 30 年荣誉证书

1986年11月1日，院庆30周年史论系师生在校门前合影

师节庆祝大会，院长常沙娜、党委书记周显东与陈叔亮、雷圭元、白雪石、张振仕、俞致贞、奚小彭等老先生以及各系教师一同参加大会。轻工业部部长杨波到会讲话，向辛勤工作在艺术教育事业的全体教师表示热烈的祝贺，并向从事教育30年的老教师颁发荣誉证书。

1986年11月1日，学院举行建院30周年庆祝活动，举办了“师生作品汇报展览”，展出9个系、13个专业的近3000件师生作品。展览全面介绍了学院以美化人民生活为目标的办学思想，体现了教学与生产、艺术与科学、理论与实践相结合的教学原则，展示了学院在教学、创作设计与科研各方面的成就。由科研处负责编辑出版《工艺美术文选（1956—1986）》《中央工艺美术学院设计作品选（1956—1986）》《中央工艺美术学院作品集》，编印了《桃李集》（中央工艺美术学院学生论文选）、《中央工艺美术学院简介》，并制作了院庆纪念章、纪念币等，拍摄了反映学院成立30年的纪录片。

第五章

改革与整合（1989—1999）

20 世纪 80 年代末，那种基于学术考虑而进行课程革新的热情被日益明显的商业化倾向所影响，学院发展如何适应新的社会需求，如何迎接新的挑战，又将如何进一步深化改革工艺美术设计教育体系，成为学院工作新的焦点。1992 年邓小平的南方谈话，对中国的改革开放和现代化建设起到了关键的推动作用。国内形势和国际形势发生了很大的变化，随着社会生产力的发展，现代艺术设计因生活方式的改变而日新月异，新的观念、技术及材料为各个艺术设计专业的发展提供了更多的可能，学院紧密结合国家经济、教育与文化建设，在充满挑战与机遇的环境下进一步发展。

一、教学管理与教学体系的改革

1.教学管理的深化改革

随着社会主义经济建设的发展，科学技术的突飞猛进，人民生活与审美水平的不断提高，给工艺美术设计教育提出了更高的要求。1990 年年底，学院制订了旨在深化改革的“八五”发展计划。

在学院领导方面，1990 年 5 月，王明旨任副院长，王忠信任分管行政、后勤的副院长。1993 年 1 月，杨永善任副院长。1990 年，学院先后成立学生工作委员会、教师工作委员会。1992 年底，学院党委书记昭隆离休。1993 年 1 月，在第四届党员大会上，林少岩当选为党委书记。

在学院校园建设方面，1991 年 8 月，总建筑面积 14400m^2 的新教学大楼建成，改善了学院的教学条件。“团结、求实、

20世纪90年代的学院西门

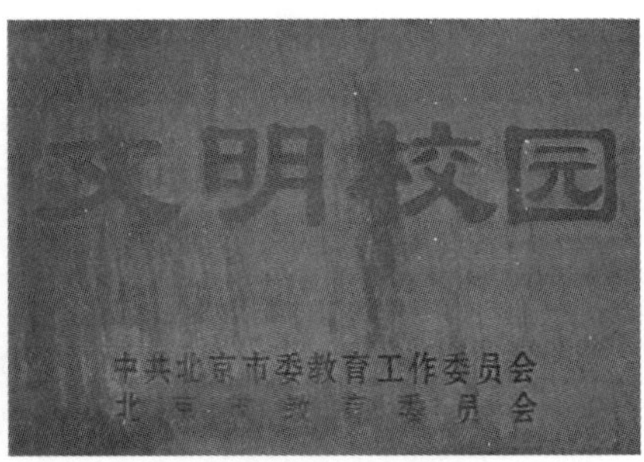

1994年12月，中共北京市委教育工委、北京市教育委员会授予中央工艺美术学院“文明校园”称号

中央工艺美术学院专业符号，原设计者张光宇，20世纪50年代；1994年学院为了标志的规范化使用，特重新修订，由陈汉民绘制

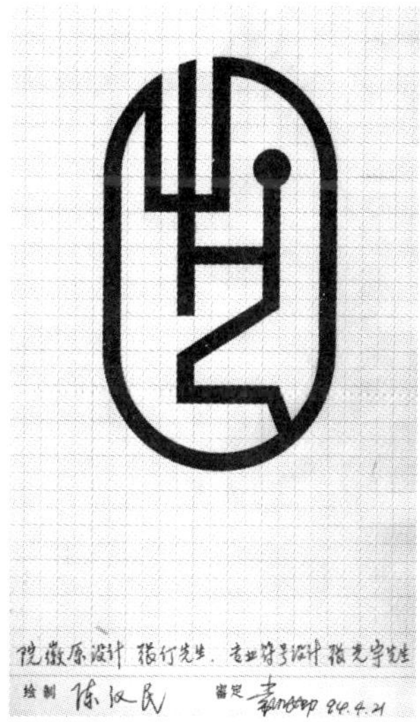

中央工艺美术学院院徽，原设计者张仃，20世纪50年代；1994年学院为了标志的规范化使用，特重新修订，由陈汉民绘制

敬业、创新”被确定为校训。1994年12月21日，学院率先在北京的艺术院校中获得由中共北京市委教育工委和北京市高教局授予的“文明校园”“首都文明建设先进单位”荣誉称号。

在学院教学发展方面，1988—1998年，是学院不断发展、完善和改革的10年。学院在原有教学文件及经验的基础上，完成首批规范性的教学文件：1994年的《中央工艺美术学院工作制度汇编》《中央工艺美术学院教学大纲》，1995年的《中央工艺美术学院教学方案》，1995年在文化部领导下参与制定的《全国高等艺术院校本科专业教学方案》，1997年的《中央工艺美术学院教学一览》（汇集和修订了学院全部教学文件）。

2. 艺术设计教学体系的完善

1991年8月，学院建成建筑面积14400m²的新教学大楼

镶嵌有“团结、求实、敬业、创新”校训的工艺实验楼（1986年3月落成），20世纪90年代

1992 年初，学院在长期教学实践中，根据社会的需要，考虑到学生应具备的能力，通过实践的检验，反复对专业设置进行调整和修订，形成了适合我国实际情况的工艺美术与艺术设计教学体系。1992 年以前，学院设有 9 个本科专业：陶瓷设计、染织设计、服装设计、装潢设计、工业设计、环境艺术设计、装饰艺术设计、漆艺和工艺美术历史及理论。同时，还设有 4 个专科专业：家具设计、展示设计、织绣设计、金属工艺。在此基础上，学院拟在工业设计系建立“计算机辅助设计”专业，在装潢设计系恢复“书籍装帧”专业。

1993 年 3 月 18 日，按照国家教委《关于修订普通高等学校文科专业目录的通知》精神，学院就现有专业的性质特点和培养目标，对原有专业进行了修订，把拟新增设的专业加以调整，并入原设的相关专业中。最后确定陶瓷艺术

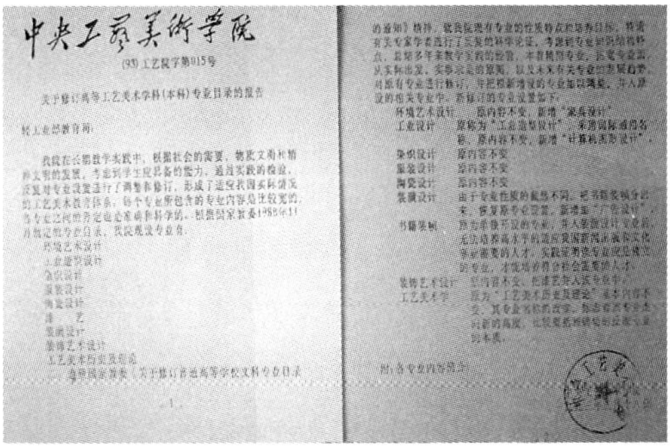
中央工艺美术学院

(93)工艺院字第015号

关于修订高等工艺美术学科(本科)专业目录的报告

1993年3月8日，学院关于修订高等工艺美术学科（本科）专业目录的报告

设计、染织艺术设计、装潢艺术设计、服装艺术设计、工业设计、环境艺术设计、装饰艺术设计、工艺美术学等8个专业为本科专业目录中新的专业名称。

在课程方面，陶瓷艺术设计包括日用陶瓷设计、美术陶瓷设计、陶瓷雕塑设计、陶艺创作、园林陶瓷设计、建筑陶瓷设计等。染织艺术设计包括各种纤维材料的印染、织造、编织、刺绣的设计，服装面料设计，室内装饰织物设计，纤维艺术品设计等。装潢艺术设计包括产品包装整体设计、商业广告设计、图形标志设计、字体设计、容器造型设计、包装结构设计、商标设计、书籍装帧设计（包括书籍报刊的总体编排设计、书籍装帧设计、版面编排设计、封面与插图设计、书刊宣传品设计）等。服装艺术设计包括日常服装设计、职业服装设计、时装设计、服饰设计、发型与化妆设计、舞台服装设计等。工业设计包括日用工业品设计、交通工具设计、机械产品设计、家用电器设计、玩具及工具设计、展示设计等。环境艺术设计包括环境总体规划设计、室内外设计、园林设计、家具设计等。装饰艺术设计包括装饰绘画设计、装饰雕塑设计、金属工艺品设计、漆器与漆画设计、室内外装饰艺术设计等。工艺美术学包括工艺美术概论、中国工艺美术史、世界工艺美术史、技术美学、设计心理学、工艺美术市场学等。

根据相应学科目录调整，1993年，工艺美术史论系更名为工艺美术学系。1994年，染织服装系更名为染织服装艺术设计系，陶瓷设计系更名为陶瓷艺术设计系，装潢设计系更名为装潢艺术设计系。

1994 年 11 月 9 日，文化部委托学院承办的“全国艺术院校工艺美术专业教学计划修订会”在学院召开。与会者根据《普通高等学校本科专业目录》颁布的工艺美术各专业以及学院的教学计划进行了讨论。由各系制订的教学计划被会议确定为全国工艺美术设计专业统一的教学计划，最终形成的中央工艺美术学院教学大纲，对全国艺术类院校艺术设计学科的教学产生了重要影响。

1995 年 9 月 19 日，学院申请增设了“展示设计”“金属工艺”“漆艺”本科专业，于 1996 年招生。1998 年 7 月 8 日，学院上报国家轻工业局人事教育部申请增设“计算机艺术设计”（专科三年）和“市场营销工艺美术学”（专科两年）专业，但未实行。1997 年 2 月 4 日，在中国轻工总会公布高等学校重点学科点名单中，学院的工艺美术设计、工业造型设计、环境艺术设计为重点学科。

学院受托为教育部拟定本科专业目录，提出改“工艺美术”为“艺术设计”。1998 年，教育部颁布《普通高等学校本科专业目录》，以“艺术设计”取代“工艺美术”，二级学科定名为“设计艺术学”。

二、教学、科研、生产相结合的新模式

1989 年 1 月，国务院下发《国务院转批国家教委等部门关于深化改革鼓励教育科研卫生单位增加社会服务意见的通

知》。同年 12 月，国家教委发文试行《关于高等学校兴办公司、企业的若干规定》。在国家政策的支持与指导下，学院积极建立具有中国特色的社会主义工艺美术与现代设计教育体系，探索和落实教育与生产劳动相结合的具体途径和形式，根据教学特点和专业发展的需要，实行教育界与产业界相结合、现代技术与科学管理相结合、艺术设计与现代工艺相结合，建立起教学、科研、生产相结合的新模式。

1990 年 6 月，科技开发部实行总经理负责制，董汇斌任总经理。同年 7 月，张世礼兼任科技开发部主任。1991 年 4 月 8 日，“科技开发部”更名为“科技艺术开发中心”，经营性质不变，经营范围扩充至学院包含的各个专业，王公义任总经理。科技艺术开发中心成立后，学院相继成立广告公司、名人艺术珍品进出口公司、环境艺术设计工程公司、电梯公司、中日合资京良摄影有限公司、内地与香港合资中威科艺新技术有限公司及开发中心中威大厦（物业公司），在促进相关专业发展，扩大学院社会影响，增加学院经济收入等方面做出了积极贡献。1992 年 6 月，董汇斌任开发中心总经理。1992 年 12 月，学院成立校办产业管理委员会，吴晞任主任，设立校产办公室，科技艺术开发中心将总公司的管理职能移交校产办公室。

1992 年 7 月 7 日，“中央工艺美术学院工业设计研究所”“中央工艺美术学院装饰艺术研究设计所”成立。两所分别由工业设计系、装饰艺术系直接领导，所长分别由工业设计系主任柳冠中、装饰艺术系主任袁运甫兼任。两所的编制和工作人员均由两系教师内部调整和兼任职务，实行教学、科研创作设计人员定期轮换制。1992 年 9 月，以各专业系为主，设立工业设计研究所、装饰艺术研究设计所、环境艺术研究设计所以及染织服装、陶瓷、装潢、环艺、绘画创作 5

个研究设计室。全院形成“一中心、三所、五室”的社会有偿服务的格局，逐步完善教学、研究和创作设计对外有偿服务的一体结构。

1994 年，学院成立“中央工艺美术学院环境艺术发展中心”。该中心为独立法人自主经营、自负盈亏的综合设计、制作、经营的艺术开发机构，与环境艺术设计系“两块牌子一套人马”，由环境艺术设计系主任张绮曼任法人代表，主要经营内容包括建筑装饰与室内设计及工程实施、环境艺术综合设计与工程实施、环境艺术品设计与生产开发、艺术专业配套服务等。20 世纪 90 年代，环境艺术设计系与环境艺术发展中心获得多项成果与奖项，对中国环境艺术发展和装饰行业发展产生导向作用，对全国环境艺术专业与设计单位起着学术带头作用。

三、理论与实践相结合的研究与成果

1.研究会与专业协会

为了研究学院老一辈教育家、艺术家的成就，研究他们的学术思想，学习他们教书育人、严谨治学的高尚品质，1981 年，学院成立“张光宇学术研究会”。1985 年 3 月 18 日，庞薰琹逝世。1986 年，学院学术委员会成立“庞薰琹研究会”；1989 年，更名为“庞薰琹学术研究会”。1991 年 6 月，庞薰琹美术馆在江苏常熟建成开馆。1989 年 10 月 30 日，雷圭元逝世。1990 年 9 月 18 日，“雷圭元图案学术研究会”成立。

1981 年 5 月 9 日，由中国文联牵头、陈叔亮主要发起筹

1993年4月，学院举办“张光宇艺术讨论会”，张仃先生与大家合影

建的中国书法家协会于北京成立，舒同为主席，赵朴初、陈叔亮等为副主席。陈叔亮被常务理事会推举为三人领导小组成员之一，主持日常工作。

1979 年 8 月，由学院教师参与发起的“中国工业美术协会”在京批准成立。协会最初设址在学院，按产品和行业划分先后组建陶瓷、电子、装潢、家具等八个全国性二级学（协）会，还建立遍及主要省市的地方性组织。但由于种种原因，成立大会推迟八年才举行。为适应工业发展的实际需要，经国家科委和中国科协批准，1987 年 10 月 14 日，协会更名为“中国工业设计协会”，在京举行成立大会；通过协会章程，选举产生以周一苹为理事长，任维武、朱鹤孙等人为副理事长，柳冠中等 23 人为常务理事的第一届理事会。20 世纪 80-90 年代，通过与协会的合作，学院举办多种培训、讲座及各种专业学术活动，推动了全国工业设计、艺术设计的学科建设、事业发展及设计人才培养。

1988 年，由轻工业部领导，学院协助筹备，中国室内装饰协会成立，轻工业部部长杨波、中国轻工总会副会长傅立民等领导先后担任该协会理事长。学院环境艺术设计系主任张绮曼连续两届当选为副理事长及设计委员会主任，长期为该协会指导全国装饰行业的发展、学术交流和人才培养作出重要贡献。

1989 年，由建设部部长戴念慈、设计司司长张钦楠支持，中央工艺美术学院、建设部建筑设计院、北京市建筑设计院三家发起成立中国室内建筑师学会，该学会挂靠在中国建筑学会。戴念慈、奚小彭为名誉会长，曾坚当选为会长，张世礼当选为副会长。此后，张世礼任会长、郑曙旸任副会长至今。学院教师在学会中发挥了骨干作用，十多年来，在促进行业发展和设计水平提高方面做了大量工作。

1993 年 10 月 16 日，由学院环境艺术系倡导组织，中国工业设计协会室内设计学术委员会成立，张绮曼任会长。室内设计学术委员会的成立，对推动中国环境艺术设计的发展和学术水平的提高发挥着积极作用。1998 年，中国美术家协会第五次全国代表大会召开并选举第 5 届美协领导，常沙娜任副主席，吴冠中任顾问。

此外，20 世纪 80 年代以来，中国工艺美术学会、中国工业设计协会、中国包装技术设计协会、中国服装设计师协会等专业设计协会，多是由学院教师发起成立或在其中起主导性作用，学院对促进社会相关行业的发展与现代设计在中国的普及和发展产生了深远影响。

2. 教材、学术著作出版及获奖

20 世纪 80 年代中期，《装饰》杂志设定了多个专栏，探讨这一时期的学术热点，结合现代设计、工艺文化、民艺研究

1998年10月，《装饰》杂志创刊40周年座谈会合影

等方面，推出了大量有影响的文章。20世纪90年代，陶如让、李砚祖、杭间先后任主编。1993年，中国装饰杂志社成立；1995年，由季刊改为双月刊发行。杂志秉持学术上的一致性和延续性，更加注重杂志的理论性，加强对学科领域当下议题的介入力度，展开国内外学者的文化交流，举办多次学术研讨会，对全国工艺美术教育和设计教育的发展起到了重要的推动作用。1998年10月27日，《装饰》举办纪念杂志创刊40周年座谈会与系列学术讲座，举行《装饰》优秀理论文章的评选。

1986—1998年，学院服装设计系教师编写的14种服装专业教材由高等教育出版社先后出版。袁杰英的《中国历代服饰史》、李当岐的《服装学概论》《西洋服装史》、刘元风的《时装画技法》《服装设计学》等，形成了一整套规范化的服装设计教材。

自1987年以来，环境艺术设计系集中力量编写出版了一批急需的室内设计及环艺设计教材，这些出版物广为全国室内设计专业院校所采用。1991年，张绮曼、郑曙旸主编的

张绮曼、郑曙旸主编：《室内设计资料集》，中国建筑工业出版社，1991年

杨永善：《陶瓷造型设计》，辽宁科学技术出版社，1988年

杭间：《中国工艺美学思想史》，北岳文艺出版社，1994年

《室内设计资料集》出版，1992年该书荣获“建设部第二届全国优秀建筑科技图书一等奖”，1996年获“中国轻工总会第三届全国优秀教材二等奖”，至2010年此书已印刷50次，发行55万册，成为室内设计师、建筑师几乎人手一册的工具书。

1991年，由国家编纂的《中国大百科全书·轻工卷》出版，其中有关工艺美术的约有250多个条目，28万字，由王世襄、杨伯达、田自秉等50多位专家撰写，是新中国成立以来的重大权威性专著。1992年，杨永善的《陶瓷造型设计》获“第二届普通高等院校全国优秀教材奖”。1994年，王家树的《中国工艺美术史》由文化艺术出版社出版，是在工艺美术史研究领域的又一重要成果。1996年，奚静之的《俄罗斯苏联美术史》获俄罗斯艺术科学院“学术成果及国际文化交流贡献奖”。1996年，张绮曼、郑曙旸等人的“环境艺术设计专业教材建设”课题研究获中国轻工总会教学成果二等奖。1999年，杭间的博士学位论文《中国工艺美学思想史》被教育部、国务院学位委员会评为首届“全国优秀博士论文”，这是首届百篇

常沙娜主编：《中国现代美术全集·印染织绣卷》，河北美术出版社，1998年

乔十光主编：《中国现代美术全集·漆画卷》，人民美术出版社，1998年

优秀博士论文评选中艺术类的唯一获奖者，导师田自秉同时被国务院学位委员会评为"1999年全国优秀博士学位论文指导教师"。1992年，柳冠中主持的《工业设计教学大纲》获北京市高等教学优秀成果二等奖。1994年，柳冠中的《工业设计概论》由中国科技出版社出版，是工业设计理论研究的重要著作。1997年，柳冠中主编的"工业设计学系统教材"丛书获北方十省优秀图书一等奖。

学院各专业结合教学参与国内和国际间各种艺术设计及创作竞赛。至1996年，各专业教师共获奖项180余项，其中国际奖36项，全国性奖144项；出版教材、学术著作共300余部。

3.重要项目

20世纪90年代，学院参与了众多的国家级重要活动的艺术设计工作，如1990年的北京亚运会大型活动总体艺术设计，香港、澳门回归专用标志设计，澳门特别行政区区旗、区徽的设计，澳门特别行政区特派员公署大楼室内设计、监制，八一大楼部分室内设计，河南大厦室内设计，海峡交流基金会会徽设计，中国人民银行、中国工商银行、中国农业银行行徽设计，全国妇联及1995年联合国第四次世界妇女代表大会标志及纪念币设计，第七届全运会标志及点火台主题设计等。

1988年，陈汉民设计的中国人民银行行徽，由三个古币组合而成，组合后中间呈红色"人"字（负形），表示"人民

海峡交流基金会会徽，孙德珊设计，1991年

中国人民银行标志，陈汉民设计，1988年

的”银行之意；同时还有“聚”的图形意义，表示积聚资金、调控信贷等含义。经组合的图案有一种归心和放射的感觉，表示银行业务进出往来的广泛性和集中性。1988年，陈汉民设计的中国农业银行行徽以麦穗为主题形象，与中国古币组合而成，突出“中国”“农业”“银行”三个概念。农业银行特征明显，麦穗和圆相接而不全封闭，增加了图案的虚实、黑白变化效果，表现银行的生命力。1989年，陈汉民设计的中国工商银行行徽整体上是一个隐性的“方孔圆币”，表示金融业；中心部分为“工”字，与外圆组合寓意商品流通，表明中国工商银行作为专业银行的特征。“工”字中间断开，处理成两个对称的几何形，象征银行与客户间相互依存、相互协调的紧密合作关系。

1993年，全国人大八届一次会议通过张磊主创（1991年设计，五星的位置参考肖红的获奖方案）的澳门特别行政区区旗、区徽方案。区旗是绘有五星、莲花、大桥、海水图案的绿色旗帜。其中，五星是代表统一的中国；三朵含苞待放的白莲花象征澳门特区是由三个岛组成的吉祥之地；绿色代表祖国大地。区徽中间是五星、莲花、大桥、海水，周围写

澳门特别行政区区徽，张磊主创，1993年

澳门特别行政区区旗，张磊主创，1993年

澳门回归专用标志，张磊设计，1999年

有“中华人民共和国澳门特别行政区”和葡文“澳门”。其图案的含义与区旗相同。之后，张磊还参与制定由国家标准局发布的区旗、区徽国家标准，以及国务院港澳办委托，为澳门基本法起草委员会全体委员设计并督造了工作纪念章、牌、证书。1999 年，张磊受国务院港澳办委托设计“99”澳门回归专用标志。图案以红绿两色的阿拉伯数字“99”为主体，表明 1999 年中国政府对澳门恢复行使主权。左上方的祥云表示为公元纪年“19”的缩写。红色是中华人民共和国国旗的颜色，绿色是澳门特别行政区区旗的颜色，绿色“9”字中间是澳门特别行政区区旗图案。红绿两种颜色象征“一国两制”。

1997 年，陈汉民设计的“97”香港回归祖国标志，以“97”作为主体形象元素，突出“盼 97”“迎 97”“庆 97”。红色的“9”代表国家政权，把象征香港的紫荆花糅在 9 里面，表达中央人民政府与香港特别行政区的主次关系。“7”字呈绿色，表示香港保持原有生机和长期繁荣稳定，香港的明天更美好，具有前进感的线条表达时间概念，盼望回归的心情。

香港回归专用标志，陈汉民设计，1997年

《幽燕金秋图》，人民大会堂东大厅国画，300cm × 1600cm，侯德昌主创，1994年

《古塞春晖》，中南海接见厅国画，500cm × 900cm，白雪石创作绘制，1995年

1994年，人民大会堂进行大修。张仃、侯德昌受邀为东大厅创作以长城为主题的国画。侯德昌在张仃的指导下创作巨幅国画《幽燕金秋图》（300cm × 1600cm），并题写毛主席词句：“萧瑟秋风今又是，换了人间”，画作气势恢宏，体现中华民族的精神内涵。1995年，年已八旬的白雪石应邀为中南海接见厅绘制巨幅国画《古塞春晖》（500cm × 900cm）。画作尺幅巨大，白雪石分段创作墨稿，后拼接完成着色、修饰，装裱上墙后因部分裂纹，又用云梯登高补色。画作近景古松遒劲，与远景巍巍长城遥相呼应。人民大会堂东大厅和中南海接见厅是国家领导人会晤外宾的重要场所，《幽燕金秋图》《古塞春晖》成为中央电视台至今出镜最多的两幅巨幅国画，具有重要的艺

中央人民政府赠给香港特别行政区的礼品大型雕塑《永远盛开的紫荆花》，常沙娜主持设计，1997年

术价值和政治意义。

1997 年，学院完成人民大会堂香港厅大型屏风设计，并完成《永远盛开的紫荆花》雕塑的创作设计等，香港回归祖国时，中央人民政府将其作为礼物赠送给香港特别行政区。《永远盛开的紫荆花》雕塑创作历时近半年。参加方案设计的有中央工艺美术学院、中央美术学院、中国美术学院、广州美术学院、清华大学、全国城市雕塑委员会、上海油画雕塑院等 7 个单位。学院成立由常沙娜任组长，以李德利、张锠、周尚仪、杜大恺、王培波、赵萌等为主的方案设计小组，基础部、装饰艺术系、装潢设计系、工业设计系、史论系等其他各系的中青年教师也参加了设计。全院完成了 46 个设计方案，最终合并为 14 个方案送审。1997 年 3 月 31 日，《永远盛开的紫荆花》雕塑方案通过。随后完成原大造型的塑造及金属铸造、贴金、结构、基座造型及石材制作等工程设计。6 月中旬，《永远盛开的紫荆花》雕塑矗立在香港会展中心广场。雕塑呈金色，总高 6m，青铜铸造，表面贴金箔，根据紫荆花形状雕刻而成，端立于暖红色的“四川红”花岗石基座上，文字阴刻贴金。香港特别行政区区旗及区徽也是以紫荆花为图案。方圆的基座，寓意九州方圆，环衬的长城，象征伟大的祖国。《永远盛开的紫荆花》寓意香港永远繁荣昌盛。

4.院庆35周年与40周年活动

1986 年院庆 30 周年之后，学院开始筹划院史编写工作，由副院长李绵璐负责，汪钰林执笔撰写。1988 年，着手整理档案资料，访谈谢邦选、吴劳、雷圭元等先生，前后撰写 9 稿，由常沙娜院长、昭隆书记审阅。1991 年 5 月，学院简史收录于文化部教育科技司编的《中国高等艺术院校简史集》，由浙江美术学院出版社出版。1991 年 11 月 1 日，学院举办院庆 35 周年系列活动：印制《中央工艺美术学院院史（1956—1991）》《中央工艺美术学院校友录》，举办院庆展览、服装表演；成立学院工艺美术教育基金会筹备委员会，并筹备成立校友会；学报《装饰》编辑部举办了出刊 50 期作者、读者、编者、出版者及协作者交流座谈会，学院举行平山郁夫“丝绸之路文化”专题讲座、纪念陈叔亮座谈会等学术活动。

1991 年 11 月 1 日，35 周年院庆时的校园环境

1996 年 11 月 1 日，“中央工艺美术学院艺术设计作品展”在中国美术馆隆重开幕，常沙娜院长致开幕辞

1996 年 11 月 1 日，学院隆重举行院庆 40 周年系列活动，国家相关部门领导、国外校际关系及友好院校代表与国内兄弟院校领导、同行及学院师生、海内外校友，共计上千人参加活动。“中央工艺美术学院建院 40 周年庆祝大会”在学院礼堂隆重召开，常沙娜院长发表讲话，总结学院发展历程，阐述未来发展构想。时任副总理李岚清为学院题词：进一步办好工艺美术高等教育，为我国的社会主义物质文明和精神

文明建设做贡献。国家教育委员会发来贺信，肯定学院“为我国文化艺术事业和教育事业的发展做出了重要贡献”。

同日，由环境艺术设计系赞助，学院在中国美术馆全部展厅举办“中央工艺美术学院艺术设计作品展”（第五次）、“张仃山水画展94—96”。其中，艺术设计作品展由院史和工艺美术学系、环境艺术设计系、陶瓷艺术设计系、装饰艺术设计系、装潢艺术设计系、染织服装艺术设计系、工业设计系、基础部、成人教育部9个部分组成，汇集2部、7系40年来近千件优秀作品，图文资料详尽，作品丰富扎实，展示方式多样，向社会各界展示了学院的艺术设计教育、创作设计成果以及对全国艺术设计具有范式意义的办学模式与教研体系。此外，学院还组织出版《中央工艺美术学院艺术设计集》《中央工艺美术学院艺术设计论文集》，全面反映学院各个时期的学术成果；举办院庆文艺晚会、服装作品展示会，领导嘉宾、师生校友共聚一

1996年11月，“中央工艺美术学院艺术设计作品展”“张仃山水画展94-96”在中国美术馆举行

堂，庆祝院庆。

学院成立40年以来，学院的发展与人民的需要、社会主义建设的需要紧密结合，总结和继承祖国民族、民间的优秀文化传统，教学和实践紧密配合，同时注重吸取国外有益的艺术营养与教学经验及方法，形成了自己的风格和独具特色的教育体系，累计为国家和社会培养了4000余名优秀艺术设计人才。

四、国际交流与合作

1.教学成果展示

1990年9—10月，作为北京亚运会大型展览项目之一，“中国工艺美术院系师生优秀作品展”在北京国际展览中心举行。举办全国工艺美术师生作品展在中国尚属首次，参展单位有中央工艺美术学院、浙江美术学院、鲁迅美术学院、西安美术学院、天津美术学院、广州美术学院、北京服装学院和中央民族学院，展出陶瓷器皿、印染工艺、服装设计、装饰品、家用电器设计、室内设计、家居设计、玩具、雕塑共9类1000余件，体现改革开放十余年来高等工艺美术教育与科研的成果。其中学院展出208件作品，并义演时装表演5场，受到国内外人士的广泛关注和好评。

1993年10月6日，学院与东京艺术大学师生作品联展在学院展厅开幕。1997年10月，“中央工艺美术学院装潢艺术设计系师生作品展”“96平面设计在中国”与“深圳市平面设计协会五人展”应邀同时在法国安吉奥市举行，拉开了“安吉奥中国平面设计展览月”的序幕。这也是中国平面设计及平面设计教育成果首次在欧洲的集中展示。1997 年 10 月 25 日—11 月 5 日，“挪威现代装饰艺术展”在学院举行。9 月 28 日，“日本视觉艺术设计家胜井三雄展”在学院开幕。

1998 年 4 月 21 日—24 日，“98 书籍艺术设计展”在学院展出。展览展出了中央直属系统出版社和中央工艺美术学院、中央美术学院近两年来的优秀书籍装帧艺术作品，基本代表了我国 20 世纪 90 年代以来的书籍装帧艺术设计的最高水平。1998 年 3 月 4 日—5 日，由法国国际艺术城和巴黎国立高等装饰艺术学院联合主办的“中国中央工艺美术学院师生作品展”成功举办。《欧洲时报》认为展览“以其丰富的内涵和创造力，给巴黎观众留下了深刻的印象。展示了处于巨大变革中的中国，传统与现代精神结合的无穷魅力”。

2.国际交流

为了进一步加强学院的国际交流，1993 年学院在法国巴黎国际艺术城购买了两套工作室，用于教师赴法国交流与进修，每年约 8 名教师在巴黎进行为期半年的研修。

1994年，常沙娜、袁运甫陪同著名物理学家李政道参观学院

1990 年 5 月，学院应香港华润公司及新华社香港分社的邀请，在香港湾仔中国文物馆举办“中国现代陶瓷、染织、装饰艺术作品展”。常沙娜、杨永善、张守智、李永平、袁运甫、王

连海、肖延组成学院代表团。新华社分社文体部长韩力，新华社香港分社副社长张浚生及安子介、文楼等香港各界有关人士参加展览开幕，展览加深了内地与香港地区在文化艺术上的交流，并得到当地《大公报》《新晚报》《文汇报》等媒体的肯定。

1994年10月，在日本广岛举办中央工艺美术学院、中央美术学院和日本东京艺术大学作品联展开幕式

1992年1月，学院在香港地区举办“中央工艺美术学院师生作品展”的基础上，由常沙娜、杨永善、袁运甫、吴晞、杭间、林乐成、刘金池组成代表团，首次赴新加坡举办同名展览，得到南洋艺术学院及1958级校友、南洋艺术学院教授欧世鸿，新加坡工艺美术企业家陈学湘的积极支持和接待，加强了学院与新加坡的艺术交流。

1994年10月，学院应日本东京艺术大学的邀请，由常沙娜、林少岩、王明旨、张绮曼、张锠、陈进海、卢新华组成代表团，赴日本广岛参加中央美术学院、中央工艺美术学院和日本东京艺术大学作品联展。共展出210件，其中工艺美院作品有60件。三校展品各有特点，中央美术学院主要展出版画，东京艺术大学和中央工艺美院突出了各自的专业特色。

1989年以来，学院加强了国际学术交流活动，与日本东京艺术大学、多摩美术大学，法国巴黎国立高等装饰艺术学院，美国麻省艺术学院、华盛顿哈沃德大学美术学院、洛杉矶艺术中心设计学院，韩国东亚大学艺术学院等结为友好校际关系。1991年以来，学院先后在中国香港、新加坡、法国

1989年4月5日，在学院与东京艺术大学缔结艺术交流协议仪式上，张仃（左）与平山郁夫（右）握手祝贺，时任院长常沙娜（中）参加

1996年4月，学院授予旅美著名画家、校友丁绍光名誉教授称号，授予日本著名画家宫田雅之客座教授称号

1996年5月23日，中央工艺美术学院举行授予著名科学家李政道名誉教授仪式

巴黎举办了师生艺术设计作品展，与日本东京艺术大学、多摩美术大学和韩国东亚大学等学校举办了校际作品联展。

1996 年 4 月，学院授予校友、旅美著名画家丁绍光名誉教授称号，授予日本著名画家宫田雅之客座教授称号。1996 年 5 月，授予著名科学家李政道名誉教授称号。1998 年，授予美国洛杉矶艺术中心设计学院王受之客座教授称号。

近十年来，学院从 10 多个国家聘请的专家教授和国际著名设计家讲学和短期访问学者近 150 人，安排临时来访讲座的各类专家数百人次，各专业授予客座教授数人，共出访、考察、进修 300 多人次，并举办数次大型校际交流展。这些对外交流活动的开展，拓宽了国际间的学术交流与合作，有力地促进了学院各专业学科的发展。

3.设立奖学金

1986年11月1日，在学院30周年庆祝大会上，平山郁夫先生捐资设立了“平山郁夫奖学金”。同年，日本交通文化协会在学院设立“泷富士美术奖”。1990年4月7日，加拿大谷宾时装股份有限公司总裁颜绣媖女士为学院设立永久性奖学金“枫华奖学金”。1992年4月8日，旅美著名画家、校友丁绍光设立“张光宇艺术奖”。1998年，学院设立“艺术设计教育奖励基金”。旅美著名文物收藏家王已千设“中国工艺美术设计精品奖金”。

1995年，张光宇艺术奖金首届颁发仪式暨著名画家丁绍光先生学术报告会

五、向综合性艺术设计大学发展的设想

1993年4月22日，根据第八届全国人民代表大会第一次会议原则批准的国务院机构改革方案，学院的主管部门由轻

工业部改为中国轻工总会（国务院直属事业单位）。

1993年，《中国教育改革和发展纲要》颁布。明确提出要结束大学毕业生包分配的体制，迅速扩大正规高等教育和成人高等教育规模，以适应经济迅速增长，并提出了旨在提高质量和效益的“211”工程，在其导向下，院校之间纷纷合并以发挥规模效益。同年，学院即开展申请列入国家“211”工程的努力。

1.改制设想的背景

艺术设计和艺术设计教育面临新世纪的机遇和挑战。但当时我国在该领域的总体发展仍相对滞后，集中表现在：亟待建立与科学技术、产业结构、生产规模、消费水平相适应，具有引导时代审美意识，具有国际竞争力的价值体系，以及能够使这一价值体系成为社会现实的运行机制；艺术设计教育应从社会实际需要出发，加快教育改革的发展速度，适度地扩大教育规模，教育事业发展应更趋平衡，学科设置应更趋完备，优秀人才相对匮乏的局面应尽快得到改变；艺术设计科学研究和理论研究相对薄弱状况也应尽快得到扭转；传统艺术、民间艺术、少数民族艺术仍然需要抢救。[①]

中国社会的深刻变化，对艺术设计和艺术设计教育势必产生深远的影响。1996年1月23日，学院首届教职工代表大会召开，院长常沙娜做了题为“为开拓二十一世纪具有中国特色的设计艺术教育事业努力奋斗”的报告。在国家经济建设需求与社会发展大背景之下，学院于1996年7月23日拟定出《中央工艺美术学院“九五”计划发展纲要（1996年—

① 《中央工艺美术学院“九五”计划发展纲要（1996年—2000年）》，1996年7月23日，第2-3页，清华大学美术学院档案。

2000 年）》。拟由学院更名为大学，推动整个中国艺术设计事业的发展，是“九五”期间学院发展总目标的核心。

2.建立固安学区

为更名为大学，扩充校舍，扩大招生规模，1996 年 3 月 4 日，经中国轻工总会批准，学院与位于河北固安的中国轻工业管理干部学院合并的筹备工作开始启动。自 1996 年起，学院开始较大规模扩招学生，由原来的每年 240 人，逐步扩大到 350 人，并在固安学区建立素描、雕塑教室，1996 级—1998 级进入基础部的大一学生在固安学区学习。

1997 年 12 月 30 日，中国轻工总会任命赵亮宏为学院党委书记，王明旨为院长兼中国轻工业管理干部学院院长，杨永善为副院长，高沛明、朱仙油为学院党委副书记，才大颖任副院长兼固安学区分党委书记、学区主任，刘增璞任副院长兼固安学区副主任，王庆霖任中共中国轻工总会党校常务副校长兼学院党委副书记，张铁山任学院纪委书记。常沙娜由于年龄原因，不再担任院长职务。王忠信因健康原因提前退休，不再担任副院长职务。1998 年 1 月 9 日，中国轻工总会将中国轻工业管理干部学院并入中央工艺美术学院，设立中央工艺美术学院固安学区。

3.现代艺术设计教学改革

1998 年 3 月，教育部召开了第一次普通高等学校教学工作会议，学院围绕着会议中有关教育教学改革的精神，以“转变教育观念，深化教学改革，加强教学建设，提高教育质量”为主题进行了深入的学习和探讨，学院决定进行艺术设计教学改革。1998 年 6 月 4 日，学院党委会研究，决定成立艺术设计学科教学改革领导小组，王明旨任组长，杨永善、高沛明任副组长。分设艺术设计教学管理改革、艺术设计课程体系改革、艺术设计学学科建设研究三个分组，学院由此开始了艺术设计教学第一阶段的改革。

1998 年 10 月 12 日，学院开始教学改革第二阶段的工作，讨论的重点内容是：教育思想与教育质量、人才培养模式、专业学科教学内容与课程体系、本科专业教学计划、教学机构设置、教学质量管理及教学工作评价机制、学分制等。11 月 24 日，学院成立了艺术设计教学改革专家论证组，袁运甫任专家论证组组长，柳冠中任副组长。

学院艺术设计教学体系改革方案提出：设置艺术设计、美术、理论三个学群；基础部由两年制改为一年制。课程的教学方式为部分专业设计课改变单元制教学方式，采用课程交叉进行的方式，课堂教学以讲授或示范为主，作业在课余时间完成。在原有的教学管理模式中，试行学年学分制，即课程经考试合格给予学分，逐步建立选修课。这一时期，学院教学改革对未来学科专业发展的设定，是以艺术设计学科为主，同时向多学科发展。

第六章

合并与调整（1999—2011）

20 世纪 90 年代，有两件事对中国现代教育史产生了重要影响：其一，教育部开始实施振兴 21 世纪中国教育的“211 工程”，这是中国政府面向 21 世纪，重点建设 100 所左右的高等学校和一批重点学科的建设工程；其二，1998 年，国务院机构改革，各部属院校与所在部委脱离，除部分直属教育部外，其他均归地方政府管辖。在这样的背景下，中央工艺美术学院并入清华大学，成立“清华大学美术学院”。合并以来，在清华大学建设世界一流大学战略目标的引领下，在综合性研究型大学的平台上，学院在教学、科研、创作、学科建设、人才引进、对外交流合作等方面取得了新成果。

一、中央工艺美术学院并入清华大学

1.两校合并

1998年，国务院机构改革，学院的主管部门国家轻工业局并入国家经贸委。根据《国务院关于调整撤并部门所属高校管理体制的决定》和《国务院办公厅转发教育部等部门关于调整撤并所属学校管理体制实施意见的通知》精神，1998年7月，学院成为北京市属高等学校。

当时，清华大学正以世界一流大学为发展目标进行学科调整，并将加强艺术学科的建设作为学科布局与院系调整的重要内容之一。由于两校学科的互补性，清华大学主动就两校合并事宜与学院交流。两校多次接触并互访、考察，认真调研分析，认为两校合并有利于发挥学科的综合优势，有利于人才培养。

1998年9月18日、12月4日，学院与清华大学联名先后向教育部和北京市委、市政府报送《关于中央工艺美术学院并入清华大学的请示》，对两校现状作了分析："清华大学通过实施'211工程'，向着世界一流大学的目标，正在进行学科调整。考虑到科学与艺术的结合是当前大学科综合的一个重要趋势，也是贯彻党的教育方针，加强学生德、智、体、美全面素质，培养具有良好人文精神和创造能力的优秀人才的需要，为此，清华大学拟加强艺术学科的建设并将其作为学科调整的重要内容之一；目前，中央工艺美术学院在国内

1999年11月20日，清华大学、中央工艺美术学院合并仪式在清华大学大礼堂举行

艺术设计学科领域处于领先地位，已形成完整的艺术设计教育体系，对清华大学加强艺术学科建设，培养科学和艺术紧密结合的优秀人才将起重要作用。但中央工艺美术学院目前规模小、学科单一，尚缺乏进一步提高所需的诸多条件。中央工艺美术学院与清华大学合并有利于两校优势互补，符合国家关于高教体制改革的精神。”①

两校为合并进行了一年多的准备工作：成立联合领导小组，部处机关对口组建了教学科研、人事组织、行政后勤、学生工作4个工作小组；两校师生多次互访，加深了解；中央工艺美术学院著名教授在清华大学开设了系列艺术教育讲座，受到清华大学师生的普遍欢迎；工业设计系教师与清华大学汽车系教师进行合作研究；大学生艺术节期间，两校学

① 清华大学、中央工艺美术学院：《关于中央工艺美术学院并入清华大学的请示》，1998年12月4日，第1-2页，清华大学美术学院档案。

生相互交流，清华大学交响乐团在中央工艺美术学院演出受到欢迎；两校共同设计完成了反映我国教育系统成就的国庆 50 周年游行特大型彩车。1999 年初，在教育部和北京市委、市政府的直接领导和河北省的大力支持下，中央工艺美术学院固安学区的归属问题得到妥善解决。1999 年 8 月 28 日—29 日，中央工艺美术学院 1999 级新生在清华大学校园报到，教育部部长陈至立亲临迎新工作现场了解新生报到情况。

1999 年 11 月 20 日，清华大学校长王大中与中央工艺美术学院院长王明旨出席两校合并仪式

1999 年 8 月 29 日，清华大学与中央工艺美术学院联名向教育部、北京市教工委报送《关于中央工艺美术学院并入清华大学的实施方案》。其主要内容如下：①学院名称：拟定为“清华大学美术学院”，简称“清华美院”。②管理体制：学院为大学下属的二级学院，并设党委；学院重点抓学科建设、教学科研和教师队伍建设；系主要负责学科建设和人才培养，不设办事机构；原中央工艺美术学院的后勤、产业以及公共基础课部分与学院剥离，分别纳入清华相应的管理体系。③学院机构设置：按 3 个学科群进行学科规划，原有 7 个系在合并工作完成后将逐步调整；学院保留原设立的成人教育部、环境艺术研究设计所、图书馆和《装饰》杂志；院机关共设 4 个办公室，分别负责院务、党务、教务和离退休人员

工作。

1999 年 9 月 22 日，教育部下达《关于同意中央工艺美术学院并入清华大学的通知》，“根据高等教育管理体制改革和布局结构调整的有关精神，经研究，同意中央工艺美术学院并入清华大学，同时撤销中央工艺美术学院的建制”[①]。10 月 9 日，北京市教委下发《关于中央工艺美术学院并入清华大学的通知》，同意学院并入清华大学，同时撤销学院建制。在两校合并过程中，国务院副总理李岚清十分关心并亲自过问；教育部部长陈至立、副部长周远清，北京市委书记贾庆林、市长刘淇等都给予了关心和支持。

学院名称的更改经过多次讨论。1999 年 9 月 22 日，在征集提名的基础上，学院召开教学系室和机关部处负责人会议，近 50 人对候选校名进行投票，其中“清华大学美术学院”21 票，“清华大学艺术设计学院”18 票，“清华大学设计学院”6 票，“清华大学工艺美术学院”2 票，“清华大学艺术学院”1 票。10 月 29 日，学院召开学术委员会，到会 29 人，再次对校名进行无记名投票，其中“清华大学美术学院”19 票，“清华大学艺术设计学院”6 票，“清华大学工艺美术学院”2 票。11 月 15 日，清华大学校务会议决定“并入后的中央工艺美术学院更名为清华大学美术学院”。

1999 年 11 月 20 日，清华大学、中央工艺美术学院合并仪式暨清华大学美术学院挂牌仪式先后在清华大学、中央工艺美术学院举行。全国人大副委员长许嘉璐出席在清华大学大礼堂举行的庆典仪式，教育部副部长周远清在会上宣读教育部的有关决定。国务院副秘书长徐荣凯在讲话中转达国务

---

① 教育部：《关于同意中央工艺美术学院并入清华大学的通知》，1999年9月22日，第1页，清华大学美术学院档案。

1999年11月20日，清华大学与中央工艺美术学院在光华路举行合并挂牌仪式

院副总理李岚清的祝贺，各有关院校代表及北京市委和教工委领导也出席加盟仪式。清华大学校长王大中和原中央工艺美术学院院长王明旨为“清华大学美术学院”揭牌。

中央工艺美术学院并入清华大学，在我国高等教育管理体制改革的进程中产生了重要的影响，它体现了在21世纪高等教育中艺术与科学相结合的发展趋势。清华大学雄厚的教育基础和实力与中央工艺美术学院完整的艺术设计教育体系相结合，优势互补，有利于学科的建设与发展，也有利于培养德、智、体、美全面发展的具有良好人文素质和创造性的优秀人才，对创建世界一流大学有着重要意义。

2. 领导班子换届

1999年12月，教育部任命原中央工艺美术学院院长王明旨为清华大学副校长，清华大学决定王明旨兼任美术学院院长，原清华大学计算机系党委书记张凤昌任美术学院党委书记，高沛明任党委副书记，王国伦、刘巨德、李当岐任副院长，卢新华任院长助理。

2002 年 5 月，美术学院行政领导班子换届，王明旨继续兼任院长，李当岐、刘巨德、鲁晓波、卢新华为副院长。2003 年 1 月，校党委任命李当岐为美术学院党委书记，张凤昌因工作调动不再担任美术学院党委书记，任命何洁为美术学院副院长。2004 年 12 月，学院学术委员会换届，王明旨任主任，刘巨德、李当岐任副主任，王明旨、王培波、包林、刘巨德、严扬、何洁、吴冠英、张夫也、李当岐、李砚祖、李象群、杜大恺、杨永善、陈丹青、陈进海、尚刚、郑曙旸、柳冠中、赵萌、曾成钢、鲁晓波任委员。2005 年 1 月，美术学院领导班子换届，李当岐任院长，何洁、卢新华、郑曙旸、包林、赵萌为副院长，王明旨任院学术委员会主任。同时，美术学院党委换届，王进展任党委书记，鲁晓波、何洁任党委副书记。2005 年 5 月，校党委任命李功强为美术学院党委副书记。

2007 年 11 月，校党委任命李当岐为美术学院党委书记，王进展因工作调动不再担任美术学院党委书记。2008 年，美术学院党委换届，李当岐任书记，鲁晓波、李功强任副书记。2008 年 7 月，学院行政领导班子换届，冯远任名誉院长，郑曙旸任常务副院长，何洁、赵萌、杭间、李功强任副院长。2008 年 11 月，学院选举新一届院学术委员会，刘巨德任学术委员会主任，郑曙旸、尚刚任副主任，美术学专家组委员有刘巨德、王培波、包林、李象群、陈辉、赵萌、曾成钢，设计学专家组委员有郑曙旸、王明旨、何洁、吴冠英、李当岐、林乐成、柳冠中、鲁晓波，理论专家组委员有尚刚、张夫也、杭间。2011 年 1 月，学院党委换届，鲁晓波任党委书记，李功强、邹欣任党委副书记。

3.教学部门调整

1999 年 12 月，撤销基础部、装饰艺术系建制，组建绘画系、雕塑系、工艺美术系。2001 年，艺术设计学系更名为艺术史论系。2002 年，成立基础教学研究室，下设素描教研组、色彩教研组、图案教研组和工笔重彩教研组，承担全院一年级本科学生的基础课教学。

2003 年 9 月，为了使学院的学科建设形成一套科学的、适应未来人才需求的发展模式，建立促进各专业教学、创作及学术研究发展的机制，在原学群的基础上设立艺术史论、艺术设计、美术三个分部。其中，染织服装艺术设计系、装潢艺术设计系、环境艺术设计系、工业设计系、陶瓷艺术设计系隶属设计分部，郑曙旸为主任，吴冠英、严扬为副主任；绘画系、雕塑系、工艺美术系、基础教研室隶属美术分部，曾成钢为主任，石冲、陈辉为副主任；艺术史论系和《装饰》编辑部隶属史论分部，张夫也为主任，尚刚、张敢为副主任。

2005 年，经学校批准，美术学院成立了信息艺术设计系，鲁晓波为主任，吴冠英、付志勇为副主任。该系的成立旨在通过各个学科的交叉融合来培养综合性设计人才，为中国信息产业的发展提供人力资源。相对传统艺术与设计而言，它与信息技术、人工智能等学科紧密结合，在教学上强化科学和艺术的结合是该系教学的最大特色。2009 年 9 月，装潢艺术设计系更名为视觉传达设计系。

4.科研机构建设

2000 年 4 月 6 日，学院在原中央工艺美术学院环境艺术研究设计所的基础上，组建清华大学美术学院研究所。研究所作为美术学院的直属科研机构，代行全院的科研管理职能。李当岐兼任所长，包林任副所长。2001 年，包林任所长，陆志成、洪麦恩任副所长。2005 年 10 月，根据学科建设和教学、研究工作的需要，研究所撤销。

为促进艺术与科学的结合，探索和建设适应新世纪发展需求的新兴学科，2001 年 5 月，清华大学决定成立“清华大学艺术与科学研究中心”（英文名称为 Art and Science Research Center，Tsinghua University），中心挂靠美术学院。中心的主要任务是：探索和制订艺术与科学交叉的新兴学科的前瞻性规划；开展各项有关跨学科的艺术与科学研究活动；组织每五年一次的“艺术与科学国际作品展暨学术研讨会”。学校聘请李政道教授、吴冠中教授为中心名誉主任，王明旨副校长兼任中心主任，刘巨德任常务副主任。2005 年 4 月，赵萌任中心常务副主任。2005 年 12 月，美术学院院长李当岐任中心主任，鲁晓波任常务副主任。2008 年 12 月，美术学院常务副院长郑曙旸任中心主任。

学院提倡教师跨学科、跨专业联合组建研究机构，以促进不同学科和专业的交叉融合；鼓励对国家建设与可持续发展有重大意义的应用类研究机构的组建，以响应和配合国家文化和经济发展的需要；鼓励针对各学科重要的前沿性课题组建研究机构，以加强和优化学院在相关重要学术领域的研究力量，努力实现国家级或省部级重大科研课题的立项。在保证高水平科研项目结题和成果推广的同时，研究所还应注重人才培养以及对教学的反哺作用。研究所的成立与课题或项目挂钩，实行动态的申请与退出机制。

2005 年，学院调整研究所职能，设立科研办公室，负责全院的科研管理工作，并加强研究所的实体建设。2005 年以来，相继成立展示艺术研究所（所长：洪麦恩）、品牌传播设计研究所（所长：马泉，该所于 2009 年撤销）、服装艺术设计研究所（所长：肖文陵，该所于 2012 年撤销）、视觉艺术设计研究所（所长：千哲）、建筑环境艺术设计研究所（所长：陆志成，2018 年 1 月 8 日变更为汪建松担任所长）、城市建设艺术设计研究所（所长：吴诗中）、环境建设艺术咨询研究所（所长：苏丹）、纤维艺术研究所（所长：林乐成）、陶艺与公共艺术研究所（所长：郑宁，2014 年 12 月 30 日更名为“茶道艺术研究所”）、装饰材料应用研究所（所长：杨冬江，2019 年 1 月 9 日更名为“室内设计与材料应用研究所”）、平面设计系统开发研究所（所长：陈楠，该所于 2017 年撤销）、城市景观艺术设计研究所（所长：宋立民）、通用设计研究所（所长：史习平，该所于 2014 年撤销）、雕塑艺术研究所（所长：王洪亮）、大型历史绘画研究所（所长：王铁牛，该所于 2014 年撤销）、交互媒体艺术设计研究所（所长：张烈）、光环境设计研究所（所长：杜异，该所于 2014 年撤销）等。

2007 年 3 月，艺术与科学研究中心成立艺术与科学应用研究所，鲁晓波任所长。2008 年 8 月，为了保护和传承我国丰富的非物质文化遗产，弘扬中国优秀的民族文化，提高非物质文化研究与保护的水平，福建柒牌集团有限公司向清华大学艺术与科学研究中心捐赠并设立柒牌非物质文化遗产研究与保护基金，这是国内民营企业最早捐赠基金支持高校科研单位开展中国非物质文化遗产研究与保护事业的事例。并成立基金理事会和学术委员会，福建柒牌集团有限公司董事长洪肇设任理事会主席，清华大学艺术与科学研究中心主任、美术学院党委书记李当岐任学术委员会主任。

2008年12月，吴冠中先生以个人画作《长江万里图》拍卖所得款项（1275.75万港元），捐赠清华大学教育基金会设立“吴冠中艺术与科学创新奖励基金”，由艺术与科学研究中心管理。重点奖励清华大学主办的“艺术与科学国际作品展”国内外获奖艺术家；并奖励清华大学本科生、研究生中在艺术与科学相融合的探索中富有创新精神、取得优异成绩的拔尖人才。

为促进我校美术教育的发展，提高现当代美术与艺术等人文学科的研究水平，2010年1月，成立清华大学张仃艺术研究中心和清华大学吴冠中艺术研究中心，前者简称张仃艺术中心，后者简称吴冠中艺术中心，均为跨学科非实体研究机构，挂靠美术学院，人文社会科学学院为共同发起方。2010年2月21日、6月25日，张仃、吴冠中先后逝世。同年3月22日、8月29日，“仰望星空、致意它山——张仃先生追思会”“向人民艺术家致敬——吴冠中先生追思会”先后在清华大学主楼举行，社会各界人士闻讯赶来，表达对先生的追思之情。追思会还宣布研究中心的主要负责人：张仃先生的夫人理召任张仃艺术研究中心名誉主任，副校长谢维和任中心管理委员会主任，美术学院教授袁运甫任中心主任；文化部副部长王文章任吴冠中艺术研究中心名誉主任，美术学院教授刘巨德任中心主任，吴冠中先生之子吴可雨任中心执行主任，中国艺术研究院教授水天中任中心学术委员会主席。两个中心将系统收藏张仃先生和吴冠中先生的艺术资料，积极组织国内外研究专家，开展先生作品和艺术教育思想及创作思想的研究。

2010年2月，清华大学艺术与科学研究中心色彩研究所成立，李当岐任理事长，严扬任所长。作为国际颜色科学机构成员，研究所是国内第一个颜色科学应用平台，致力于开展高水平的色彩与影像的理论研究及其应用服务，同时为培养色彩艺术、设计与色彩科学、技术的跨学科高水平复合型人才提供平台。2010 年 5 月，清华大学艺术与科学研究中心先后成立设计战略与原型创新研究所（所长：柳冠中）、设计管理研究所（所长：蔡军）、可持续设计研究所（所长：周浩明）。设计管理研究所旨在打造跨界整合交流平台、设计管理教学与研究平台、协作联盟单位平台，通过产学研结合，为“中国制造向中国创造”提供从学术研究到产业实践的探索；同时，举行以“设计管理——从教育到企业”为主题的研讨会。

2011 年 1 月，由学院支持的第一个纯学术的研究所——清华大学美术学院当代艺术研究所成立，杜大恺任所长，其学术宗旨为“创造、研究、交流、建构”；同时，举行“艺术日新——美术学院当代艺术研究所成立暨当代艺术邀请展”，展出绘画、雕塑、摄影、装置、录像、综合艺术等当代艺术门类作品，坚持包容性和开放性的宗旨，体现了当代艺术研究所的学术立场。

5. 校企部门调整

1999 年 12 月，学院并入清华大学后，校企部门的行政管理与学院剥离，纳入清华相应的管理体系，但在学术脉络、专业资源、项目设计、平台服务等方面仍与学院保持紧密联系。2001 年 11 月，“中央工艺美术学院环境艺术研究设计所”（1988 年成立）更名为“清华工美环境艺术设计所”。2005 年 12 月，在大学产业发展政策的指导下，设计所改制重组，吸收新增资本，扩大经营范围，成立“北京清尚环艺建筑设计院”（董事长兼院长：吴晞），下设 4 个设计所、10 个设计室，是清华大学控股的以建筑设计、室内设计、环境艺术设计为主营业务的设计企业。

2001 年 9 月，“中央工艺美术学院环境艺术设计工程公司”（1992 年成立）企业改制后由清华大学控股，吴晞任董事长兼总经理；同年创建“清华工美”品牌，并将企业二级施工资质升为一级，以“整合资产、打造品牌、转变机制、加快发展”为工作方针深化改革。2005 年 6 月，企业更名为“北京清尚建筑装饰工程有限公司”（以下简称“北京清尚公司”）。公司拥有全国建筑装饰行业首批评价的 AAA 等资信，通过 ISO 9001 质量管理体系、GB/T 28001 职业健康安全管理体系和 ISO 14001 环境管理体系认证，是 2007 年以来北京建筑业联合会评价的“诚信企业”，并连续 13 年被中国建筑装饰协会推介为“中国建筑装饰行业百强企业”。

完成企业改制转型后的北京清尚环艺建筑设计院和北京清尚公司，以清华大学美术学院的学术研发力量为依托，在

清尚公司办公楼大厅，2008 年

博物馆、办公空间、酒店公寓、商业展示、环境景观、艺术陈设等领域完成了一批具有影响力的项目，例如人民大会堂、中国现代文学馆、中国美术馆、清华大学美术学院教学大楼、邓小平纪念馆、毛泽东文物馆、朱德纪念馆、周恩来文物馆、首都博物馆新馆、新保利大厦和东三环广场等工程项目，曾获得“中国建筑工程鲁班奖”“全国建筑工程装饰奖”“北京市优质装饰工程奖”和“全国十大陈列精品奖”等诸多奖项；在发挥自身文化、艺术特色的同时，树立了“以人为本、设计领先、努力创新、追求完美”的经营理念，在推动高等院校产、学、研结合，承接社会项目和培养人才方面发挥了重要的作用。

二、学科建设和人才培养

1.学科建设

2000 年 10 月，学院组织各系主任、责任教授在清华大学三堡绿化基地召开为期三天的学科建设讨论会，会议全面回顾和检讨了 90 年代以来学院的办学得失，并就艺术设计学科和美术学科在国际国内新形势下的发展作了深入的探讨，讨论确立了美术学院在今后的发展中要“保持艺术设计学科优势，加速发展美术学科”的大方向。2001 年，第七届清华大学学位评定委员会艺术学学位评定分委员会成立，刘巨德任主席，王国伦任副主席，刘巨德、王国伦、杨永善、李砚祖、柳冠中、杜大恺、高中羽、陈进海、李当岐、郑曙旸、刘元风任委员。2004年，第八届清华大学学位评定委员会艺术学学位评定分委员会成立，杨永善任主席，何洁、鲁晓波任副主席，杨永善、何洁、鲁晓波、刘巨德、王培波、严扬、李当岐、李砚祖、尚刚、杜大恺、张夫也、柳冠中、赵萌、郑曙旸、曾成钢任委员。2007年，第九届清华大学学位评定委员会艺术学学位评定分委员会成立，李当岐任主席，何洁、鲁晓波任副主席，李当岐、何洁、鲁晓波、刘巨德、王培波、严扬、杨永善、李砚祖、尚刚、杜大恺、张夫也、柳冠中、赵萌、郑曙旸、曾成钢任委员。

学院继1981年率先获得工艺美术历史及研究专业硕士学位授予权（现为设计艺术学）和1986年获得工艺美术史论专业博士学位授予权（现为设计艺术学）后，2000年获得美术学硕士学位授予权，2003年获得美术学博士学位授予权。在专业学位方面，学院2001年获得工业设计工程硕士专业学位研究生招生培养资格，2005年获得艺术硕士专业学位研究生招生培养资格。2003年，由国家人事部批准设立艺术学博士后科研流动站，2004年1月开始招收博士后进站。2006年7月，获得艺术学一级学科博士学位授予权。2008年，“艺术学”一级学科被北京市教育委员会评为北京市重点学科。

在教育部五年一次的国家级重点学科评审中，学院的设计艺术学于2002年、2007年两度被评为本领域唯一的国家级重点学科。在国务院学位委员会五年一次的全国一级学科评估中，以学院的设计艺术学和美术学为主体的清华大学艺术学一级学科点，于2004年和2009年两度全国排名第一。2006年和2007年，学院连续两次被美国《商业周刊》评为全球60所最佳设计院校之一。

2010年10月13日—15日，清华大学设计艺术学科国际

2010年10月，清华大学设计艺术学科国际评估在清华美院举行

评估在美术学院举行，国际评估专家共6位：日本设计教育家、多摩美术大学教授平野拓夫，德国工业设计家、斯图加特国立造型学院前院长克劳斯·雷曼，美国著名交互设计专家、卡内基梅隆大学设计学院前院长丹·博雅斯基，芬兰赫尔辛基艺术设计大学前校长、国际艺术设计院校联盟前主席约里奥·索特马，英国皇家艺术学院学术发展委员会主任阿兰·卡明斯，美国威斯康星大学环境设计系主任董伟。评估专家听取了常务副院长郑曙旸关于设计艺术学科建设情况的汇报，分别组织教学科研、青年教师、本科生、研究生4场座谈会，参与人员近150人；参观清华大学艺术与设计实验教学中心、学院实物资料室、美术图书馆；同时召开专家组内部会议，并与美术学院、校领导、学校有关职能部门负责人进行充分交流。校党委副书记史宗恺、副校长谢维和先后会见国际评估专家。谢维和出席了开幕式及意见反馈会。

专家组在评估报告中首先对国际评估工作给予充分肯定，认为是一个创举，对其他学校具有示范作用；指出清华美院具有领先的思考和行动力，成熟的学科建设，高水准的教学模式，优秀的生源，完善的师资队伍，先进的硬件设施和充足的经费保障，具有综合学科的背景优势，已经跨入国际最佳设计院校行列，前景值得期待；建议学院进一步明确“一流”概念，明晰科学与艺术、设计的关系，建立跨学科的课程体系，给予教师、学生更多的关怀与支持，建立“学院社区”，进一步加强国际化水平。

2011 年 1 月，在全院教职工通报国际评估工作大会上，郑曙旸结合国际评估结果，提出学院以落实国际化发展战略、扎实做好专业整合、加强队伍建设、战略规划研究方向、合理利用学院教学资源、调配硬件设施为学院“十二五”期间的重点工作，为将学院建设成世界著名美术学院不懈奋斗。

2. 本科招生改革

合并以来，本科招生工作主要围绕如何提高生源质量不断推出新举措。为了加强中学教学与大学培养目标的衔接，从 2001 年开始，学院在全国先后建立了 21 所生源基地实验学校。为了使各生源基地学校及时了解学院的招生政策、办学方针，及时沟通招考信息、提高基地校美术教师的专业教学水平，学院先后多次组织生源基地学校年会、专业教学研讨会、教师进修班及生源考前辅导班。学院创建生源基地的做法，在社会上产生了深远的影响。这些学校每年为我院输送的优秀艺术生源，约占招生总数的三分之一。截至 2010 年 12 月，学院有 15 所生源基地实验学校。

尝试采取多种考试形式，不拘一格选拔生源。从 2000 年开始，增加“冬令营考试”形式（2008 年停止）；2006 年，增加面对 7 所美院附中组织的“单独考试”（2009 年停止）。冬令营考试是为了选拔文化成绩优秀、有美术特长且专业绘画

学院第二批生源基地实验学校协议签订及授牌仪式，2002年

基础符合我院认定标准的生源，考生须为全国省级重点中学或示范性中学的应届生。符合报考条件的考生，由学院组织统一的专业和文化测试，测试科目包括素描、速写和色彩三门，文化测试包括语文、数学、外语三科。同时，考虑到艺术学科的特点，学院还采取单独考试的方式，选拔绘画基本功较扎实，符合造型艺术专业要求的生源。同时改变原来在高考文化课过录取分数线的情况下，按专业成绩排名录取的做法，采取“专业成绩和文化成绩相加，根据综合成绩的高低择优录取”的原则。学院所录取新生的文化课成绩逐年进步，整体素质不断提高。

随着教育部高等教育专业目录的调整以及学科间交叉融合的需要，从 2000 年 4 月起，学院招生考试科目打通专业界限，不再以原来的专业方向作为报考志愿，而就设计、美术、史论三大方向作为招生填报的专业，并允许学生多选报专业。因此，学院在本科招生改革中，突出大类培养，弱化专业界限。

为确保“招生政策的公开和透明，考试制度的健全和完善，操作环节的有效和规范，录取原则的公正和公平”，学院加强了招生管理的信息化、规范化、科学化建设。2006 年，开发“本科招生管理系统”，实现网上报名、专业成绩录入及数据处理的网络化管理，方便考生报考，提高了工作效率；学院对招生工作的总则、组织机构的章程以及考试、录取各个环节的工作都制定了明确的章程和实施细则。同时，加强对招生工作的纪律监察，专门成立招生纪律监察工作小组，负责对招生工作中各个环节的全程监察。这些举措使学院近年来招生工作能一直保持良好的社会声誉。

3. 本科培养

学院明确，人才培养是学院的根本任务，积极落实“一个根本、两个中心、三项职能”（以人才培养为根本，以教学、科研为中心，以教学、科研、服务社会为职能）的办学思想，积极探索综合学科背景下艺术学科跨越式发展和培养复合型、创新型人才的新思路。学院在总结原来基础部教学经验的基础上，继续推进“厚基础、宽口径”的教育思想，在一年级新生进校后按艺术设计、美术、艺术史论三大类安排课程学习，二年级以后再进入专业，收到了良好的成果。

学院共设 10 个专业系和 1 个基础教研室，本科生专业方向 25 个，分别为：艺术设计学、美术学、染织艺术设计、服装艺术设计、陶瓷艺术、陶瓷设计、平面设计、书籍设计、广告设计、室内设计、景观设计、产品设计、展示设计、交通工具造型设计、信息艺术设计、动画与游戏设计、中国画、油画、版画、壁画与公共艺术、雕塑、金属艺术、漆艺、玻璃艺术、纤维艺术。

2000 年 9 月，学院开始试行学分制管理。2001 年 9 月起，正式实施学分制。本科学制为四年制（实行弹性学习年限），修满学分并完成规定的教学环节后，授予文学学士学位。本科培养总学分 196，其中课程 174 学分，实践环节 7 学分，毕业设计与毕业论文 15 学分，实践环节主要包括社会实践、专业考察、市场调研、专业实习等。

本科课程教学采用多元式教学模式，体现艺术教学特色。主要采用口授讲解、案例分析、作品示范、多媒体教学等综合手段授课，调研、专题分析与讨论、草图、设计、制作等阶段作业和课题作业相结合。主要特点有从动手中学、信息互动与环境体验。

2007 年，学院以教育部本科教学工作水平评估为契机，认真贯彻“以评促建，以评促改，以评促管，评建结合，重在建设”的评估方针，提高教学水平，规范教学管理，加强师资队伍建设与艺术院校交流，进一步凝练、深化和宣传学校的办学指导思想、办学理念、办学优良传统和办学特色，使学院的本科教学工作迈上一个新台阶。

为加强研究能力的训练，学院采取“工作坊”（workshop）这一研究性实验教学形式，注重过程和研究性。例如 2007 年以来学院每年主办的“创意未来——装饰材料创作营”就是工作坊的具体实现，来自中国、韩国的师生通过亲身体验、触摸与创作，建立对材料的熟悉和情感，提高对材料的理解和认识，积极探索材料应用的新的可能性，拓展材料表达方式的极限。教育部为促进学生自主创新兴趣和能力的培养，支持优秀学生进行创新性实验，2007 年开始实施“国家大学生创新性实验计划”。学院于 2009—2010 学年共立项 5 项，占全校该年度立项总数的 10%。

在国际交流方面，从 2007 年起，清华大学制订、实施了 30% 的本科生、50% 的研究生在学期间须具备海外学习经历的计划，加大了学生国际视野培养的力度，效果明显。第一，十分重视国际合作课程中学生间的直接接触。工业设计系、环境艺术设计系、视觉传达设计系、染织服装艺术设计系先后与芬兰赫尔辛基艺术设计大学，意大利米兰理工大学设计学院，韩国 KAIST 大学、憬园大学、建国大学，德国多特蒙德实用技术学院，丹麦寇丁设计学院的相关院系开展国际合作课程。第二，本科交换生项目主要面向我校大三年级的非定向本科生，时间一般为一学期。2007—2010 年，学院选派 20 位同学赴境外院校交换学习（如日本名古屋大学、新加坡国立大学、澳大利亚新南威尔士大学等）。第三，开设赴欧美考察、访学、交流的夏季学期课程。2009 年 7 月—8 月，学院 9 个系 36 名同学在 5 名任课教师的带领下赴美国参加课程学习。2010 年 7 月—8 月，染织服装艺术设计系、视觉传达设计系、工业设计系、环境艺术设计系、信息艺术设计系、工艺美术系、绘画系分别组队，共计 108 名本科生，赴美国、英国、意大利、法国进行访学、交流。

此外，学院逐步实现继续教育从学历学位教育向非学历学位教育的转型。2003 年 10 月，学院成立培训部（2004 年改为培训中心），积极开展高层次、高质量、高效益的职业培训。同时，学院缩小成人教育（专升本）的规模，2006 年最后一批专升本学生毕业后，撤销成人教育部。

4.研究生培养

在人才培养方面，学院确立了在稳定本科生招生规模的前提下，积极扩大研究生的招生规模的人才培养结构原则。学院研究生数量逐年增加，人才培养的层次结构正在发生变化，朝着大学整体的“综合性、研究型、开放式”目标发展。2010 年 9 月，在校本科生 1076 人，其中留学生 132 人；研究生 575 人，其中博士生 104 人，含留学生 14 人；普通硕士生 244 人，含留学生 14 人；普通艺术硕士 131 人，全日制艺术硕士 20 人；普通工程硕士 23 人，全日制工程硕士 20 人；交叉学科硕士 33 人。

在保持研究生不同类型教学特点和规律的基础上，学院明确培养定位和目标。博士研究生要培养成学术研究型高级人才，具备学科带头人的素质，能独立从事学术研究工作和教学工作；文学硕士学位研究生分为学术研究型和应用研究型两类，要求学位获得者在本学科掌握坚实的基础理论和系统的专业知识，具有从事学术研究和独立进行艺术设计（创作）的能力。艺术硕士专业学位研究生要培养成具有系统专业知识和高水平艺术设计和创作能力的高层次、实践型专门人才。工程硕士专业学位研究生要培养成掌握工业设计工程领域坚实的基础理论和宽广的专业知识，具有较强的解决实际问题的能力，能够承担专业技术或管理工作，具有良好的职业素养的高层次应用型专门人才。

截至 2010 年，学院研究生培养的研究方向主要为：美术历史与理论研究、视觉艺术理论研究、艺术与人文精神研究、设计艺术历史与理论研究、艺术与科学理论研究、设计艺术教育研究、设计艺术与应用研究、美术创作与理论研究、工艺美术研究、公共艺术研究。

在国际学术交流方面，学院鼓励支持学生出国深造、实习、交流。2006—2011 年，10 名博士生获得国家的留学资助，结合论文研究工作，前往境外著名院校进行联合培养，为期半年或 1 年，学校主要有英国剑桥大学、美国麻省艺术设计学院、法国巴黎高等师范学院、芬兰赫尔辛基艺术设计大学、美国哥伦比亚大学、瑞士苏黎世造型艺术学院、英国皇家艺术学院、英国伦敦艺术大学坎伯韦尔艺术学院等。

此外，研究生进行国际学术交流人数逐年上升，2009 年已达到 35 人次。2005—2011 年，先后有 124 名研究生前往美国、英国、德国、意大利、俄罗斯、瑞典、日本、韩国等 10 多个国家进行学术交流，主要形式有学术会议、课题研究、课程学习和艺术考察等。

根据学科建设的实际情况，学院进一步推进学科交叉，提高学科建设的水平。2006 年 10 月，开设面向清华大学理工科学生的设计艺术（数字娱乐设计）第二学士学位班。2008 年，学院与计算机系、新闻与传播学院共同建立“信息艺术设计”交叉学科硕士学位项目，面向国家文化创意产业发展的需求，培养具有艺术、技术、传媒等综合知识背景的人才。

2009 年 10 月，由国务院学位委员会办公室、国家教育部学位管理与研究生教育司主办，国家财政部资助，校研究生院与学院共同承办的“2009 年全国设计艺术学博士生学术会议”在学院举行议题为“当代设计艺术理论的研究趋势”。会议举办了博士生论坛，并评选“优秀论文奖”“优秀学术创新思想奖”“最佳表达奖”。会议作为教育部实施的研究生教育创新计划的重要项目，为全国设计艺术学及相关学科领域的博士研究生提供了高水平、高层次的学术交流平台。

5.师资队伍建设

根据学科发展与教师培养的规划，学院坚持人才引进与选拔培养相结合的原则，加大对中青年教师的培养，提高他们的学历层次和业务能力，要求教师从严执教，教书育人。为实现保持设计艺术学科优势，加速发展美术学科和综合发展史论学科的目的，学院一方面积极从国内外引进陈丹青、曾成钢、李象群、代大权、陈池瑜、吕敬人、岛子（王敏）、王铁牛、王洪亮、孙玉敏、魏小明、郑艺、王宏剑、周浩明、邓伟、韩敬伟等 30 余位知名学者、优秀设计师和艺术家来学院任教，另一方面每年选送青年骨干教师出国访问或攻读学位，同时注重从毕业研究生和出站博士后中选拔优秀者补充师资队伍，多元地建设国内领先、具有国际影响力的教师队伍。截至 2010 年 12 月，共有教师 202 人，其中教授 64 人（博士生导师 32 人），副教授 96 人，讲师 40 人，助教 2 人。

2001 年以来，学院的老教授和在校教师多次获得教育部、文化部和中国美术家协会等的重要奖励。2002 年和 2003 年，张仃、吴冠中先后获文化部颁发的“造型艺术杰出成就奖”。2006 年、2007 年、2008 年，常沙娜、袁运甫、白雪石亦先后荣获此奖项。2004 年，尚爱松、田自秉、吴达志、王家树被中国美术家协会评为“卓有成就的美术史论家”。2008 年，叶喆民、黄能馥亦荣获该荣誉。2003 年，中国美术家协会第六次全国代表大会召开并选举第 6 届美协领导，王明旨、曾成钢任副主席，吴冠中、常沙娜任顾问。2008 年，中国美术家协会第七次全国代表大会召开并选举第 7 届美协领导，曾成钢任副主席，吴冠中、常沙娜、王明旨任顾问。

2001 年和 2002 年，鲁晓波、杭间先后获教育部“高校青年教师奖”。2003 年，李砚祖获“第一届高等学校教学名师奖”（国家级）。2003 年，王宏剑被评为“首届全国中青年德艺双馨文艺工作者”。2004—2007 年，李静杰、邱耿钰、付志勇、张敢先后入选教育部“新世纪优秀人才支持计划”。2006 年和 2007 年，柳冠中先后获“第三届北京市高等学校教学名师奖”“第三届高等学校教学名师奖”（国家级）。2006 年，曾成钢被评为全国宣传文化系统“四个一批”人才。2007 年，何洁被评为“第二届全国中青年德艺双馨文艺工作者”。2008年，尚刚获“第四届北京市高等学校教学名师奖”。2009年，郑曙旸获“第五届北京市高等学校教学名师奖”。2010年，张夫也获“第六届北京市高等学校教学名师奖”。2009年和2010年，杨冬江、陈岸瑛先后入选教育部“新世纪优秀人才支持计划”。部分教师在国务院学位委员会学科评议组、教育部相关教学指导委员会、中国美术家协会、中华美学学会、中国工艺美术学会、中国服装设计师协会、中国家用纺织品行业协会、中国工业设计协会、中国包装联合会等国家级社会团体中兼职。

6.教学与科研成果

学院建立本科、研究生系统培养的整体观念，整合专业设置和专业方向，梳理课程结构，完善课程建设，树立精品意识，加强教材建设，取得了丰富的教学成果。2001年，张绮曼、郑曙旸、张月、苏丹、刘铁军的“面向21世纪的艺术设计重点学科环境艺术设计专业教材建设”、柳冠中的“工业设计学系统教材”、陈进海的《世界陶瓷艺术史》获“国家级高等教育优秀成果二等奖”。2005年，李当岐的《服装学概论》获“国家级高等教育优秀成果二等奖”。2009年，柳冠中、邱松、史习平、刘志国、刘新的“综合造型基础”课程获教育部颁发的“国家级教学成果奖二等奖”。同年，柳冠中的“综合造型基础”课程教学团队获北京市教委颁发的“北京市优秀教学团队”和教育部颁发的“国家级优秀教学团队”称号。2001—2008年，另有9项教学成果获“北京市教育教学成果（高等教育）一等奖”，3项获得二等奖。

在精品课方面，2006—2010年，柳冠中的“综合造型基

尚刚：《唐代工艺美术史》，浙江文艺出版社，1998年

张夫也：《外国工艺美术史》，中央编译出版社，1999年

杭间：《手艺的思想》，山东画报出版社，2001年

础”、郑宁的“传统陶艺”、张夫也的“外国工艺美术史”、郑曙旸的“室内设计”、尚刚的“中国工艺美术史”、吴冠英的“动画设计”、田青的“传统染织艺术”7门课程被评为“国家精品课程”。2003—2009年，另有9门课程被评为“北京市精品课程”。

在教材、著作方面，2002年，田自秉的《中国工艺美术史》、李砚祖的《造物之美——产品设计的艺术与文化》《工艺美术概论》分别获全国普通高等学校优秀教材评选一、二等奖；奚静之的《俄罗斯美术史话》、尚刚的《元代工艺美术史》获中国高校人文社会科学研究优秀成果三等奖。2000年，黄能馥、陈娟娟的《中华历代服饰艺术》获第十二届“中国图书奖”；2003年，黄能馥、陈娟娟的《中国丝绸科技艺术七千年》获第十一届全国优秀科技图书一等奖和第六届“国家图书奖”；2005年，田自秉、吴淑生、田青的《中国纹样史》、黄能馥的《中国南京云锦》获第十四届“中国图书奖”。2008年，杭间的《中国工艺美学史》获北京市第十届哲学社会科学优秀成果奖一等奖。2009年，尚刚的《隋唐五代工艺

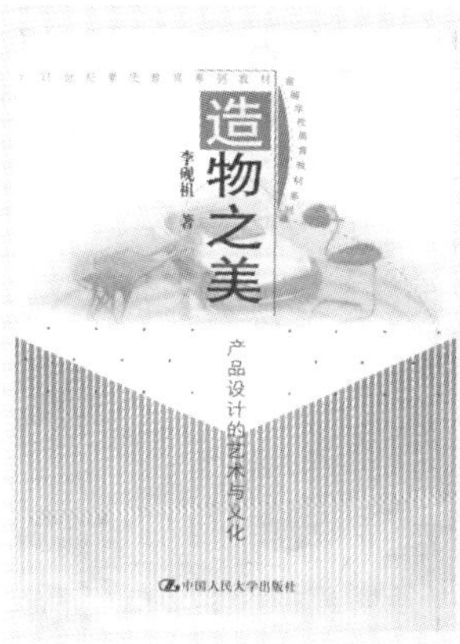

李砚祖：《造物之美》，中国人民大学出版社，2000年

陈进海：《世界陶瓷艺术史》，黑龙江美术出版社，1995年

李砚祖：《工艺美术概论》，中国轻工业出版社，1999年

工业设计系编写的工业设计学系统教材，黑龙江科学技术出版社，1996—1997年

美术史》获高等学校科学研究优秀成果奖（人文社会科学）三等奖；杭间、郭秋惠的《中国传统工艺》获高等学校科学研究优秀成果奖（人文社会科学）普及成果奖；尚刚的专著《隋唐五代工艺美术史》和张敢的论文《神话的制造者——美国抽象表现主义与文化冷战》获文化部、中国文联、中国美术家协会首届"中国美术奖·理论评论奖"。2010年，叶喆民的《中

黄能馥、陈娟娟：《中国丝绸科技艺术七千年》，中国纺织出版社，2002年

李当岐：《服装学概论》，高等教育出版社，2005年

田自秉、吴淑生、田青：《中国纹样史》，高等教育出版社，2003年

清华大学美术学院主编，高等教育自考丛书（艺术设计）指定教材，湖北美术出版社，2001—2003年

国磁州窑》获国家新闻出版总署“中华优秀图书一等奖”；杭间的《设计道——中国设计的基本问题》获北京市第十一届哲学社会科学优秀成果奖二等奖。另有杨永善的《陶瓷造型艺术》等17部教材，于2004—2008年被评为“北京市高等教育精品教材”。

2001—2011年，学院部分教授承担由教育部组织的人文社会科学研究项目共18项。例如柳冠中主持的规划基金项目“思维方法与设计方法论研究”，李当岐主持的规划基金项目“中西方服饰文化比较研究”，杭间主持的教育部优秀博士论文专项资金项目“中国古代、近代、现代艺术设计史研究”等。学院还承担由文化部组织的国家社会科学研究基金艺术学研究项目13项，例如何洁主持的重点项目“中国现代手工艺的发展研究”、唐薇主持的一般项目“张光宇艺术研究”等。

三、基础设施建设

1.光华路校区的修缮改造

2000年开始，在清华大学的支持下，学院对光华路校区进行了修缮与改造。其中包括电增容、校园局域网建设，并对教学管理和研究的主要所在地2号楼进行重新装修。针对就餐人数日益增多等问题，对食堂进行新的改造，就餐环境焕然一新。同时，还对礼堂、留学生楼、小家属楼进行扩建和改造，满足了学院发展的需要。

2.新教学楼建设

光华路校区占地共3万m^2，全院总建筑面积不到6万m^2，因处于北京CBD核心区，难有新的发展空间。为了解决校园发展空间的局限性，使学院的学科结构和教学体系有更大的发展空间，为了更好地实现校内学科之间的交流融合，充分利用清华园的综合教育资源，2003年，清华大学决定在校园

学院新教学楼落成典礼，2005年11月1日

内建设美术学院教学楼、清华大学艺术博物馆、美术学院美术馆。为了使建筑具有前瞻性、科学性、艺术性，大学举办建筑方案国际征集活动，邀请国内外知名设计单位参加。吴良镛任主席，吴冠中、袁运甫、王明旨、尹稚、张锦秋、罗伯特·文丘里、胡安·布斯盖、冈田新一、马斯莫·卡玛希等国内外著名专家组成评审小组，最后选用美国帕金斯·威尔公司的教学楼设计方案和瑞士著名建筑师马里奥·博塔的艺术博物馆和美术学院美术馆设计方案。

2003 年 11 月 2 日，举行美术学院新教学楼奠基典礼。2005 年 9 月，新教学楼顺利完工，学院由光华路校区整体迁入新教学楼。11 月 1 日，举行新教学楼落成典礼，校长顾秉林、校党委书记陈希，校领导王大中、贺美英、王明旨、张再兴、汪劲松、张凤昌、谢维和、孙道祥，老院长张仃，两院院士吴良镛，国家考试中心主任、原中央工艺美术学院党委书记赵亮宏等出席。

新教学楼的设计体现了大学建设标志性建筑景观的超前意识，建筑总面积 6.3 万 m^2 的新教学楼不仅为学院师生提供

2005年，清华大学美术学院教学大楼落成启用

了良好的艺术创作和学术交流的空间，也成为大学文化艺术交流的重要平台。

3.图书馆建设

合并以后，在学校的技术支持下，学院图书馆开始建立“数字化图书馆”和“数字化博物馆”工程，成立“数字博物馆”专家委员会，聘请我院与故宫博物院、中国美术馆等专家、学者尚爱松、叶喆民、黄能馥、杨新、单国强、陈娟娟、叶佩兰等对院藏陶瓷、书画、织绣等文物逐件加以鉴定，并分别写出书面说明存档参考。2005年，学院迁入位于清华园的新教学楼后，学院图书馆成为清华大学图书馆的分馆，改称“美术图书馆”，无论是硬件设施、馆藏资料还是管理体制、运行模式均有较大的发展，学院投入数千万元购买大量的图书及实物资料，以丰富馆藏。2000—2011年，杨永善、王国伦、陈瑞林、李正安、何洁先后任馆长。

美术图书馆总面积3000m²，阅览座位200多个。至2010年，馆藏图书21.5万册，其中艺术类专业图书约13.5万册，中、外文报刊 470 余种，电子期刊 600 余种，所有馆藏文献均可通过 OPAC（Online Public Access Catalog，联机公共检索目录）进行网上查询；馆藏中外艺术品 1.2 万余件，居于中国高等艺术院校艺术品收藏的前列，某些藏品（如明式家具、古代织绣）享有一定的世界声誉。

至 2010 年，清华大学美术学院数字博物馆（第一期）建设已经完成，收入藏品约 3000 件。与艺术与设计相关的数据库 10 种，电子期刊 200 种。美术图书馆在国内同类型图书馆中具有馆藏丰富、藏书完整、专业方向明确的优势，是一个设施完备、功能齐全、开放式的数字化美术与设计专业图书馆。

4.清华大学艺术与设计实验教学中心

清华大学和美术学院十分重视实验室建设和实践教学，2003—2008 年投入建设经费总计 3100 多万元。为了有效整合教学资源，加强实践教学，进一步提高实验教学水平和实验室管理水平，2008 年 4 月，学校成立校级实验教学中心“清华大学艺术与设计实验教学中心”，设立 29 个实验室（含网络中心），挂靠美术学院管理，郑曙旸任中心主任，刘金池任常务副主任。2009 年，何洁任主任，杨静、姜明任副主任。

至 2010 年，中心有实验室 29 个：网络中心、摄影实验室、版画工艺实验室、综合模型实验室、人机工学实验室、服装工艺实验室、皮草工艺实验室、传统染织工艺实验室、织绣工艺实验室、印染工艺实验室、视觉传达设计实验室、纸纤维工艺实验室、汽车造型实验室、涂装工艺实验室、材料与构造实验室、木工艺实验室、照明与色彩实验室、陶瓷艺术与设计实验室、纤维艺术实验室、玻璃工艺实验室、漆

实验教学中心摄影实验室

实验教学中心纤维实验室

工艺实验室、首饰工艺实验室、金属工艺实验室、信息艺术设计实验室、壁画与公共艺术工作室、中国画工作室、油画工作室、泥塑工艺实验室、木雕工艺实验室。中心总面积达 13160m^2，设备资产总额近 3000 万元，设备总数 1700 余台件，已成为国内艺术与设计领域涵盖专业面最广，综合性、交叉性最强的实验教学中心。

2008 年，中心被评为北京市实验教学示范中心和清华大学一级实验室。2009 年年底，被评为国家级实验教学示范中心建设单位。截至 2010 年，中心与国外合作的项目、课题、课程和交流活动 13 项，其中签署合作协议的项目 11 项。中心还与国内企业签署 16 项合作协议，企业资助项目 9 项，共计 25 项。中心不仅满足了美术学院各专业的实验教学活动，为美院师生的科研和创作实践提供空间和技术支持，同时面向清华大学其他学院学生开设艺术素质和艺术探究选修课程。

5. 学院美术馆

学院美术馆（Visual Art Center）成立于 2009 年 5 月，隶属美术学院。2009—2011 年，杭间任馆长，袁佐、任茜任副馆长，是一家面向学校艺术教育成果和综合反映国内外现当代艺术状况的展览机构。学院美术馆缘起于1956年创办的中央工艺美术学院礼堂画廊和光华路校园1号教学大楼展厅；2009年在清华大学美术学院临时展厅的基础上，按美术馆的标准重新设计正式扩建而成。学院美术馆位于学院大楼B区一层，分为4个展厅，总面积约1800m^2，其中1号展厅最高层高20米，4号展厅层高8米，适合举办包括大型雕塑和装置作品在内的各种形式的艺术展览。

学院美术馆通过策展人申请、展览学术审查委员会投票表决的机制，汇聚国内外优秀的现代艺术和设计作品展，完善美术馆的教育功能，丰富北京文化创意产业的精神景观，促进与国内外一流美术馆、博物馆的交流合作，为推动中国当代艺术和设计的发展做出了努力。2009—2011年，举办了“美国当代版画十年：1999—2009”“90年：包豪斯道路——历史、遗泽、世界和中国文献展”等多个富有学术影响力的展览，以及学生毕业作品展等常规展览，为学校与社会营建了丰富、高品位的学术性展览空间。

四、学术成果与国际交流

1.主要展览与学术活动

2000—2011年，学院主办和承办了多次有影响的国际艺术设计展览和研讨会，显示了学院的专业实力和开阔的国际视野。2000年10月，由学院主办的“中国清华大学2000年

2000年，“中国清华大学国际陶艺交流展”在中国美术馆举行

国际陶艺交流展”在中国美术馆举行，展出清华大学美术学院师生和17位外国陶艺家的300余件作品。这是清华大学与中央工艺美院合并以来首次举办的大型艺术交流展，反映了国内外陶瓷艺术的发展状况。

2000年，由清华大学美术学院主办的“从洛桑到北京——2000年国际纤维艺术双年展”在光华路校园举行

2000年11月，由学院主办、染织服装设计系承办的“第一届全国纺织品设计大赛暨理论研讨会”在学院举行，展出全国20余所高等艺术设计院校师生和企业的设计作品近千幅。不仅增进了全国高等艺术设计院校的教学交流，而且加强了纺织设计专业院校与企业的沟通，促进了我国纺织品的发展。此后，每年定期举行该设计大赛及研讨会。

2000年，由清华美院主办，工艺美术系承办“从洛桑到北京——2000年北京国际纤维艺术双年展”。瑞士洛桑是20世纪世界纤维艺术的中心，从1962年到1995年曾举办过15届国际纤维艺术双年展，1996年以后因失去主办者而停办。此次展览是继洛桑双年展以后国际上最大规模的纤维艺术展，为各国艺术家相互了解与合作架起了一座从洛桑到北京的桥梁。至2010年，该双年展已成功举办了六届。

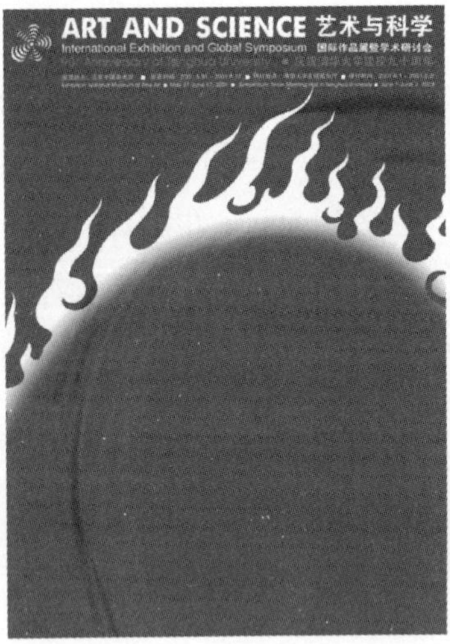

《艺术与科学——火》，何洁设计，2000年

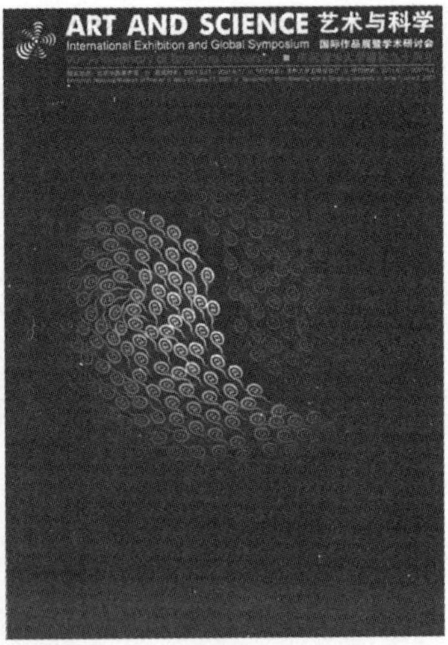

《艺术与科学——水》，马泉设计，2000年

2001 年 5 月，值清华大学建校九十周年之际，在著名物理学家李政道与著名艺术家吴冠中的策划与倡导下，由清华大学主办、美术学院承办的“艺术与科学国际作品展暨学术研讨会”在中国美术馆举行，来自 19 个国家 32 所高等艺术院校的 112 位专家学者，与中国科学界、文化艺术界、教育界的专家学者参加了会议和展览。共展出作品 566 件，收到论文 160 篇。活动得到江泽民等时任党和国家领导人的关心和支持，中共中央政治局时任常委、全国政协时任主席李瑞环出席展览开幕式，江泽民、李鹏、李岚清、温家宝等时任党和国家领导人参观了展览。

2004 年 9 月，由清华大学美术学院、中央美术学院主办，清华大学艺术与科学研究中心、北京科博通联广告有限公司承办的“国际平面设计协会（AGI）年会”及“AGI 会员设计作品展”在学院举行。1951 年创建于法国巴黎的国际平面设计协会，作为各国著名设计师的联合组织，是国际平面设计界的权威组织，成立50多年来首次在中国举办年会。会议不仅增进了各国平面设计师的交流，而且推动了中国艺术设计教育与平面设计的发展，扩大了中国平面设计界在国际上的影响。

2004年，学院参与主办的“首届北京国际新媒体艺术展暨论坛”在中华世纪坛举办。论坛邀请国际各大知名院校和艺术组织，围绕“引领前沿”“飞越之线”“代码：蓝色”主题，就中国现代化和城市化进程中出现的新挑战和新机遇展开了一系列艺术展示和学术交流活动。国际知名的新媒体艺术家会聚一堂，展示他们前沿的艺术作品，并就当下新媒体艺术领域的若干问题展开深入交流和讨论。至2008年，该艺术展暨论坛已成功举办了4届。

自2005年起，由清华美院发起，南京艺术学院、上海大学美术学院、西安美术学院、山东工艺美术学院5个学院每年确立主题、轮流主办“中国现代手工艺学院展”，旨在通过学院的力量重新唤起社会对现代手工艺的重视。2005年11

2004年，北京首届国际新媒体艺术展暨论坛在中华世纪坛举办

月，“传承与超越——首届中国现代手工艺学院展暨学术研讨会”在美院新教学楼举行。此后，该系列展每年以不同的主题在以上 5 个学院轮流展出。

2005 年 3 月，由清华美院和中国工艺美术学会漆艺专业委员会、中国美术家协会漆画艺术委员会、中华世纪坛艺术馆、北京艺术设计学院主办，学院工艺美术系、中央美术学院设计学院、北京服装学院艺术设计学院承办的“从河姆渡走来——2005 中国现代漆艺展暨国际现代漆艺学术研讨会”在中华世纪坛举行，至 2010 年，已成功举办 3 届。

2006 年 10 月，由清华美院等国内 10 余所文化艺术单位联合主办的“首届国际陶艺教育交流年会（ISCAEE）”在学院举行，来自中国、日本、美国、韩国、土耳其等 10 多个国家 40 多所院校的 200 多位陶艺专业的师生参加。首届 ISCAEE 年会展出 203 件作品，收到数十篇学术论文，讨论了陶艺教育与产业结合、中国传统陶艺研究等议题，并进行现场工艺演示，活动后期组委会还组织与会专家前往景德镇、醴陵等传统陶瓷产地进行专业考察。

2006 年 11 月，由清华大学与北京市海淀区政府主办，清华大学艺术与科学研究中心、清华大学美术学院、清华科技园承办的第二届“艺术与科学国际作品展暨学术研讨会”在清华大学主楼报告厅开幕。来自 23 个国家和地区的 210 件作品，全面地展示了关于“和谐与创新”主题的艺术创作国际成果。国内外 70 余所高校及研究机构参与展会，不仅把国际上艺术与科学领域内的学术成果带到了中国，而且使艺术与科学研究具有了国际性的意义。

2008 年是《装饰》创刊 50 周年。11 月，《装饰》杂志在学院的支持下举办了一系列大型庆祝活动：①举行隆重的纪念活动开幕式；②举办“装饰·中国路——新中国设计文献展”，通过展出《装饰》50年积累的文献材料，配合时代背景，展示新中国50余年来国家形象、日用民生、设计教育、理论思考的设计成果；③举办“从工艺美术到艺术设计”研讨会，全国40多所艺术设计院校代表参加，旨在促进国内工艺美术与设计理论不断发展；④出版《纪念创刊50周年·增刊》，精选《装饰》历年发表的数十篇具有重要文献价值的文章，以作为新中国艺术设计类发展历程和《装饰》成长历程的见证。

2009年10月，由清华美院、美国卡内基梅隆大学设计学院和中国香港理工大学设计学院共同主办的“2009北京交互设计国际会议”在学院召开，会议主题是“交互设计教育、创新及从业”，来自中国、美国、澳大利亚、荷兰、芬兰、日本等国的18位专家分别演讲，并探讨交互设计的前景、意义、教育与实践、课程建设等。全国40所院校的师生和十多家企业的从业人员共300余人参加大会。

2010年1月，由清华大学美术学院、汕头大学长江艺术与设计学院主办，学院美术馆承办的“90年：包豪斯道路——历史、遗泽、世界和中国文献展”在学院美术馆开幕。展览作为纪念包豪斯创立90周年暨中国现代设计发展研究系列活动之一，分为“包豪斯的真相”“乌尔姆的继承和批判”“包豪斯在美国”“中国与包豪斯”“在东亚：日本、中国台湾和中国香港”5个部分，除了引用中外专家学者的不同领域的研究成果，还引入来自欧洲和美国的三部关于包豪斯的影像，为观众呈上真实、深刻的文献资料。

2010年6月，由清华美院和《装饰》杂志主办、北京清尚环艺建筑设计院协办的“未来的想象——2010年上海世博会展示设计高峰论坛”在上海召开。知名艺术设计院校领导及相关专家学者、博物馆界的知名人士、参与世博会项目的设计师和团体以及来自文化部、中宣部和上海世博局的政府官员等近200名代表参加了论坛。论坛以“未来的想象”为题，讨论了上海世博会的展示方式、展示内容以及展示设计专业发展趋势，对中国展示设计以及会展业的未来发展具有深远的意义。

2008年11月，为纪念创刊50周年，《装饰》在学院举办“新中国设计文献展”

为了庆祝学院54周年，通过鲜活的历史影像点滴记录学院历史，2010年11月1日，由学院主办的“光华路：中央工艺美术学院‘老照片’展”在学院美术馆举行。展出的300余幅老照片和播放的6个专题片（院庆35周年、40周年专题片，陈叔亮先生、张仃先生、雷圭元先生、郑可先生专题片），从不同角度折射出中央工艺美术学院从白堆子到光华路的创建发展历程。岁月留痕，影像珍贵，点点滴滴，记录历史。“中央工艺美术学院”这个名字活在中国现代设计史中，这些老照片背后的事件会被人慢慢回忆和解读，因为照片中的人曾经的作为，是清华大学美术学院和中国现代设计珍贵的传统。

2.科研经费与重大项目

2000年以来，学院的科研结合社会实践的课题经费持续增长，从2000年合同额255.9万元增至2009年合同额10360.1万元，项目数量从2000年的46项增至2009年的155

项。尤其是 2005—2009 年，共获得项目经费 31119 万元，年均 6224 万元。研究课题与经费的数量在国内同类院校中处于领先地位。

学院的许多研究课题都与国家的政治、经济、文化建设有直接、密切的联系。例如，1999 年首都国庆群众游行总指挥部下达的国庆 50 周年彩车设计，澳门回归中央政府赠送澳门特别行政区的礼品设计，“两弹一星功勋奖章”设计，北京太庙《中华和钟》设计，中华世纪坛世纪大厅彩石浮雕环

两弹一星功勋奖章，采用何洁设计方案，1999 年

中华世纪坛世纪大厅，袁运甫任美术总设计，2001 年

国务院第一、二、三会议室地毯设计，田青主持设计，2005 年

中国公路零公里点标志，华健心、周岳设计，2006 年

形壁画《中华千秋颂》、锻铜浮雕贴金柱《日月光华》、天顶光导纤维《新世纪元年宇宙星空图》及青铜甬道设计，八一大楼和北京警察博物馆的室内设计，四川广安邓小平雕像创作，三峡坝区艺术设计与文化建设总体规划，中国公路零公里点标志设计，中国铁道部运输局委托的“中国高速铁路信息导向系统研究”与中国高速铁路车站导向系统的设计标准（中国高铁的建设标准之一），以及“光辉的历程——中华人民共和国建国五十周年成就展”“纪念中国人民抗日战争暨世界反法西斯战争胜利 60 周年大型主题展览”“纪念中国共产党成立 80 周年图片展”“中华人民共和国成立 55 周年成就展”“中国地质博物馆岩石矿物陈列”等大型主题展览的总体设计。

从 2001 年开始，围绕北京即将举办的 2008 年第 29 届奥运会、残奥会，学院师生及校友完成了一系列设计工作。例如，北京 2008 申奥标志，第 29 届奥运会标志、吉祥物，第 29 届残奥会吉祥物，奥运会核心图形“祥云”，奥运会、残奥会官方海报设计，奥运会、残奥会颁奖台，奥林匹克公园公共设施系统设计，奥运中心区照明设计，奥运会制服设计，北京市出租汽车、公交汽车、公交场站外观色彩规划设计，北京奥运城市环境景观规划，北京地铁 10 号线装饰艺术设计，奥运数字博物馆，马拉松比赛沿线——北京前门大街、永定门内东街二十四节气景观柱等设计项目，以及“2008 奥运景观雕塑方案征集大赛及国际巡展”的策划与实施。并参与奥运会开闭幕式中的缶、活字模、宫殿、盛装龙柱、参赛国引导牌、观众席环保袋等多项设计工作，以及缶、龙柱、船桨等多个项目的创意策划工作。完成《奥运特许产品设计指南》《奥运特许产品包装设计指南》等书籍设计工作，合作

北京2008申奥标志，1978级校友陈绍华等主创，2001年

第29届奥运会会徽，设计：郭春宁（原创）、张武、毛诚，2003年

第29届残奥会吉祥物，美术学院教师吴冠英主创，2006年

第29届奥运会吉祥物，美术学院教师韩美林、吴冠英、陈楠主创，2005年

出版《2008北京奥运场馆旅游交通图：主题篇》《新北京、新奥运地图集》。参与北京2008年奥运会中国升旗手服装设计，奥运会门票设计，奥运会纪念币、纪念钞修改与设计。学院坚持艺术与科学的结合，将中国优秀的传统文化和奥林匹克精神有机结合，展现了当代中国人民的精神风貌，传达了“绿色奥运、科技奥运、人文奥运”的北京奥运会核心理念。

为全力支持奥运宣传工作，2006年10月，赵萌、千哲、刘东雷、马泉、陈楠、周岳6名教师全职借调奥组委工作；其中，赵萌任奥运会形象景观艺术总监。2008年，清华美院获北京市委教工委、北京市教委、共青团北京市委、北京市学生联合会授予的“首都教育系统奥运工作先进集体”称号。

第29届奥运会核心图形，清华大学美术学院设计，2008年

第29届奥运会官方海报，清华大学美术学院设计，2008年

工业设计系、装潢设计系荣获“清华大学北京奥运会、残奥会先进集体”称号。赵萌获得由中共中央办公厅、国务院办公厅授予的“北京奥运会、残奥会优秀个人”称号。常沙娜、吴冠英获得中共北京市委、北京市人民政府、北京奥组委授予的“北京奥运会、残奥会特别荣誉奖”（个人）。吴冠英的奥运会、残奥会吉祥物设计获国家新闻出版署、广东省政府主办的首届中国国际漫画大会暨漫画节“中国漫画杰出贡献奖”。千哲、刘东雷获得中共北京市委、北京市人民政府、北京奥组委授予的“北京奥运会、残奥会先进个人”称号。装潢系奥运会、残奥会海报设计小组、吉祥物修改创作小组与工业设计系邱松设计的奥运会残奥会颁奖台获得“2008 中国创新设计红星奖奥运设计特别奖”。工业设计系系统设计工作室为奥林匹克广场中心区设计的照明路灯“飞翔”获得“2008 中国创新设计红星奖至尊金奖”。

在 2009 年中华人民共和国成立 60 周年庆典上，学院师生完成了 13 辆游行彩车和矗立在天安门广场的 56 根民族团结柱设计；设计完成了“辉煌六十年——中华人民共和国成立 60 周年成就展”。学院师生还创作完成了中国科技馆新馆

国庆60周年天安门广场民族柱，何洁、何忠、冯小红等设计，2009年10月

上海世博会中国馆湖南馆展区，整体造型为两个魔比斯环相扣，鲁晓波整体设计，2010年

公共空间的大型壁画和浮雕作品。

在2010年上海世博会上，学院师生充分发挥在艺术设计领域的优势，为世博会设计了众多项目，如城市未来馆、中国湖南馆，世博会标志系统、世博会系列主题衍生产品，反映震后北川新貌及羌族古老文化风情的“恋·羌绣”主题展览的策划、设计和展馆搭建、园区雕塑方案等。其中由鲁晓波主持设计的湖南馆，由于设计优秀、运营突出，被中共中央、国务院授予“上海世博会先进集体”称号。邓伟教授历时30年完成的“中国人”专题摄影展亮相世博会公众参与馆，为世界了解中国打开了独具特色的艺术之门。

3.学术刊物

1999年以来，学报《装饰》杂志以其在全国艺术设计领域的学术性、权威性、文献性被北京大学图书馆确认为“中文类核心期刊”，被国家图书馆认定为全国中文艺术类10种核心期刊之一；连获三届国家新闻出版署颁发的“国家期刊奖”，并被评为“全国百种重点社会科学期刊”；经中宣部和国家新闻出版署评选审定，被批准进入“中国期刊方阵”，授

《装饰》连续三次荣获中国期刊的政府最高奖“中国期刊奖”，2005年

《艺术与科学》第一卷，2005年3月

《清华美术》第一卷，2005年3月

予“双奖期刊”标志。2008年，经教育部批准入选“中文社会科学引文索引”（CSSCI）来源期刊，成为全国艺术设计类学术期刊中唯一进入CSSCI来源期刊的刊物。2009年，获得“新中国60年有影响力的期刊”称号。2000—2011年，张夫也、赵萌、方晓风分别担任主编。

从2007年第4期开始，除保留原有栏目外，《装饰》每期特别策划一个专题，针对艺术设计的热点问题进行探讨，选题范围广泛。2009年12月，值《装饰》杂志刊行200期之际，杂志官方网站（http：//www.izhsh.com.cn）正式上线，成为关注中国本土设计的专业网站，颇受设计相关专业人士欢迎。

为扩大与全国艺术设计院校的交流与合作，《装饰》杂志社先后与重庆工商大学、哈尔滨师范大学艺术学院、广州美术学院设计学院共同主办“2006全国高等院校艺术设计专业基础教学论坛”“2007全国艺术设计教育论坛”“2008全国设计教育论坛——‘地域性’与‘当代性’主题研讨会”，对促进设计教育事业的发展起到重要的推动作用。《装饰》还特别关注学术前沿和热点话题，积极参与设计理论的研讨和建设。

2007年11月，与浙江工商大学艺术设计学院发起“2007全国设计伦理论坛”，并签署了《杭州宣言》，呼吁以未来的名义反思设计，以设计的名义承担起伦理反思和价值重建的责任。2010年5月，与湖南工业大学联合主办“绿色之辨——2010年绿色设计国际学术研讨会”，促进各个领域与地区有关绿色设计理论和实践的交流。

为了在理论基础上强化艺术与科学的交流和完善学院学术理论的全面建设，美术学院在2005年初创办了《艺术与科学》和《清华美术》两种不定期学术丛书，由清华大学出版社出版。《艺术与科学》以艺术与科学的探讨为宗旨，研究艺术与科学两者的关系和影响，探讨二者在理论和实践方面的交流、交叉和交融的可能性；研究艺术中的科学，亦研究科学中的艺术；倡导艺术与科学交融的新思维、新方法，促进艺术与科学的良性互动与发展。《艺术与科学》由李砚祖任主编，至2010年已出版9卷，内容涉及艺术与地理学、艺术与考古学、艺术与四季、艺术与体育、地方性知识与佛教美术等多方面的交叉研究成果。

《清华美术》坚持“立足美术本体，兼及周边学科”的办刊原则，密切关注美术在当代社会语境与意识形态下衍生出来的多种问题，努力展现宏观历史文化框架中的学术视野，彰显不同学术领域的多元思想，以期成为有益于新世纪美术创作与研究，具有前瞻性、当代性与世界性的学术平台。杜大恺、张敢先后担任主编，至2010年已出版9卷，分别围绕双年展、多元视界中的中国画、后现代语境中的当代艺术、中国城市文化及其视觉表征、中国当代艺术批评、中国当代艺术与资本等话题展开深入探究。

为加强理论建设，推广教育理念，彰显教学成果，促进院系交流，宣传优秀师生，发挥清华美院雕塑系的办学优势，体现清新活力的校园特色，彰显中国风采和当代意识，2009年创办学术丛书《学院雕塑》。丛书由江西美术出版社出版，一年四辑，设定主题，通过各个栏目进行多角度讨论。5个主栏目分别为：理论沙龙、教学空间、创作平台、交流园地、资讯八方；6个子栏目分别为：名师访谈、特色课程、佳作品读、雕塑家、雕塑天地、雕塑轶事。丛书主编曾成钢，执行主编许正龙。

4.学术交流

2000—2011年，学院对外学术交流活跃，积极邀请各国各地区艺术家、设计师、兄弟院校到学院举办作品展览以及联合展览，促进各学科项目的跨国跨地区交流与合作，尤其在新兴学科的工作室合作方面交流频繁，并先后与韩国艺术大学、韩国科技大学、英国普利茅斯大学、新加坡南洋艺术学院以及中国台北实践大学签订了校际交流协议。邀请欧洲、美洲、亚洲的著名艺术设计家、教授、学者等来美院讲学，并聘请日本筑波大学教授、日本设计学会会长原田昭，日本设计师八鸟治久，东京艺术大学美术学部部长六角鬼丈为美术学院客座教授，聘请日本染织协会理事长渡部裕子为美术学院名誉教授。2001年以来，先后授予张道一、靳埭强等为美术学院客座教授。2002年10月，授予平山郁夫清华大学名誉教授称号。

2002年以来，留学生人数大幅度增加。学院派出教师赴欧美、东南亚10多个国家进行学术研讨、考察交流、访问进修等学术活动数百人次，并多次在国外成功举办师生作品展，既拓宽了学院自身的学术视野，也扩大了学院在国际上的影响。学院在国内学术交流的基础上，加强国际学术交流，尤其是加强与具有领先水平的国际同行之间的学术交流，增强美术学院在国内和国际学术界的知名度和影响力。2007—2010年，举办了120余次国内或国际学术展览、研讨会。

同时，积极邀请国内外专家教授任课或讲学。2005—2011年，举办的国内外主要学术讲座共计400余场次。例如2009年10月—11月，我院举办首届“清华国际艺术·设计学术月”，主题是“国际设计教育与设计创新”，邀请美国卡内基梅隆大学设计学院前院长丹·博雅斯基，美国设计战略咨询、策划专家高登·布鲁斯，芬兰赫尔辛基艺术设计大学前任校长约里奥·索特马，美国帕森斯艺术设计学院院长西蒙·考林斯，英国皇家艺术学院媒体艺术设计学院院长丹·费恩，日本金泽美术工艺大学前任校长平野拓夫、札幌市立大学校长原田昭7位国际艺术与设计领域的专家举办具有较高学术水准的系列讲座，同时举办7场与相关专业学生的座谈。

5.作品获奖

清华美院教师和科研创作人员积极参加各类学术和创作活动并屡获佳绩。自1999年第九届全国美术作品展览增设艺术设计门类后，学院有许多教师获得了艺术设计类的金奖和银奖。其中，1999年，郑曙旸、李凤崧、刘铁军、杨冬江、张伟、林洋设计的《国务院接待楼室内环境艺术设计》，获第九届全国美展金奖；柳冠中、杨霖、严扬、蒋红斌、刘志国设计的《移动电话概念设计》，获第九届全国美展银奖。2004年，高峰设计的《故乡情组器之一——涌动》和李薇设计的《夜与昼服装系列》，获第十届全国美展金奖；王红卫和吕淳的书籍装帧《传承与超越》、唐绪祥设计的《咖啡具》、蔡军和王小龙的工业设计作品《明 @style》、白小华的作品《午门瑞雪》、叶健的作品《轮》，获第十届全国美展银奖。2009 年，刘希倬创作（合作）的壁画《淮海战役》获第十一届全国美展壁画类金奖；马赛设计的电线收纳器获第十一届全国美展艺术设计类银奖。

1999 年，郑曙旸、李凤崧、刘铁军、杨冬江、张伟、林洋的《国务院接待楼室内环境艺术设计》获第九届全国美展金奖

1999 年，黄维设计的“王致和”腐乳包装获世界包装组织颁发的“世界之星”包装设计奖。2004 年，孙玉敏的国画《求》、曾成钢的雕塑《圣火接力》分别获国际奥委会体育与奥林匹克教育委员会举办的“2004 年奥林匹克体育与艺术大赛”绘画类一等奖、雕塑类二等奖。2005 年，何洁、陈磊、

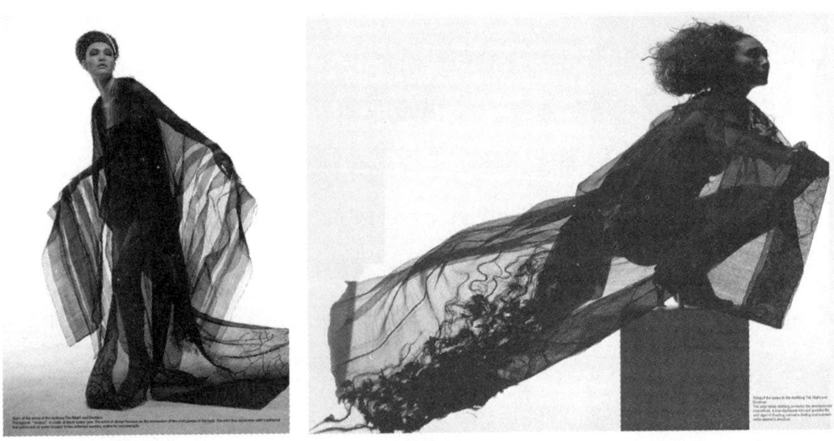

2004 年，李薇设计的《夜与昼服装系列》获第十届全国美展金奖

2004年，高峰设计的《故乡情组器之一——涌动》获第十届全国美展金奖

1999年，黄维设计的“王致和”腐乳包装获世界包装组织颁发的“世界之星”包装设计奖

冯小红设计的《凤凰奇境》获世界包装组织颁发的“世界之星”包装设计奖。2006年，柳冠中获中国光华科技基金颁发的“光华龙腾奖——中国设计贡献功勋人物金质奖章”。2008年，曾成钢的雕塑作品《莲说》获第三届中国北京国际双年展中国青年艺术家作品奖。2009年，邓伟在希腊雅典被授予“索菲奖”，是获得该奖的第一个中国人。2010年，赵超为博奥生物有限公司暨生物芯片北京国家工程研究中心设计的微阵列芯片分析系统（Array Compass）获得德国“红点奖（Red Dot Product Design）”。2010年，陈辉的中国画作品《中国文化》获第四届北京国际美术双年展优秀作品奖。

2000年以来，清华美院学生在国内、国际的艺术、美术竞赛和展览中成果喜人。其中包括：2002年，染织服装艺术设计系学生曹强设计的时装《花》获得第20届巴黎国际青年时装设计师大赛服装类金奖；2004年，工业设计系研究生郑毅、施佳等设计的《汽车概念设计》获得北美汽车设计竞赛集体奖，吴迪获首届中国国际青年裘皮服装设计大赛金奖，马晓诺获第四届全国纺织品设计大赛一等奖；2005年，染织

2005年，何洁、陈磊、冯小红设计的《凤凰奇境》酒包装获世界包装组织颁发的“世界之星”包装设计奖

2005年，2002级学生马彦设计的首饰获第23届巴黎国际青年时装设计师大赛首饰类金奖

2002年，染织服装艺术设计系学生曹强设计的时装《花》，获第二十届巴黎国际青年服装设计师大赛服装类金奖

服装艺术设计系学生马彦设计的首饰获第23届巴黎国际青年时装设计师大赛首饰类金奖，李英获首届“设计之星”全国大学生优秀平面设计作品展览一等奖；2006年，王子凌获第二届“设计之星”全国大学生优秀创意设计作品展一等奖，姜帅获中国纺织面料暨花样设计大赛金奖，石成的《女儿红》

2004年，工业设计系学生施嘉、王越越的“V-Campo”概念车设计方案获德国福茨海姆国际汽车设计竞赛最佳商业策划奖

2005年，染织服装艺术设计系学生王芳获中国国际家用纺织品设计大赛金奖

获首届中国国际日用、工艺玻璃制品设计大赛金奖；2007年，姚函江的《C&C》获“红点”概念设计奖；2008年，夏芒的《草本花洒沐浴设计》获“红点”概念设计至尊奖；2009年，丁美元、于广雯、孙晓雯、都人华设计的《日夜标记》（Day and Night Marks）获“红点”概念设计奖。

6. 50周年活动与学术思想丛书

2006年时值学校成立50周年，学院举行一系列院庆活动。2005年12月，院史编修组成立，由杭间主持。2006年3月，院史编修组开始访谈老先生，整理档案资料，编辑《传统与学术——院史资料集》，编修《清华大学美术学院（原中央工艺美术学院）简史》（征求意见稿），总结学院的发展历程，梳理学院的学术传统。2006年9月—2007年1月，先后举办祝大年作品展暨艺术教育研讨会、张仃作品展暨艺术教育研讨会、庞薰琹作品展暨艺术教育研讨会、吴冠中2006年新作展暨艺术教育研讨会、袁运甫作品展暨艺术教育研讨会，展览学院前辈的经典作品，回顾他们的艺术追求与贡献。

2006年11月1日，庆祝学院成立50周年大会在清华大学大礼堂举行。轻工业部原部长杨波，中国轻工业联合会会长陈士能，中国纺织工业协会会长杜钰洲，国务院派驻重点大型企业监事会主席朱焘，教育部副部长李卫红，中国文学艺术界联合会副主席冯远等上级领导；日本多摩美术大学和东京艺术大学、美国麻省艺术学院、英

2006年11月1日，庆祝建院50周年大会在清华大学大礼堂举行

国伦敦艺术大学、中国香港理工大学、中央美术学院、中国美术馆等海内外兄弟艺术院校和友好机构代表；清华大学时任校长顾秉林，时任党委书记陈希，时任副校长张凤昌、谢维和，学校老领导王大中、贺美英，校务委员会时任副主任王明旨，学院老领导张仃、常沙娜、林少岩、赵亮宏以及校内有关代表等参加庆祝大会。清华美院时任院长李当岐在大会致辞，回顾学院 50 年的发展历程，并对关心和支持学院发展的社会各界人士表示感谢。时任校长顾秉林代表学校对美术学院建院 50 周年表示祝贺，并对学院此后的发展提出几点希望：继承和发扬优良传统，坚持正确的办学理念；探索符合自身特点的发展道路，建立有中国特色、中国风格和中国气派的艺术与设计学派；遵循艺术教育的规律，努力造就一批创新人才。会上，学院宣布设立以老院长张仃教授的

祝大年作品展暨艺术教育研讨会海报，王红卫设计，2006 年

庞薰琹作品展暨艺术教育研讨会海报，王红卫设计，2006 年

吴冠中 2006 年新作展暨艺术教育研讨会海报，王红卫设计，2006 年

张仃作品展暨艺术教育研讨会海报，王红卫设计，2006年

图6-57　袁运甫作品展暨艺术教育研讨会海报，王红卫设计，2006年

名字命名的校友励学金“张仃励学金”，旨在激励学院学生勤奋学习，尤其是帮助家庭经济困难的同学顺利完成学业。作为庆典活动的组成部分，“21 世纪高校艺术教育展望——国际艺术教育论坛”在学院同日举行。

此外，学院还举行院史陈列展，拍摄 50 周年院庆纪录片《行知合一——为人生而艺术》，出版《清华大学美术学院（原中央工艺美术学院）建院 50 周年教师作品集》《50 情怀——记忆中的中央工艺美术学院》；学院学术刊物《装饰》《清华美术》亦先后出版院庆 50 周年专刊。

2009 年 5 月，为了整理学院艺术文脉，构建学术思想体系，在保存和研究学院文献与实物资料的基础上，扩大学院的影响力，为进一步创新打下基础，学院决定出版“清华大学美术学院学术思想丛书”。丛书编委会由学院学术委员会委员组成，王明旨任名誉主任，李当岐、郑曙旸任主任，杭间任主编；编辑办公室张京生、郭秋惠负责组织编撰工作。2010 年年底，丛书在学院和老先生及家属的支持下完成第一辑 13 本文集的初稿：《张光宇文集》（唐薇编）、《陈叔亮文集》

（小草编）、《雷圭元文集》（廖延彦编）、《吴劳文集》（郭秋惠编）、《张仃文集》（雷子人编）、《尚爱松文集》（展梦夏编）、《邱陵文集》（王丽丹编）、《王家树文集》（张黎编）、《吴达志文集》（周媛媛编）、《何燕明文集》（滕晓铂编）、《田自秉文集》（顾浩编）、《常沙娜文集》（崔岩、高璐编）、《奚静之文集》（孙媛媛编）。2011 年 4 月，丛书更名为“中国现代艺术与设计学术思想丛书”，由山东美术出版社出版，并在清华美院举行隆重的座谈会与首发式。此外，列入第一辑出版计划的还有《庞薰琹文集》（周爱民编）、《郑可文集》（连冕编）、《吴冠中文集》（贾明玉编）、《黄能馥文集》（肇文兵编）。

第七章

机遇与创新（2011—2020）

2011 年，艺术学升级为学科门类，清华大学美术学院在新时代面临新的机遇与挑战。2011 年，既是清华大学建校 100 周年，亦是清华大学新百年的开始。学院在清华大学的综合平台上与时俱进、创新探索。学院党委与行政班子密切配合，依据学院的发展目标，共同讨论制订学院“十三五”规划，抓住机遇，推动中意设计创新基地及清华大学米兰艺术设计学院、清华青岛艺术与科学创新研究院的落地与建设。按照学校的整体部署，结合学院实际情况，2017 年启动并持续推动教师队伍人事制度改革工作；2020 年按照学校“破五唯”的要求，对人才引进及教师晋升评价标准进行修订，2020 年完成学院职员队伍改革工作。

一、学科建设与人才培养

1.学科建设与战略布局

（1）学科建设

2011 年，艺术学升级为学科门类，学院拥有设计学、美术学、艺术学理论三个一级学科博士学位授予权。学院设有 3 个分部，10 个系，1 个基础教学研究室，1 个培训中心，1 个实验教学中心，7 个办公室。其中，设计分部有染织服装艺术设计系、陶瓷艺术设计系、视觉传达设计系、工业设计系、环境艺术设计系、信息艺术设计系、工艺美术系；美术分部有绘画系、雕塑系；史论分部有艺术史论系，《装饰》《清华美术》《艺术与科学》杂志。

学院的设计学科最具学科优势，下设 18 个专业方向：染织艺术设计、服装艺术设计、陶瓷艺术、陶瓷设计、平面设计、书籍设计、广告设计、室内设计、景观设计、产品设计、展示设计、交通工具造型设计、信息设计、动画与游戏设计、金属艺术、漆艺、玻璃艺术、纤维艺术。绘画系设置 4 个专业方向：油画、中国画、壁画与公共艺术、版画。2020 年 9 月，在校学生为本科生 1187 人（含二学位 69 人），硕士生 697 人，博士生 374 人；其中，国际生（本、硕、博）126 人。

2012 年，设计学、美术学一级学科被评为北京市重点学科。同年，在教育部组织的全国第三轮一级学科评估中，设计学名列第一，艺术学理论并列第三，美术学名列第四。在

2016年的全国第四轮一级学科评估中，设计学被评为A+，美术学和艺术学理论被评为A。在2016年QS国际大学排名的专业学科排名中位列23名，连续两次入选美国《商业周刊》的全球60所最佳设计院校。在2020年《泰晤士高等教育》首次发布的中国学科评级中，学院设计学、美术学、艺术学理论均获得A+评级。

在不同历史时期，学院在学科建设和教学科研上始终保持与时俱进，引领设计学科不断发展，为国家建设和社会可持续发展做贡献。学院为中国培养了大批艺术设计人才，毕业生遍布中国各级、各类高等院校、研究院所和相关企业的重要岗位。学院在不同历史阶段提出了“工艺美术”“工业设计”“环境艺术设计”“艺术设计”“信息艺术设计”等专业概念，始终引领中国设计艺术的发展走向。建院以来，学院结合国家和社会需求，承担和参与了国家主要的艺术设计项目，发挥了国家级艺术设计研究机构的作用。

（2）战略布局

学院通过清华青岛艺术与科学创新研究院、中意设计创新基地和清华大学米兰艺术设计学院的建设，进一步扩大国际学术交流与合作，构建学生在设计创新领域的跨学科与跨文化的创新领导力和全球胜任力，其中信息艺术交叉学科研究生培养、清华—米兰理工研究生双学位、全球创新设计研究生联合培养项目等一系列创新型的教学探索，构建了国际领先的设计学科人才培养创新模式。

2017年9月，《青岛市人民政府、清华大学、青岛西海岸新区管委会三方共建“清华青岛艺术与科学创新研究院”协议书》正式签订。2018年12月，清华青岛艺术与科学创新研究院在青岛西海岸新区正式注册成立，占地12万m^2，规划建

清华青岛艺术与科学创新研究院建筑群景观，2020年

筑面积 12.7 万余 m^2。2019 年 3 月，研究院工程全面开工仪式在青岛市西海岸新区举行。10 月，14 栋单体建筑全部完成封顶。研究院旨在以艺术与科学融合创新体系建设为核心，充分发挥清华大学学科与人才优势，结合青岛市区位与产业优势，培养创新创业人才，贯彻国家创新发展战略，促进社会、文化、经济的可持续健康发展，发展建设成为具备国际竞争力的艺术与科学产业基地、科技创新及企业孵化基地、高端人才会聚和培养基地、艺术与文化交流传播基地、新兴产业促进及创业服务基地。园区内设有以工坊实验室、研究中心等为代表的艺术与科学融合创新区，搭建交叉学科联动创新的研究实践平台；以艺术与科学体验中心为主的创新成果展示区，承担艺术科学融合创新成果的展示平台；以国际学术交流中心为主的创新成果交流区，构架国内外创新思维沟通桥梁；以孵化器为核心的创新研究成果转化区，达成技术转移、成果转化的校地合作使命；以行政办公楼为主的综合办公生活区，提供完备的后勤保障。

2017 年 2 月 22 日，在习近平主席和意大利总统的见证下，清华大学与米兰理工大学签署建立中意设计创新基地的协议，共同建立中意设计创新基地。清华大学米兰艺术设计学院是中意设计创新基地的重要组成部分。2017 年 11 月 10

清华大学米兰艺术设计学院主楼外景

日，中意设计创新基地和清华大学米兰艺术设计学院正式成立，鲁晓波任院长，臧迎春任执行院长。2018 年 4 月 17 日，“清华大学米兰艺术设计学院”挂牌仪式在位于意大利米兰的中意设计创新基地成功举行。学院位于米兰市 Via Durando 大街 39 号，建筑由世界著名建筑大师亚历山德罗·门迪尼（Alessandro Mendini）设计，集科技、创新、时尚于一体，可同时满足教学科研、创新园区和展览展示等功能需求，具备完整的社区功能及相关属性。学院的定位是一所代表中国的国际顶级设计学院。学院的使命是建立新型教学体系、研究体系、管理体系，选择全球优秀师资、全球优质学生，整合最优质国际化教育资源，实现教学、科研和产业孵化衔接，树立重要国际影响力（图 7-2）。

清华大学米兰艺术设计学院是由清华大学与米兰理工大学合作进行建设的国际化创新设计平台，是清华大学全球战略的重要组成部分，也是清华大学在欧洲设立的首个教育科研基地。学院现有国际高端人才培养平台，包括清华大学—米兰理工大学硕士双学位联合培养、博士联合培养，清华大学本部学生海外研习项目和高端培训项目等。艺术设计创新研究平台，包括科研项目国际合作研究基地，教师及艺术家欧洲创作基地。艺术设计原创成果展示发布平台，包括中意文化交流中心、国际时尚发布中心、设计艺术展览展示中心和大型国际学术论坛等。学院依托清华大学和米兰理工大学的学科优势，整合国际优质设计创新教育资源，培养具备全球胜任力的拔尖创新人才。

2. 领导班子换届与党建工作

（1）管理体制与领导班子换届

学院先后实行两种集体议事决策制度：院务会、学院党政联席会。2017 年 10 月，原院务会正式更名为“学院党政联席会议”，执行院务会职能。2018 年 10 月，为了进一步加强党的领导，规范和完善美术学院党政联席会议规则，结合学院实际，学院党政联席会议原则通过了《美术学院党政联席会议事规则》，明确总则、议事范围、议事规则及附则。党政联席会议是美术学院议事决策的重要机制。通过党政联席会议，讨论和决定本单位重要事项。院党政联席会议的组成人员一般为学院的党政正、副职干部。党政联席会议按照集体领导、民主集中、个别酝酿、会议决定的原则，经集体讨论做出决定。党政联席会议议题由党政联席会议成员提出，院长和书记共同研究决定。党政联席会议应当有三分之二以上成员出席方可召开，一般由院党委书记主持。表决可以根据讨论和决定事项的不同，采用口头、举手、投票等方式进行，赞成票超过应到会成员半数为通过。

院学术委员会是为学院建设与发展提供学术审议与咨询的机构。致力于发扬学术民主，开展学术交流，弘扬学术道德，提高学院人才培养与科学研究的水平，促进学院教育事业发展。2012 年，院学术委员会进行换届：冯远、韩美林为名誉主任，尚刚为主任，郑曙旸、张敢为副主任，马泉、王宏剑、王明旨、冯远、包林、刘巨德、何洁、苏丹、李当岐、李象群、李睦、吴冠英、张夫也、张敢、陈辉、郑曙旸、郑宁、林乐成、尚刚、赵萌、杭间、韩美林、曾成钢、鲁晓波、蔡军为委员，何洁、郑曙旸为校学术委员会委员。2020年，学术委员会进行换届：杨冬江任主任，陈辉、苏丹任副主任，马泉、马赛、方晓风、白明、冯建国、许正龙、苏丹、杜异、李睦、李静杰、李鹤、杨冬江、肖文陵、邱松、张敢、张雷、陈岸瑛、陈辉、金纳、郑宁、赵健、赵超、顾黎明、徐迎庆、董书兵、鲁晓波、曾成钢、臧迎春任委员。

为了规范和加强学位评定工作，并在学位授予、学位授权、学科专业建设等方面有效发挥作用，结合学校实际，清华大学成立学位评定委员会，并成立各学科分委员会。2011年，清华大学第十届学位评定委员会艺术学学位评定分委员会成立：李当岐任主席，鲁晓波、张敢任副主席，李当岐、鲁晓波、陈辉、何洁、李砚祖、李正安、刘临、尚刚、唐绪祥、严扬、曾成钢、张夫也、赵萌、郑曙旸、张敢任委员。2014年，清华大学第十一届学位评定委员会艺术学学位评定分委员会成立：张敢任主席，曾成钢、徐迎庆任副主席，张敢、曾成钢、徐迎庆、尚刚、李砚祖、张夫也、赵萌、刘临、陈辉、李正安、唐绪祥、何洁、严扬、鲁晓波、杨冬江任委员。2019年，清华大学第十二届学位评定委员会艺术学学位评定分委员会成立：张敢任主席，杨冬江、赵超任副主席，张敢、杨冬江、赵超、董书兵、方晓风、洪兴宇、徐迎庆、曾成钢、臧迎春任委员。

艺术学学位评定分委员会隶属清华大学学位评定委员会，负责审查研究生培养方案和学位课程设置、审议本科及研究生学位授予事项等。

2012年1月，学院行政领导班子换届，鲁晓波任院长，杭间、张敢、苏丹、马赛任副院长。2015年6月，学院行政领导班子换届，鲁晓波任院长，张敢、苏丹、马赛任副院长。

2018 年 6 月，学院行政领导班子换届，鲁晓波任院长，曾成钢、杨冬江、方晓风、赵超任副院长。

2011 年 1 月，学院党委换届，鲁晓波任党委书记，李功强、邹欣任副书记。2012 年 1 月，学校任命赵萌任党委书记，鲁晓波不再担任党委书记。2014 年 7 月，学院党委换届，李功强任党委书记，邹欣、吴琼任党委副书记。2015 年 12 月，学校任命郑艺为党委副书记。2018 年 6 月，学校任命马赛为党委书记。2018 年 12 月，学院党委换届，马赛任党委书记，邹欣、吴琼、李鹤任党委副书记。

（2）党建工作

学院党委以习近平新时代中国特色社会主义思想为指导，在清华大学党委的坚强领导下，坚持正确的办学方向，认真贯彻党的教育方针，将党中央的精神、学校的要求与学院的中心工作紧密结合，以“谋发展、促和谐、聚人心”为目标，积极发挥党组织的政治引领、战斗堡垒作用。注重制度建设、思想建设、基层组织建设、师德师风建设、师资队伍与干部队伍建设，不断加强学生思政工作及学院的宣传工作，提升为广大师生排忧解困的能力，凝心聚力，扎实工作，全面推进学院各项事业发展。

学院党委明确落实全面从严治党的主体责任，加强制度建设。2017 年，制订《清华大学美术学院党委会议事规划（试行）》。2019 年，修订《教职工党支部在老师和干部队伍建设中把好政治师德关的办法》，突出教职工党支部的政治功能。积极组织全院党员和教职工开展理论学习，贯彻十八大、十九大精神。结合学院特点，深入学习和讨论习近平总书记关于教育、德育、思政、美育等方面的讲话精神，提升教师对教书育人使命和责任的认识，利用学科资源优势，加强课程思政建设。学院党政班子成员和党委委员认真落实联系基层单位和党支部的制度，党委书记坚持每年给新生讲党课，院党委委员联系学生党支部，做理论导师，参加党支部的组织生活并讲党课。党委书记与新进校教职工谈话，了解思想动态；结合学科特点，通过举办主题展览的形式开展形式多样的思想政治工作。

学院党委坚持抓好基层、打牢基础的工作要点，推动学习型、服务型、创新型党组织建设。院党委组织教职工党支部书记、支委赴河南红旗渠干部学院开展以“奋进新时代、改革再出发”为主题的实践活动；定期召开党支部书记例会，配合组织部先后落实邓岩等 6 名青年教师加入清华大学“青年教师骨干领航工作站”。学生党员发展数量逐年上升，2014—2020 年全院共发展党员 235 名，其中学生 220 名，教职工 15 名。

学院党委积极引导学生支部探索党建新路径。2018 年，美术硕士 17 级第二党支部获北京市高校红色“1+1”示范活动三等奖。2019 年，各支部积极组织学生参加国庆 70 周年游行“伟大复兴”清华大学方阵、广场合唱联欢、志愿者等活动，是全校参与人数最多的院系。举办“春华秋实”系列讲座，邀请学院老先生分享艺术人生和报效祖国的情怀。

学院党委注重毕业生就业引导和职业辅导工作。2014 年，艺术史论系杜高杰、游翎鸥和工业设计系罗丹获得清华大学为鼓励毕业生到重点地区和重点行业建功立业而设置“启航奖学金”铜奖；党委学生工作组 2016 年荣获清华大学就业引导奖，2017 年荣获清华大学职业辅导奖，2019 年获得清华大学就业工作先进集体奖及职业辅导奖。

学院党委十分重视统战工作，对民主党派教职工坚持从政治上尊重、生活上关心、业务上帮助，定期看望，组织座谈会。民主党派人员积极通过自身专业来发挥参政议政的作用，2011年，九三学社社员郑宏提出“修订《国旗法》，增加国旗升挂尺度规范内容”的建议，被九三学社中央采用，并报送全国政协和中央统战部；又于2017年提出“雄安新区规划方案应面向全球征集方案”的建议，并荣获九三学社中央委员会2013—2017年度全国参政议政工作先进个人称号。2018年，无党派人士李象群入选国家高层次人才特殊支持计划领军人才。2020年，无党派人士韩美林获颁“世界华人终身成就奖”；民进清华大学委员会主委赵超当选国际设计联合会副主席，被民进北京市委评为“抗疫先进人物”。

学院党委制订《美术学院网站微信微博等宣传平台管理办法（试行）》，进一步加强宣传工作，形成学院信息门户、官方微信、院报《光华路》三个宣传阵地，形成信息员与学生记者团相结合的宣传队伍。学院微信公众号在全校微信公众号排行榜中一直位列前十，学院信息报送工作连续十年位列清华大学院系第一。

学院分工会认真加强工会队伍建设，坚持开展各类活动，丰富教职工业余文化生活。工会组织的摄影特色活动连续六年获得校工会颁发的特色工作成果一等奖，连续四年获得学校校庆教工摄影展一等奖。工会坚持开展“送温暖工程”活动，及时慰问看望生病和困难的教职工，使困难教职工感受到了工会的温暖和组织的关心。

离退休人员事务办公室每年都专程走访看望离休老干部、老教师、老职工，坚持开展春游、秋游，精心策划线路，做好服务保障，让老同志们心情舒畅。积极支持老同志兴趣队的活动，舞蹈队多次参加各类各级文艺会演，充分展现了学院老同志的精神风貌。

2020 年，面对突如其来的新冠肺炎疫情，党政班子高度重视，快速成立疫情防控领导工作小组，严守疫情防控关键防线，全力保障师生的身体健康及线上教学、招生工作、毕业答辩、线上展览及毕业生离校等学院各项中心工作顺利开展。

3. 人事制度改革与教师队伍建设

（1）教师人事制度改革

学院自 2013 年 1 月正式启动教师管理制度改革工作，期间工作组对学院教学科研队伍现状、学院发展和学科规划、艺术学学科下三个一级学科（设计学、美术学和艺术学理论）的学科特点、相关学科国外 10 所学校和国内 8 所学校的人事管理办法、国内和国际学科评估方法与评价等方面进行研究，经过多轮修改和征询意见，最终形成具有我院学科特点的《美术学院人事制度改革与教师聘任管理办法》，经学校审批通过，于 2016 年 6 月正式实施。

《管理办法》遵循艺术学科规律和三个一级学科各自特色，以建设一支在人才培养、学术研究、社会服务等方面具有国内第一、世界一流美术学院学术竞争力的师资队伍为目标，制订按照教研系列、研究系列、教学系列和助教系列建设教师队伍的制度体系，其中，教研系列规模 168 人、研创系列规模 30 人、教学系列规模 5 人、助教系列规模 6 人，形成了合理的教师队伍规模和结构。改革采取“老人老办法，新人新办法”的政策，过渡期内老人可自愿选择进入新系列，进入新系列的所有教师将按照新的管理办法进行管理。

改革制定了人才学术标准，克服学术评价中唯论文、唯帽子、唯职称、唯学历、唯奖项等倾向，建立重师德师风、重真才实学、重质量贡献的评价导向，尊重学科差异，实行分类评价，根据学科特点制定相应的学术评价标准。形成开放多元的高水平师资引进渠道，引进世界级的领军人物和特殊人才，建立教师聘任、考核、晋升和流动机制，营造良好的学术生态，推动学术共同体建设，增强学术竞争力，强化学术共同体意识，建设良好的学术共同体文化，提升学术共同体在学术评价活动中的地位和作用。

2018 年 1 月，清华大学在哲学社会科学领域设立最高学术荣誉称号——文科资深教授。首批文科资深教授 18 名来自全校 8 个文科院系、13 个一级学科。其中，学院有 5 名首批文科资深教授：王明旨、刘巨德、杜大恺、柳冠中、韩美林（按姓氏笔画排序）。

（2）职工队伍人事制度改革

职工队伍改革是继教师系列改革后清华大学深化改革的又一重要举措。按照《清华大学关于深化人事制度改革、加强职工队伍建设的若干意见》及《清华大学深化人事制度改革、加强职工队伍建设实施细则》，学院于 2018 年全面启动职工人事制度改革。在学校的统一部署下，经多次修改，《美术学院职工队伍人事制度改革设岗方案》最终获得通过。《设岗方案》根据学院的工作特点，岗位分为管理二类、事务一类及专业类；在学院现有机构、人员基础上，结合未来的发展规划，对学院的机构和岗位进行相应的调整，进一步强化各职能部门的服务职责，优化人员结构，明确岗位职责、考核标准和激励机制。方案于 2020 年 5 月正式实施，学院职工岗位规划总 195 个，其中院直属教学科研部门规划 125 个岗位，续聘 97 人，空置 28 个岗位；教师课题组规划 70 个岗位，续聘 41 人，空置 29 个岗位；两类总续聘 138 人。

（3）教师队伍建设

按照学校“世界一流、中国特色、清华风格”的办学方向，遵循艺术设计学科发展规律，建设一支在人才培养、学术研究、社会服务方面具有世界一流美术学院竞争力的国际化、高水平的师资队伍。学院坚持人才引进与选拔培养相结合的原则，形成多种聘用形式混合的用人机制，一方面在世界范围广纳贤才；同时，注重从应届毕业研究生和出站博士后中选拔人才补充师资。

截至 2020 年 11 月，学院有全职专任教师 173 人，其中教授 61 人，副教授 97 人，助理授及讲师 13 人，助教 2 人。另有博士后 43 人。按系列划分，173 名教师中教研系列 131 人，其中，长聘教授 49 人，长聘副教授 40 人，准聘副教授 34 人，助理教授 8 人；研创系列 4 人；助教系列 2 人；未进系列 36 人。

为了加强青年教师的培养与交流，2015 年 1 月学院组建青年沙龙，由学院党委主办，院工会承办，至 2019 年 6 月已组织 11 次活动，50 余名青年教师在沙龙中作为嘉宾发表观点，吸引近千名观众参与。美院青年沙龙还秉持“开放”的原则，广邀国内外院校的教师参与，希望通过共同的研讨促进学科交叉和新思想的诞生。

（4）博士后工作

2012 年 9 月，经国家批准，原“艺术学”博士后流动站更名为“艺术学理论”博士后流动站，并增设“设计学”“美术学”两个博士后流动站。2011—2020 年年底，共招收 121 名博士后（含工作站 7 人），期间出站博士后 89 人（含工作站 7 人），2020 年年底在站博士后 43 人。2011—2020 年年底，

2 人申获国家自然科学基金，3 人入选清华大学“水木学者”计划，2 人被评为清华大学优秀博士后，24 人获中国博士后基金面上资助和特别资助；并接受社会捐赠，招收博士后开展“吴冠中研究”“张仃研究”“庞薰琹研究”等专项研究，并出版学术丛书。2020 年，在全国博士后流动站评估中，“设计学”流动站被评为优秀，“艺术学理论”和“美术学”流动站被评为良好。

在站博士后参与国家“973”项目、国家社科基金艺术学国家重点项目等纵向课题多项，参与南通·1895 文化创意产业园区规划和设计等重大横向课题，以及北京国际设计三年展、米兰世博会中国馆项目课题等重大设计项目，参与课程教学、院史编修、《清华美术》及《装饰》杂志编辑等工作。

4. 本科培养

（1）培养目标与招生选拔

本科生培养目标是，在通识教育基础上的宽口径专业人才教育，培养德厚艺精、博学求新的“高素质、高层次、复合型、创新性”的艺术人才；培养学生具有国际视野、国家意识、创新能力、卓越追求。

本科招生包含设计类、美术类、艺术史论三大类，国内部分采取统考和校考的方式进行专业选拔，再综合考生的文化课成绩进行录取。每年，全国近 2 万人报名参加我院校考，经层层选拔，最终录取 240 人，生源质量优良。其中，设计学 170 人，美术学 55 人，艺术学理论 15 人。本科国际招生部分，采取专业考试和面试相结合的方式，考察考生的综合水平，包括欧洲、亚洲、北美洲等多个国家和地区的考生被录取。

（2）培养方案

本科教学实行学分制管理机制，学制为四年制（实行弹性学习年限），修满学分并完成规定的教学环节后，授予艺术学学士学位。2013—2016 学年本科培养计划总学分为 168，其中春、秋季学期课程总学分为 138 学分；夏季学期实践环节为 15 学分，综合论文训练（含毕业论文、毕业设计或创作）为 15 学分。从 2017 学年开始，本科培养计划总学分为 170 学分，其中春、秋季学期课程总学分为 140 学分；夏季学期实践环节 15 学分，综合论文训练（含毕业论文、毕业设计或创作）为 15 学分。

（3）实践教学体系

艺术实践能力体现了学院人才培养质量和水平。实践教学由课堂实践、实验室实践、社会实践、毕业设计等环节组成，形成完整的实践教学体系。

以设计学为例，课堂实践环节，通过具体课题对学生的设计思维和方法进行针对性训练，在实践中让学生掌握设计创作的方法和技能，培养学生解决问题的能力。在教学上实现三个方面的转换：教学内容上从重视技能训练转向重视方法探究；教学方法上从重视图面效果转向重视过程教学；教学观念上鼓励学生从被动学习转向主动学习。实验室实践环节，依托学院各专业实验室和在全国不同地区建立的 13 个相关领域的校外教学实践基地完成。学生熟练掌握专业必要的技能及工艺知识，培养其动手能力，为专业设计打下坚实基础。社会实践环节，由教师带领学生走出校园，通过参观、考察、实习和社会体验等活动，使学生深刻直观地了解专业，了解社会。毕业设计与毕业论文安排在最后一个学期，培养学生在设计中独立解决问题的综合能力。美术学方向的本科生在二、三年级，每年进行为期半个月的专业考察。艺术史论系本科生在二、三年级，每年进行为期 2 周的外出专业考察或 4 周专业实习。

5.研究生培养

（1）招生选拔

硕士招生国内部分采取初试（含全国统考科目、招生单位自命题科目）和复试的方式进行选拔；每年约 37 个研究方向招收全日制硕士研究生，约 9 个研究方向招收非全日制硕士研究生。港澳台及国际硕士招生采取材料审核和面试的方式进行选拔。以上硕士研究生招生规模约 200 余人。2017 年以来，博士招生中国内地部分采取申请—审核制，通过材料审核确定复试名单，再经过笔试和面试进行选拔；中国港澳台及国际博士部分招生采取材料审核和面试的方式选拔，总招生规模约 100 余人。

2012 年，开始招收深圳研究生院全日制艺术硕士。2013 年，开始招收科普创意与设计方向的全日制艺术硕士生。2011—2016 年，同时招收全日制艺术硕士生（双证）和非全日制艺术硕士生（单证）。2017 年起，改为同时招收全日制艺术硕士生（双证）和非全日制艺术硕士生（双证）。

（2）培养目标与课程学习

清华大学美术学院在研究生培养方面建立了整合价值塑造、能力培养、知识传授“三位一体”的人才培养体系和课程框架，始终坚持实践教学与理论研究并重的教学体系创新建设，为研究型设计学院的建设探索出一条中国之路。

硕士研究生的培养目标：本学科以完美人格塑造的价值导向为教育目标，培养具有开放的艺术视野和严谨的科学态度，面向现实的社会责任，爱国敬业、诚信友善、坚守并传承传统文化价值的创新型人才。

博士研究生的培养目标：培养学术研究型高级人才，在学术上拥有创造性成果，在本学科有新建树；有较高文化素质和艺术修养，掌握坚实宽广的基础理论；系统、深入、广博的人文知识及相应的自然科学知识，具备学科带头人素质，能独立从事学术研究和教学工作，能对本领域知识体系做出贡献。

研究生入学后，实施导师负责制研究生培养方式，加强导师对研究生培养环节的系统管理和指导，是研究生培养质量的重要保障，导师在培养计划制订、论文选题报告、答辩前资格审查等环节重点关注研究生的学习进度。学院教师积极利用清华大学研究生教改项目经费，推动和深化教育教学改革，优化人才培养模式，探索教学方法创新，加速提高教学水平和教育质量。

（3）分流淘汰与质量保障

从2015级研究生开始实施新的《清华大学研究生学籍管理规定》，规定研究生一般应在基本修业年限内完成学业，达到最长修业年限的研究生须结束学业，并办理离校手续。

学院严格按照培养方案管理研究生，在学期间必须完成培养计划里规定的学分和环节方可申请答辩；按比例对学术型硕士论文进行校内隐名评审，全部博士生论文均需进行校内外专家隐名评审；研究生论文评阅与答辩环节实行亲属回避制度，答辩委员组成需经学院学位分委员会同意，博士论文答辩委员会应有学位评定分委员会委员参加；2015年，清华大学公布《清华大学已授博士硕士学位论文抽检及结果处理办法》，加大对已授位博士论文的抽查力度。

（4）交叉学科学生培养与艺术硕士项目

借助清华大学综合学科平台优势，学院致力于培养多学科背景的复合型艺术设计人才。“数字媒体艺术”第二学士学位培养项目主要面向文化创意产业中的数字娱乐与游戏产业，培养具备数字娱乐产品开发与制作能力的高层次、复合型人才。“工业设计”第二学士学位培养项目培养能够适应不同行业领域和不同文化需要，从事产品和服务设计的创新型领导人才。“材料与设计创新”本科辅修专业培养项目培养具有良好的综合素质、较强的实践能力和创新精神的高层次材料与设计人才。

“信息艺术设计”交叉学科研究生培养项目由清华大学美术学院、计算机系、新闻与传播学院共建，面向文化创意产业信息产品创新，培养具有多学科交叉型知识结构的高层次复合型人才。

“全球创新设计”研究生联合培养项目通过整合清华大学和英国皇家艺术学院及帝国理工学院三个设计、文化、产业中心的优势资源，为硕士研究生提供独特的跨文化、跨专业、跨国界的教育体验，培养其具有整合性的创新应用知识体系，使其成为应对 21 世纪社会、环境、文化、经济全新挑战的创新型设计人才。该培养项目于 2016 年 6 月立项，主要面向艺术硕士生，至 2019 年已分三批派出学生 26 人赴英国皇家艺术学院和帝国理工学院交换学习，已接收对方交换生两批共 19 名来清华美院学习。

清华—米兰理工研究生双学位项目，培养符合国家需要，具有国际视野，具有综合解决环境设计、产品设计、服装设计及信息艺术相关领域问题的能力，具有较高的设计水平的复合型人才，使之成为上述行业领域中优秀的设计师、研究人员、教学和高级管理人员。

非全日制艺术硕士项目旨在培养具有系统专业知识和高水平艺术能力的高层次、实践型专门人才。其中，“艺术管理”非全日制艺术硕士项目整合美术学院的教学资源，以此为依托，与经济管理学院、公共管理学院、新闻传播学院合作，实现校内教育资源的共享和优势组合。2019 年，非全日制艺术硕士项目还有：书法创作与研究、中国画创新实践研究、中国传统雕塑语言研究与转化、数字技术与空间环境雕塑创作、陶艺创作实践研究、新媒体影像艺术与公共环境应用、光环境艺术设计、博物馆展览设计与管理。

此外，另有科普创意与设计方向的全日制艺术硕士，自 2013 级开始招收，至 2019 年共培养了 90 名科普设计人才。

（5）学生奖助学金

在学生奖助学金方面，为更好统筹及合理配置学校资源，建立高效、规范、协调的研究生奖助体系，使研究生安心学习、潜心研究。从 2017 年 9 月 1 日起，清华大学启动新的奖助管理体系，由学校基础学科基金全额资助，资助标准为博士生每学期 0.9 万元，硕士生每学期 0.3 万元。同时，为激励研究生勤奋学习、潜心科研、勇于创新、积极进取，学校和学院努力争取各方面资源，进一步完善包括学业资助、优秀奖励、勤工俭学、困难补助、助学贷款等方面的研究生奖助政策体系。

6. 疫情防控期间线上教学与线上线下融合教学

在 2020 年新冠肺炎疫情防控的特殊时期，美术学院在国家和清华大学防疫政策的指导下，积极探索适应学科特色的线上、线下融合教学。春季学期，学院遵循学校“延期返校、正常教学、发挥优势、保质保量”的原则，针对学院教学“师生互动性强、实践要求突出、反馈指导环节多”等特点，兼顾教学质量与教学管理。以雨课堂为基础教学平台，结合艺术与设计学科特点，以慕课、腾讯会议、微信群、ZOOM等辅助方式开展线上授课和学习，并开设基于通识拓展、大容量选课名额的未央课程。课程线上教学效果良好，课程考核、毕业答辩等关键节点全方位保证“形式有创新、标准不降低”，在疫情防控和教育教学的两方面均取得了一定成绩。

2020 年 6 月，学院师生还出色地完成 2020 届线上毕业作品展，展出 282 名本科毕业生和 167 名硕士毕业生的作品 1000 余件。“云展厅”让同学们自由设计，自主展示，实现多元交互、多层次入口，具有开拓意义。

2020 年秋季学期，在学校的整体部署与培训下，开展线上、线下融合教学。符合防疫要求的教师、学生返校，按照教学计划在教室或实验室等场所开展线下教学；对于无法返校的学生，基于春季学期线上教学经验，在多种线上教学平台开展线上教学，并通过全向麦克风、高清摄像头等线下教学设备，加强线上与线下教学的融合互动，取得良好成效。

二、办学资源与科研机构

1.办学资源

（1）办学空间与管理部门

美术学院教学楼总建筑面积 63000m^2。其中各类教室面积

$11000m^2$，实验室 $13160m^2$，教师工作室 $7000m^2$，学院美术馆 $2500m^2$，美术图书馆 $3000m^2$。学院下设 8 个办公室（中心）：院务办公室、党务办公室、教学事务办公室、科研事务办公室、学生与校友事务办公室、国际交流与合作办公室、离退休事务办公室、培训中心。

（2）清华大学艺术与设计实验教学中心

清华大学艺术与设计实验教学中心由美术学院建设和管理，设有 29 个不同专业、各具特色的实验室。2012 年底，全部实验室通过教育部国家级实验教学示范中心验收。该中心拥有一支实验教学、实验技术及实验室管理相结合的专职队伍，承担着美术学院 9 个系（艺术史论系除外）的 21 个专业方向和 1 个基础教研室所开设的各类专业必修课和选修课以及面向全校其他院系开设的艺术素质课程的实验教学任务。在服务学院 1100 余名本科生、800 余名研究生以及清华大学通识性艺术课、实验室选修课的同时，还为学院科研项目和师生创作实践提供硬件设施，此外也接受社会课题研究项目及为本科生科研训练计划项目（SRT）服务。本科生人均实验室面积等综合资源条件处于国内高校同领域领先地位。

清华大学艺术与设计实验教学中心的金属艺术实验室内景

中心的各项工作以人才培养为目标，在环境、设备、管理和课程建设方面坚持改革与创新。目前，每学年开设的实验课程总数平均 281 门次，选课学生约 5001 人次，人时数 15 万 ~17.78 万，每学年平均 16.25 万，为全校各院系开设了 12 门实验室探究课程（单元），3 门艺术设计实验室选修课程。中心总使用面积 13160m^2，设备资产总额 3150 余万元，设备总数 2000 余台件（套），已建设成国内艺术与设计领域涵盖专业面最广，理念与模式先进，综合性、交叉性、创新性最具优势的实验教学平台。

（3）美术图书馆

美术图书馆总面积 3000m^2，提供 200 多个阅览座位，现有藏品 3 万余件，馆藏图书 19 万余册，其中艺术类专业图书约 11 万册，中、外文报刊 1500 余种。所有馆藏文献均可通过 OPAC 进行网上查询，在国内同类型图书馆中具有藏书完整、专业方向明确的优势，是一个藏书丰富、设施完备、功能齐全、开放式的数字化美术专业图书馆，为美术学院教学、科研工作发挥了重要作用。教育部“清华大学美术学院数字博物馆”收入艺术品约 3000 件，数字博物馆通过教育网和清华大学校园网为全国的教学、科研工作服务。通过电子阅览室及各办公室，可以浏览、下载清华大学图书馆全部电子资源，包括中外文电子期刊、电子图书及各种数据库资源。

（4）学院美术馆

学院美术馆成立于 2009 年，是清华美院对内研究、对外交流的重要学术平台。重在服务教学，展示学院教育成果，同时面向社会，综合反映国内外现当代艺术状况的展览机构。2011 年调整美术馆管理人员，杭间任馆长，白明任执行副馆长。2015 年，苏丹分管美术馆工作，白明任执行馆长。其间，举办了100余场海内外知名艺术家、校友、在校教师展览。辅助学院教学，推动学院宣传，整理学院文脉。

重要展览有："反图像的诗歌——卡尔哈尔德个展""新未来主义建筑师——德尼·岚明作品展""西班牙当代设计展""克拉科夫版画展""立象与对话：李禹焕、王舒野 & 杜大恺、刘巨德""公诸同好：格拉斯哥美院当代展""尚扬作品展""相由心生——忻东旺艺术作品展"等现当代艺术展览；历届研究生、本科生毕业展，"千里之行""非物质文化遗产进校园""学院本色"等辅助教学、宣传学院教学成果的展览；以及钱绍武、袁运甫、俞致贞、张国藩、冯梅等学院老先生作品展、纪念展览，学院研究个案系列展；2012—2019年，学院与北京清尚公司连续举办"光华路上：教师节摄影展"等。

（5）清华大学艺术博物馆

2016年，清华大学艺术博物馆落成，并于9月正式对公众开放，现有藏品22915件，品类包括书画、织绣、陶瓷、家具、青铜器、综合艺术品六大类。藏品绝大多数来自美术学院（原中央工艺美术学院）自1956年以来的收藏，以及校友及社会贤达的捐赠。艺术博物馆为了支持美院的教学与研究，专门规定美院师生可以免费参观展览。开馆以来，承办67场高水平展览，其中国际交流展24个，并设有"清华藏珍"系列馆藏常设展等；举办各类学术及公教活动200余场，接待海内外观众近200万，集收藏、展览、研究、教育等功能于一体，获得文博界、美术界和广大公众的普遍认可。

其中，代表性展览有：2016年的"对话达·芬奇——第四届艺术与科学国际作品展"、2017年的"从莫奈到苏拉热：西方现代绘画之路（1800—1980）"、2018年的"西方绘画 500 年——东京富士美术馆馆藏作品展”、2019 年的“器服物佩好无疆——东西文明交汇的阿富汗国家宝藏”“与天久长——周秦汉唐文化与艺术特展”“美育人生——吴冠中百年诞辰艺术展”、2020 年的“窗口 2020——疫情时期图像档案展”“吉祥圣域——藏传佛教绘画与造像艺术展”等。2020 年，因疫情防控需要，致力构建线上线下融合的“高校博物馆美育体系”，策划开展 56 期教育课程与活动。2021 年 1 月，清华大学艺术博物馆入选第四批国家一级博物馆，成为首批入选国家一级博物馆的高校博物馆。

2. 科研机构

学院组建的 8 个研究中心和 28 个艺术、设计研究所和 1 个文化旅游部重点实验室是进行科学研究、学科交叉、学术交流的研究与实践平台，也是学院与院外研究机构及企业的合作平台，完成了学院 60% 以上的研究项目与课题。

学院设有 8 个研究中心，其中 2011 年以前成立的有 3 个：清华大学艺术与科学研究中心（主任：鲁晓波）、清华大学张仃艺术研究中心（主任：杜大恺）、清华大学吴冠中艺术研究中心（主任：刘巨德），2011 年以后成立的有 5 个：清华大学中国古文字艺术研究中心（主任：韩美林）、清华大学益童全球创新中心（主任：鲁晓波）、清华大学—阿里巴巴自然交互体验联合实验室（主任：徐迎庆）、清华大学韩美林艺术研究中心（主任：马赛）、清华大学—国家博物馆文物科技保护联合研究中心（主任：方晓风）。

（1）清华大学艺术与科学研究中心

2019 年，清华大学艺术与科学研究中心组织举办了第 5 届“艺术与科学国际作品展暨学术研讨会”。该活动是诺贝尔奖获得者、著名物理学家李政道教授和著名艺术家吴冠中教授发起，旨在通过国际、国内艺术与科学前沿探索的展示及学术研讨，揭示艺术与科学的内在关系，拓展和深化艺术与科学研究，提高艺术与科学的创新水平，促进艺术与科学的和谐发展。

该中心组织举办“清华国际艺术·设计学术月”，已经举办 6 届。活动旨在推动清华大学艺术学科与国际艺术界的学术交流及研究互动，每届确定一个学术主题，在世界范围内邀请相关研究领域的专家学者进行学术讲座及课程研讨，引介国际艺术学科领域的前沿思潮，以及尖端的学术方向与研究成果。中心每年还举办 2~4 次艺术与科学沙龙活动，围绕艺术与科学的相关话题，聚集人才并建立沟通平台从而促进相关的理论和实践研究。中心在信息艺术与设计、设计管理、可持续设计、工业设计、色彩学、虚拟现实应用等方面开展的前沿性研究，对设计艺术学学科的发展发挥了重要的作用。

此外，“吴冠中艺术与科学创新奖励基金”设“吴冠中艺术与科学创新奖”，奖励“艺术与科学国际作品展”国内外获奖艺术家和在艺术与科学相融合的探索中富有创新精神、取得优异成绩的清华大学学生。

2009—2018 年，福建柒牌集团有限公司（现为福建柒牌时装科技股份有限公司）为中心设立的“柒牌非物质文化遗产研究与保护基金”累计捐款 850 万元，用于支持国内高校、研究机构进行 104 个非遗项目的研究，为中国非物质文化遗产研究与保护事业做出贡献。

（2）张仃艺术研究中心

张仃艺术研究中心在杜大恺主任的领导下，系统展开张仃艺术及思想专题研究，发表论文多篇。中心重点筹备于

2017 年在清华大学艺术博物馆举办的“张仃百年诞辰纪念展”和在清华大学主楼报告厅举办“张仃百年诞辰学术报告会”。2018 年，《张仃全集》由广西美术出版社出版，从选题立项、资料整理、编辑校对到图书最终的出版工作历时两年多。《张仃全集》全面梳理了张仃的漫画、年画、宣传画、实用美术、动画电影、展示设计、装饰画、壁画、中国画、书法、艺术理论研究等，为张仃艺术研究中心的工作提供了最系统、最全面的资料。

（3）吴冠中艺术研究中心

吴冠中艺术研究中心在刘巨德主任的领导下，面向文艺界、教育界乃至全社会，进行国际化的吴冠中艺术与艺术思想的学术研究，包括吴冠中先生的艺术人生和创作道路对当代中国美术的贡献，均进行系统的梳理和研究。2011 年以来的主要工作有：出版《吴冠中追思文集》（清华大学出版社，2011 年）和《吴冠中全集·续集》第十卷（湖南美术出版社，2012 年）；在 12 个省市区举办大型讲座“向人民艺术家吴冠中致敬——吴冠中的艺术与欣赏”以及吴冠中艺术研究专题座谈会 30 余场；2012—2019 年招收 12 名博士后（现已全部出站），专项研究吴冠中的艺术与艺术教育思想，将出版研究成果专著 12 部。

（4）清华大学未来实验室

清华大学未来实验室以“人文、艺术、科学、技术汇聚合一”为愿景，以学科交叉和融合为基础，期望通过“原创性、交叉性、颠覆性”跨界创新，对人类的认知、逻辑、科学、技术等产生变革，促进人机物融合的社会发展，借由创新文化和创业家精神的融入，推动和引领相关产业的跨越式发展。

（5）清华大学益童全球创新中心

清华大学益童全球创新中心（TUGICC）是一个服务全球儿童和弱势群体的创新、研发合作平台，中心的创始合作伙伴是清华大学和联合国儿童基金会。中心的愿景是：成为全球性的，面向最弱势群体的，具有活力、追求实效的创新机构；同时基于中国发展战略的现实，制定三年至五年规划及面向未来的发展思路。

2016年10月12日，清华大学益童全球创新中心（TUGICC）启动仪式暨儿童图片展在美术学院举行

（6）清华大学终身学习实验室

清华大学终身学习实验室由清华大学和乐高基金会于2016年4月共同建立。实验室通过前沿的科学研究，探索创新终身学习模式，促进和发展从早期教育到高等教育的创新学习活动。主要目的是通过建立跨年龄、跨专业的学习环境，培养学生们全面发展的能力，尤其是创新能力、协作能力、提出问题和解决问题的能力。

（7）清华大学—阿里巴巴自然交互体验联合实验室

2018年4月，清华大学—阿里巴巴自然交互体验联合实验室成立，探索自然交互体验，研究人与机器之间无缝交流与沟通，使机器成为能够理解人类意图的智能设备，自然交互体验的实现将给各个行业带来革命性的变化，这也是阿里巴巴与学术界在全球设立的首个人机交互领域的联合实验室。

（8）“传统工艺与材料研究”文化和旅游部重点实验室

2016年12月，“传统工艺与材料研究”实验室获批第二批文化部（现为文化和旅游部）重点实验室，是国内首个从材料入手、融合艺术与科学的传统工艺科研平台。苏丹任实验室主任，陈岸瑛和杨金龙（材料学院）任副主任，尚刚任学术委员会主任。

实验室依托学院一流专家团队和各工艺实验室的科研力量及硬件设施，设六大研究方向：传统印染纺织材料与工艺研究、传统陶瓷材料与烧造工艺研究、传统大漆材料与工艺研究、传统金属材料与工艺研究、传统玻璃材料与烧制工艺研究、古法造纸材料与传统印刷工艺研究。作为清华文科首个部级重点实验室，实验室以文化科技交融为特色，研究解决非遗传承、传统工艺行业发展中的瓶颈技术问题。以重点实验室为依托，申报立项国家社科基金、教育部人文社科、国家艺术基金、北京文化艺术基金、文旅部重点实验室项目及重大横向课题。

（9）研究所

截至 2021 年 1 月，学院设有 28 个研究所。其中，2011 年以前成立的有 8 个：展示艺术研究所（所长：洪麦恩）、建筑环境艺术设计研究所（所长：汪建松）、环境建设艺术咨询研究所（所长：苏丹）、城市建设艺术设计研究所（所长：吴诗中）、茶道艺术研究所（所长：郑宁）、室内设计与材料应用研究所（所长：杨冬江）、城市景观艺术设计研究所（所长：宋立民）、交互媒体艺术设计研究所（所长：张烈）。

2011—2021 年学院共成立 34 个研究所，撤销 14 个：当代艺术研究所（所长：张敢）、城市视觉规划设计研究所（所长：马泉，该所于 2016 年撤销）、视觉艺术设计研究所（所长：千哲，该所于 2016 年撤销）、世界艺术史研究所（所长：张夫也，该所于 2021 年撤销）、服务设计研究所（所长：付志勇，该所于 2020 年撤销）、信息视觉设计研究所（所长：陈磊，该所于 2016 年撤销）、紫砂艺术研究所（所长：王辉，该所于 2017 年撤销）、漆艺研究所（所长：周剑石，该所于 2014 年撤销）、游艇及水上环境设计研究所（所长：涂山）、家具设计研究所（所长：于历战）、书法研究所（所长：杜大恺）、健康医疗产业创新设计研究所（所长：赵超）、现代陶艺研究所（所长：白明）、中国艺术学理论研究所（所长：陈池瑜）、协同创新生态设计中心（所长：刘新，该所于 2019 年撤销）、传统陶艺与创新研究所（所长：章星，该所于 2019 年撤销）、设计和工艺文化研究所（所长：聂影，该所于 2019 年撤销）、照明产品原型创新研究所（所长：唐林涛，该所于 2019 年撤销）、乡村环境修复研究所（所长：崔笑声）、新媒体演艺创新研究所（所长：王之纲）、文化传承与创新设计研究所（所长：马赛）、智能产品设计创新研究所（所长：张雷）、未来工程机械工业设计研究所（所长：刘志国，该所于 2021 年撤销）、智能交互系统设计研究所（所长：冼枫，该所于 2021 年撤销）、社会美育研究所（所长：李睦）、健康服务与创新设计研究所（所长：王国胜）、智能空间交互设计研究所（所长：张茫茫，该所于 2021 年撤销）、生态设计研究所（所长：刘新）、手工造纸与纸艺术研究所（所长：原博）、国家形象视觉设计研究所（所长：陈磊）、薪技艺传统工艺研究所（所长：刘润福）、色彩材料创新与应用研究所（所长：千哲）、数据与智能创新设计研究所（所长：吴琼）、文旅产业创新研究所（所长：方晓风）。

其中，展示艺术研究所多次承接具有重要社会影响力的大型国家级展览设计项目，如“纪念中国人民抗日战争暨世界反法西斯战争胜利 60 周年大型主题展览”“伟大壮举，光辉历程——纪念中国工农红军长征胜利 70 周年展览”等。同时，承接南湖革命纪念馆新馆等国内重要的历史纪念馆展览的基本陈列设计与制作。由纤维艺术研究所与美国圣何塞纺织艺术博物馆共同主办的“改变中的景观——中国当代纤维艺术展”，把中国的纤维艺术设计推向国际舞台。健康医疗产业创新设计研究所邀请了中国科学院和中国工程院的多名院士加盟，针对基因测序、细胞治疗、医患体验、老龄化、中医现代化等涉及《健康中国行动（2019—2030）》的重大问题，展开系统的跨学科创新设计研究与产业转化。

2011 年，位于浙江省嘉兴市的南湖革命纪念馆新馆落成，总体设计：洪麦恩，图为纪念馆序厅

3. 校企发展

2014 年 10 月，北京清尚环艺建筑设计院有限公司更名为“北京清尚建筑设计研究院有限公司”。公司以原中央工艺美术学院环境艺术研究设计所改制而成的设计院为基础，在中国室内设计行业和中国建筑装饰行业成功打造了“清尚”品牌，在商业空间、办公空间、博物馆和展陈空间设计领域完成了一批有影响力的项目。另外，在演艺空间设计领域也卓有建

2011 年，清华大学百年校庆之际，新清华学堂、蒙民伟音乐厅和校史馆建筑群落成，北京清尚公司参加部分建筑装饰设计施工和布展工程

树，先后完成了保利剧院、中国国家图书馆音乐厅、北京电视中心演播剧场、新清华学堂、上海保利剧院以及数百家影院的设计。在办公空间设计领域，先后完成了保利集团、中国人寿集团、国家开发银行、中信银行等智能化办公室楼的室内设计。在商业空间设计领域，完成了王府井、燕莎、当代商城及数十个万达商业广场项目。在博物馆、纪念馆类项目的实践中，北京清尚公司先后完成了毛泽东、朱德、周恩来、邓小平、李先念、彭德怀、贺龙、徐向前、聂荣臻等国家重要领导人的纪念馆的展陈设计与施工。

北京清尚建筑设计研究院与清华美院始终保持密切联系，为学院教学和人才培养提供成果转化、设计实践的平台。例如，2014 年 APEC 会议雁栖湖国际会议中心集贤厅设计、2015 年意大利米兰世界博览会中国国家馆设计等都是产学研结合的成功案例。北京清尚建筑设计研究院还与北京清尚公司一道为清华大学分红和积累净资产超过 2 亿元，并向学校基金会及各种活动捐款累计超过千万元。

在清华控股有限公司主导下，2013 年清控人居控股集团有限公司在北京成立，吴晞任该集团党委书记兼董事长。北京清尚建筑设计院和北京清尚公司加盟清控人居控股集团，促使室内设计成为规划设计、建筑设计、环境工程以及土木工程全产业结构中的一个板块，在中国新型城镇化建设中发挥着重要作用。集团成员企业承担着北京城市副中心规划设计、

2011 年 5 月 10 日，清华大学百年校庆之际，北京清尚公司向清华大学新百年发展基金和清华大学美术学院各捐赠 100 万元，图为捐赠仪式

冬奥会场馆建筑设计、米兰世博会中国馆协助设计、北京世界园艺博览会规划设计、上海松江清控人居文化创意产业园规划设计等项目，北京清尚公司承担了其中室内装饰装修设计施工、幕墙工程设计施工、景观规划设计施工、礼仪空间艺术陈设、大型雕塑创作、视觉传达设计等工作。北京清尚公司继承了学院的优良传统，积极参与国家重要的政治任务，先后完成十多项服务于中共中央办公厅、国务院办公厅、中央军委、全国人大、全国妇联、高等法院等的保密工程；并完成多项大型纪念馆、博物馆、国家庆典活动、国家级重要展览的设计、制作及相关布展工程。

三、教研成果与国际交流

1. 教学科研获奖

在教师获奖方面，2011 年，李象群被评为“全国中青年德艺双馨文艺工作者”、全国宣传文化系统“四个一批”人才；陈楠入选教育部“新世纪优秀人才支持计划”。2012 年，吴冠英获北京市高等学校教学名师奖；刘新入选教育部“新世纪优秀人才支持计划”。2013 年，赵超入选教育部“新世纪优秀人才支持计划”；周艳阳、陈彦姝、冼枫入选北京市高校青年英才计划。2014 年，徐迎庆被评为教育部“长江学者”特聘教授；李当岐获北京市高等学校教学名师奖；李莉婷被授予“全国优秀科技工作者”荣誉称号。2015 年，马赛、白明被评为北京市宣传文化系统“四个一批”人才；鲁晓波被评为教育部“长江学者”特聘教授；郑艺被评为“第四届全国中青年德艺双馨文艺工作者”；李象群被评为“第六届北京中青年德艺双馨文艺工作者”。2016 年，白明获宝钢优秀教师奖；封帆获美国艺术史研究机构协会首届“东亚学者奖”。2017 年，李睦获北京市高等学校教学名师奖；赵超被评为北京市优秀教师；韩美林获第十五届“世界杰出华人奖”。2018 年，李象群入选第三批国家“万人计划”哲学社会科学领军人才；米海鹏入选第三批国家“万人计划”（青年拔尖人才）；韩美林荣获国际奥委会颁发的“顾拜旦奖”；陈岸瑛被文化和旅游部评为“全国非遗保护工作先进个人”。2018 年，柳冠中获得“光华设计发展基金会”颁发的“改革开放 40 年中国设计 40 人特别奖”。2019 年，清华美院荣获“北京市筹备和服务保障中华人民共和国成立 70 周年庆祝活动先进集体奖”；马赛、千哲荣获中共北京市委、北京市政府颁发的“北京市筹备和服务保障中华人民共和国成立 70 周年庆祝活动先进个人”称号；杨冬江被评为北京市宣传文化系统“四个一批”人才；高庄、雷圭元、张仃、潘昌侯、常沙娜、陈汉民、柳冠中、石振宇、吕敬人获“光华设计发展基金会”颁发的第十五届光华龙腾奖“新中国成立七十周年中国设计 70 人”；王晓昕获“光华龙腾奖·中国设计业十大杰出青年”称号；清华美院非遗研培项目组集体获《光明日报》组织评选的“中国非遗年度人物”称号。2020 年，马赛入选百千万人才工程，授予有突出贡献的中青年专家称号；陈岸瑛被评为 2020 年度文化和旅游部优秀专家。

此外，清华美院有 3 人在教育部 5 个专业教学指导委员会担任主任、副主任、委员，14 人在各美术、设计协会、学会等担任重要职务。另有 51 人在全国及北京市各专业学会、协会担任职务。2013 年，中国美术家协会第八次全国代表大会召开并选举第 8 届美协领导，曾成钢任副主席。2018 年，中国美术家协会第九次全国代表大会召开并选举第 9 届美协领导，鲁晓波、曾成钢、李象群当选副主席，聘请常沙娜、王明旨为第 9 届顾问。

在作品获奖方面，教师艺术与设计作品获得诸多奖项。2014 年，在第十二届全国美术作品展览“中国美术奖·创作奖”评选中，周令钊、陈若菊、郑宁、郗海飞、姜祖青、崔彦伟等创作的北京地铁六号线集体创作作品（壁画、装置）获中国美术奖·创作奖银奖。其中，学院教师作品包括：朝阳门站壁画《凤舞朝阳》，周令钊、陈若菊、郑宁（兼制作）创作，陶瓷浮雕，360cm×1605cm，2013 年；朝阳门站壁画《京东粮道》，周令钊、陈若菊、郑宁（兼制作）创作，陶瓷浮雕，360cm×1800cm，2013 年；青年路站壁画《春潮涌动》，郗海飞创作，金属板手工雕刻喷漆，320cm×1900cm，

壁画《凤舞朝阳》局部，周令钊、陈若菊、郑宁（兼制作）创作，陶瓷浮雕，北京地铁六号线朝阳门站，2013 年

壁画《京东粮道》局部，周令钊、陈若菊、郑宁（兼制作）创作，陶瓷浮雕，北京地铁六号线朝阳门站，2013 年

壁画《春潮涌动》，郗海飞创作，金属板手工雕刻喷漆，北京地铁六号线青年路站，2012 年

公共艺术装置《绚丽四季》，姜祖青创作，不锈钢塑形喷漆（4个），北京地铁六号线常营站，2012年

壁画《时光之旅》，崔彦伟创作，金属板喷漆，北京地铁六号线十里堡站，2012年

2012年；常营站公共艺术装置作品《绚丽四季》，姜祖青创作，不锈钢塑形喷漆，460cm×460cm×120cm（4个），2012年；十里堡站壁画《时光之旅》，崔彦伟创作，金属板喷漆，320cm×1900cm，2012年。苏丹、张月、杜异、陆轶辰、汪建松、崔笑声、梁雯、周艳阳、师丹青、顾欣、王之纲的《2015年意大利米兰世博会中国馆整体设计》获铜奖；潘妙、高良（学生）的《事事如意》获铜奖；王洪亮、孙玉敏、王衍达（学生）的《劳动者之歌》获优秀奖；郑艺（学生）、刘振生的《城市老年人家庭洗浴产品设计》获优秀奖。2014年，丁萡的《万物静默如谜》获全国第二届现代工笔画大展银奖。2015年，米兰世博会中国馆造型设计获2015年米兰世博会大模块建筑奖项铜奖、“世博展馆遗产大奖”循环利用杰出奖一等奖、中国照明学会特别奖；赵超为博奥生物公司暨国家生物芯片工程研究中心设计的基于高通量筛查与现场实时监测技术的系列化分子诊断系统获国际红点设计大奖产业创新设计奖；罗幻的《坐看云起时》获第五届全国青年美术作品展览优秀作品奖。2018年，顾欣设计的“清华大学艺术博物馆开馆展”丛书获第九届全国书籍设计艺术展评审奖；刘新、武洲、张建廷的《工地小便桶》获2018年中国设计红星原创奖。

2019年，信息艺术设计系张烈与博士生孔翠婷的《“飞跃号”磁悬浮列车概念设计》在“第十三届全国美术作品展览”中获得“第三届中国美术奖”金奖；视觉传达设计系徐小鼎与博士生董雪凌的合作作品《阿弥陀经》获书籍装帧铜奖。学院有进京参展作品7个，其中艺术设计工业设计类有：工业设计系马赛作品《智能电熨斗概念设计》、工业设计系赵超作品《老年智能助理健康椅设计》；艺术设计工艺美术类有：工艺美术系潘妙作品《绿水青山的歌声》、工艺美术系王晓昕作品《文以铸魂》；陶艺类有陶瓷艺术设计系王辉作品《石玩——提梁紫砂壶》；书籍装帧有视觉传达设计系陈楠作品《美在乡村》；雕塑类有雕塑系马文甲及学生沈添洋作品《岗》。另有，入选作品26件。2019年，陆轶辰领衔设计的《城市缝隙中的花园——深圳南山外国语学校科华学校》荣获亚洲建筑师协会建筑奖金奖；周艳阳主持设计的中央广播电视总台央视动画馆荣获2019年中国北京世界园艺博览会企业展园金奖。2020年，吴冠英新闻漫画作品《身边的变画——游》，荣获第三十届中国新闻奖新闻漫画项目一等奖；赵超带

2019年，张烈、孔翠婷的“飞跃号”磁悬浮列车概念设计在“第十三届全国美术作品展览”中获得“第三届中国美术奖”金奖

领健康医疗产业设计研究所设计的《面向新冠肺炎及六项呼吸道病毒核酸检测产品工业设计》《新冠病毒核酸检测移动实验室工业设计》等成果获得了“好设计金奖”“中国应急救援创新设计金奖”“2020年环球设计大奖特别奖——全球抗疫产品设计奖”“创新设计红星奖银奖”“创新设计红星奖”五项重要设计大奖的表彰。

在教材与科研获奖方面，2011年，柳冠中撰写的国家级规划教材《设计方法论》获教育部2011年普通高校精品教材奖。2012年，周浩明的《可持续室内环境设计理论》获北京市第十二届哲学社会科学优秀成果奖二等奖。2012年，柳冠中的论文《设计是人类未来不被毁灭的第三种智慧》获中国工业设计发展十年优秀论文“金奖”“会长奖”；另有论文《让历史告诉未来》获“理论贡献奖”。2013年，杭间、陈岸瑛、连冕、田君的著作《设计道——中国设计的基本问题》获第六届高等学校科学研究优秀成果奖（人文社会科学）一等奖。2015年，何洁、熊澄宇、荆雷、尚刚、姚政邑的研究报告《文化产业背景下手工艺产业生存与发展调研报告》，获第七届高等学校科学研究优秀成果奖（人文社会科学）二等奖；贾京生的著作《中国现代民间手工蜡染工艺文化研究》、周浩明的著作《可持续室内环境设计理论》、左恒峰的著作 *Sensory Perception of Materials in Product Design*（《产品设计中的材料感知》）获第七届高等学校科学研究优秀成果奖（人文社会科学）三等奖。2016年，王敏（又名岛子）策划的“文化遗产中韩美术展”获韩国文化艺术功劳奖。2019年，贾京生主持的国家社科基金艺术学项目“中国少数民族防染工艺文化研究”获评优秀项目。2020年，陈楠的著作《汉字的诱惑》、金剑平的著作《数理、仿生造形设计方法》、鲁晓波的论文《大数据背景下的信息与交互设计的变革与发展》获第七届高等学校科学研究优秀成果奖（人文社会科学）二等奖；方晓风主持的国家社科基金艺术学项目《作为空间叙事文本的中国传统园林艺术》获评优秀项目；向帆、王之纲等合作论文 *Enhanced Family Tree: Evoving Research and Expression*（《增强家族树：进化的研究与表现》）入选计算机图形学领域顶级学术会议 SIGGRAPH（计算机图形图像特别兴趣小组）。

在课程获奖方面，2013 年，尚刚负责的“中国工艺美术史”课程被教育部评为国家级精品资源共享课。2014 年，柳冠中、邱松、蒋红斌、刘新、唐林涛的“基于思维与实践并行的综合造型设计基础课程群建设”被评为教育部国家精品资源共享课程，并获国家级教学成果二等奖。2016 年，鲁晓波、史元春、崔保国、徐迎庆、付志勇的清华大学“信息艺术设计”跨学科创新人才培养项目，获中国学位与研究生教育学会研究生教育成果二等奖。2017 年，何洁、杨静、鲁晓波、马赛、郑曙旸、张敢的“加强艺术与设计实验中心建设创新艺术与设计实验教学模式”获得北京市高校教育教学成果奖一等奖。2016 年，尚刚的“中国工艺美术史”（国家级精品资源共享课）被教育部评为国家精品在线开放课程。2017 年，张夫也的“外国工艺美术史”、聂跃华的“图案审美与创作”、贾玺增的“中国服装史”被教育部评为国家精品在线开放课程。2018 年，李睦的“艺术的启示”、孙玉敏的“灿烂的文化，优秀的艺术——中国工笔人物画赏析与创作”被教育部评为国家精品在线开放课程。2019 年，韩敬伟的“山水画技法”、闫辉的“铜版画制作”被教育部评为国家级线上一流本科课程（原国家精品在线开放课程）；曾成钢、冯崇利的

“素描（1）”、许正龙的“雕塑构造”被教育部评为国家级线下一流本科课程。2019 年，王小茉的“现代设计史”获北京高校第十一届青年教师基本功大赛一等奖。2020 年，关琰的“界面设计导论”被教育部评为国家级线上一流本科课程。

2.科研经费与重要项目

2011 年以来，学院科研项目的选题关注国家发展重点，引领学科研究前沿，具有艺术与科学融合的特点，立项项目数量与金额均有新的突破。2011—2020 年，学院申报立项 277 项纵向课题，合同额 6922.01 万元；申报立项 1091 项横向课题，合同额 68258.12 万元。纵向项目在重大项目、重点项目类型上亦有突破，作为项目牵头立项国家重点研发计划 2 项，并立项国家社科基金重大项目 1 项、教育部人文社会科学重大专项课题 1 项，北京市社会科学重大项目 1 项。纵向项目来源更多元，既有国家社科基金及其艺术学项目、国家艺术基金项目、教育部人文社会科学研究项目、北京市哲学社会科学项目、北京市艺术基金项目，又有国家“973”计划、“863”计划课题牵头、国家科技支撑计划、国家自然基金项目、科技部开发专项和重点专项、北京市科技计划等。横向项目密切服务国计民生，既有塑造国家形象、城市文化的大型设计与创作项目，又有服务地方政府、企事业单位的大型委托项目，还有与大型企业合作研发联合共建科研机构，同时关注新兴产业和基础研究领域。

其中，作为项目牵头单位立项国家重点研发计划 2 项：鲁晓波总负责的“中国风格文化创意及智能产品设计技术集成与应用示范”（项目来源：科技部，项目管理专业机构：科学技术部高技术研究发展中心）、马赛总负责的“冬奥会首钢赛区数字化生态创意设计研究与示范”（项目来源：科技部，项目管理专业机构：中国 21 世纪议程管理中心）。国家重大科研计划项目主要有鲁晓波负责的“文化遗产保护的方法验证与典型示范”（国家重点基础研究发展计划，“973”计划），徐迎庆负责的“泥塑、壁画类文化遗产的虚拟复原”（国家重点基础研究发展计划，“973”计划）、“大幅面高分辨触控设备”（国家重点研发计划云计算和大数据重点专项），吴诗中负责的《地域特色文化遗产展示系统关键技术集成研究与应用示范工程》（国家文化创意产业科技发展支撑计划）等。国家社科基金重大项目有邱松负责的《设计形态学研究》。国家社科基金艺术学重点项目有鲁晓波负责的《虚拟现实文化创意产品的设计理论与应用研究》、何洁负责的《民国设计艺术实践研究（1912—1949）》、左恒峰负责的《设计艺术中的材料色彩表面装饰 (CMF) 知识体系和数据库框架研究》。国家自然科学基金重点项目有徐迎庆负责的《自然人机交互基础理论和方法研究》。教育部人文社会科学重大专项课题有鲁晓波负责的《党的创新理论引领贯穿设计学知识体系研究》。北京市社会科学基金重大项目有杨冬江负责的《北京城市公共艺术发展策略与运行机制研究》。北京市社会科学基金重点项目有宋立民负责的《北京延庆区景观评价与环境整体设计问题研究》、贾京生负责的《中国白裤瑶粘膏染工艺文化研究》、陈池瑜负责的《中国艺术史观与方法研究》。

2011 年以来，学院申报立项的国家社科基金艺术学项目一般项目、青年项目、后期资助项目共计 22 项；国家自然科学基金重点项目面上项目、青年科学基金项目 6 项；申报立项教育部人文社会科学研究一般项目 10 项；北京市哲学社会科学项目重点项目 4 项，一般项目和青年项目 10 项。

冯远：《屈原与楚辞》，中国画，550cm×394cm，2016年

截至2019年，学院获国家艺术基金立项合计36项。其中，美术创作资助项目2项，青年艺术创作人才资助项目12项，艺术人才培养资助项目10项，传播交流推广资助项目12项。2017—2018年，申报立项北京文化艺术基金人才培养项目3项。

2013—2014年，学院教师在文化部、财政部、中国文联主办的“中华文明历史题材美术创作工程”中承担了15项美术创作课题：冯远的《屈原与〈楚辞〉》，魏二强的《孙子兵法》，王宏剑的《楚汉相争——鸿门宴》，王洪亮、孙玉敏的《汉武帝》，赵萌、周尚仪、董书兵的《玄奘取经》，代大权的《唐宋八大家》，魏小明的《元好问》，陈辉的《中华瓷韵》，李鹤、侯贺明的《忽必烈像》，李象群的《元四家造像》，王君瑞的《永乐迁都北

王宏剑：《楚汉相争——鸿门宴》，油画，230cm×560cm，2016年

京》，曾成钢的《中国神话传说》，郑艺的《朱元璋与南京城》，李新华、吴诗中的《武王伐纣——牧野之战》，王珂、王巍的《秦始皇统一中国》。

3.学术刊物出版与院史梳理

（1）院刊：《装饰》

作为目前国内设计学的核心期刊，《装饰》在主编方晓风的带领下，一直坚持“立足当代，关注本土”的办刊方针。2009 年，荣获中国期刊协会、中国出版科学研究所评出的“新中国 60 年有影响力的期刊”称号。2011 年，获由国家新闻出版总署评选出的“第二届中国出版政府奖期刊奖”（提名奖），成为教育部所属社科类期刊中仅有的 2 种国家政府奖“四连冠”的期刊之一。2011 年，《特别策划》栏目入选“教育部名栏建设工程”。2013 年，入选国家新闻出版广电总局推荐的“百强期刊”，名列推荐名单榜首。同年，荣获中国期刊协会颁发的“中国最美期刊”称号，并在此后的历届评选中始终保持这一荣誉。

在学术评价方面，1992—2018 年，《装饰》杂志连续 8 次被评为“中国艺术类核心期刊”，列入《中文核心期刊要目总览》第一至第八版。2014 年，经过严格遴选进入中文社会科学引文索引（CSSCI）来源期刊的正式版，成为当时来源期刊中唯一一本设计学期刊，并于此后 2016 年、2019 年的评选

2018 年 9 月 28 日，《装饰》创刊 60 周年纪念大会暨系列学术活动开幕式在清华大学主楼后厅举行

中再次名列其中。2015 年，又被武汉大学中国科学评价研究中心评为“RCCSE 中国核心学术期刊（A）”，同时入选中国科学技术信息研究所（ISTIC）研制的“中国科技论文与引文数据库（CSTPCD）（社会科学卷）”。2018 年，成功入编由中国社会科学院文献信息中心和社科文献计量评价中心共同建立的核心期刊目录《中国人文社会科学期刊 AMI 综合评价报告》。至此为止，《装饰》已名列国内文科类所有五大核心期刊体系之内。2020 年，在 RCCSE《中国学术期刊评价研究报告（第六版）》中获得“权威期刊”称号。目前，中国知网统计的《装饰》影响因子为 0.757，影响力指数在所有艺术学期刊中高居第三。

除纸刊出版外，《装饰》积极搭建学术平台，力图整合海内外学术资源、行业资源、教育资源。促进学术传播的文集出版工作，连续出版论文选集；独立或联合其他院校组织全国性的高端学术论坛，围绕业内的热点话题展开讨论与交流。主要活动有：2011 年首届国际设计三年展系列研讨会（北京）、2012 年第三届艺术与科学国际作品展系列研讨会（北京）、2014 年当代工艺美术传承与发展理论研讨会（杭州）、2015 年主动设计研讨会（上海）、2016 年“工匠精神”学术研讨会（西安），2018 年国际设计期刊主编论坛（北京）等。2014 年起，开始组织年度优秀投稿论文评选与优秀作者交流会、主题型学术年会。不断探寻设计研究的新范式、新方法、新使命为己任，必将在未来显示出其深远的影响力。积极开拓传播渠道，逐步加强新媒体出版建设：2012 年开通官方微博，2013 年开通微信公众号。以新颖原创的内容、活泼时尚的形式成为纸媒之外的重要传播平台。截至 2020 年，《装饰》公众号粉丝数已突破 8 万。

（2）《艺术与科学》《清华美术》《学院雕塑》

2011年以来，《艺术与科学》在李砚祖的主编下，出版了第10卷至第15卷。分别以“中国古代图像研究”“文化遗产理论”“女性主义设计批评”“中国绘画与篆刻艺术研究”“空间、时尚与设计”“吉祥文化与工艺美术”“艺术与博物学”“艺术图像”为主要议题，进行交叉学科的综合讨论。

2011年以来，《清华美术》在杜大恺、张敢的主编下，出版了第10卷至第17卷。分别围绕“当代抽象艺术”“文字、书法与相关艺术”“重读现实主义”“当代版画的语境与转换”“具象雕塑”“策展与中国当代艺术”“当代工笔画与中国艺术精神”等话题进行深入研究。

《学院雕塑》在主编曾成钢、执行主编许正龙的主持下，每一辑设定主题，从不同角度阐释雕塑理论，采访和介绍国内外知名雕塑家，国内重要艺术学院的雕塑教学课程，以及实时报道国内外重要雕塑活动。下设5个主栏目：理论沙龙、教学空间、创作平台、交流园地、资讯八方；6个子栏目：名师访谈、特色课程、佳作品读、雕塑家、雕塑天地、雕塑轶事。面向全国发行，每辑发行1000册。2009—2020年，在许正龙的执行主编下，已经出版29辑，成为国内雕塑专业领域重要的学术交流平台。

（3）院史梳理

2013年，经清华美院学术委员会讨论决定，“中国现代艺术与设计学术思想丛书”开始编辑第二辑文集，李当岐任第二辑文集主编，苏丹、方晓风先后任执行主编。2011—2020年，在编辑办公室张京生、郭秋惠的组织编撰下，编辑出版第一辑文集4本：《庞薰琹文集》（周爱民编）、《郑可文集》（连冕编）、《吴冠中文集》（贾明玉编）、《黄能馥文集》（肇文兵编）；编辑出版第二辑文集8本：《俞致贞文集》（金纳编）、《祝大年文集》（祝重寿编）、《奚小彭文集》（马怡西编）、《温练昌文集》（贾京生编）、《袁运甫文集》（翁剑青编）、《陈汉民文集》（彭璐编）、《乔十光文集》（陈彦青编）、《杨永善文集》（丁珊编）。此外，在编的还有6本文集：《袁迈文集》（谢崇桥编）、《白雪石文集》（唐绪祥编）、《潘昌侯文集》（郭秋惠编）、《叶喆民文集》（陈朗编）、《李绵璐文集》（杨阳编）、《陈若菊文集》（章星编）。

2011年11月，学院55周年院庆时，在北京清尚公司的支持下，以“光华路：中央工艺美术学院‘老照片’展”为基础，学院出版《光华路：中央工艺美术学院影存（1956—1999）》（张京生、郭秋惠编）。2016年，学院60周年院庆时，出版该书修订版。2011年起，学院参加《清华大学志：1911—2010》美术学院及相关人物编写工作，该书于2018年由清华大学出版社出版。2017年，学院被清华大学列入“学科院系部门发展史编纂工程”首批项目，李功强、马赛先后任负责人，郭秋惠任主笔；2021年，完成《清华时间简史：美术学院》书稿，列入校庆110周年出版物“清华时间简史”丛书，由清华大学出版社出版。2019年，学院参加由人民美术出版社和中央美术学院发起的“新中国高等美术教育70年丛书”的编写出版工作，马赛主编、郭秋惠执行主编的《光华路：清华大学美术学院卷》将由人民美术出版社出版。

4.国际及港澳台交流

清华美院针对不同学科、专业的学术传统、特色及发展方向，兼顾教学、学术发展及科研的要求，打破文理学的界限，跨越国家、地区界限，整合现有国际资源，因地制宜，引入优秀师资，将交流形式、内容与学院未来重点发展的学术方向相关联，为师生搭建多层面的国际学术平台，将艺术、设计、工艺等融入不同学科中，充分体现清华大学提出的“厚基础、重实践、求创新”的育人模式。

2013—2017 年间，学院共邀请约 400 位外国专家进行长、短期讲学、联合授课、学术讲座、工作坊、举办展览等，累计开设课程 140 门，开设讲座 340 场；举办 89 次国际会议和展览，境内外参与人数达到 3000 余人，共计发表论文 560 余篇；学院与英国皇家艺术学院和帝国理工学院共同开展全球创新设计（GID）研究生项目、积极参与清华全球创新学院（美国）GIX 项目建设、大力支持与米兰理工大学的双学位硕士项目，建设清华大学米兰艺术设计学院，与众多国际一流大学开展教学合作，研究生因公出国派出人数从 2013—2017 年共计 415 人次，出访地域广。此外，共有来自 17 个国家、地区的 51 名国际生及中国港澳台研究生来学院攻读各类学位。

学院高度重视本科生的国际化培养，不断推进国际间学术交流。本科生出访地域覆盖美国、意大利、日本、英国、德国、澳大利亚等全球 20 个国家和地区，积极开展参展参赛、交换学习、联合培养、攻读学位、短期课程、海外实习等，2013—2017 年通过校级、院级交换协议派出的交换生有 51 人次。

学院广泛开展国内外合作与交流，与美、英、法、德、意、日等 13 个国家的 35 所艺术院校建立了合作关系。近五年组织召开国内、国际教学研讨会、专业论坛等活动 70 余次；举办国际与国内艺术设计展览及研讨会近百次；来院讲学、交流的专家 400 余人次；赴国外讲学、参加国际会议、举办展览、合作研究的师生千余人次。

四、主要会展与社会服务

1.主要展览与会议

清华美院定期举办教学与设计成果国际作品展，打造国际交流平台，促进艺术与设计学科不断发展。具有影响力的代表性展览有：艺术与科学国际作品展暨学术研讨会、首届北京国际设计三年展、国际新媒体艺术展、国际陶瓷艺术作品展、从洛桑到北京——国际纤维艺术作品展、从河姆渡走来——国际现代漆艺展暨国际学术研讨会等。

（1）60周年院庆活动

2016年11月1日，清华大学美术学院（原中央工艺美术学院）建院60周年纪念大会在清华大学大礼堂隆重举行。清华大学校长邱勇，党委书记陈旭，中国文联副主席、中央文史馆副馆长、中国美协副主席、清华大学美术学院名誉院长冯远，原中央工艺美术学院院长常沙娜，清华大学美术学院原院长、清华大学原副校长、中国美协顾问王明旨，清华大学美术学院院长鲁晓波等学校和学院领导；北京服装学院院长刘元凤，英国皇家艺术学院院长保罗·汤普森（Paul

2016年11月1日，纪念清华大学美术学院（原中央工艺美术学院）建院60周年大会在清华大礼堂举行

Thompson）等国内外兄弟院校代表，以及清华美院离退休教师代表、校友、在职教师、在校生代表等近 1000 人出席大会。大会由清华美院时任党委书记李功强主持。院长鲁晓波全面回顾学院 60 年的发展历程，总结学院在人才培养、学科建设、社会服务、文化传承创新方面所取得的成就和积累的经验。

同时，学院还举办一系列院庆活动："艺术与设计教育的未来使命"国际论坛、国内外院校长圆桌会议"多重选择——面向未来的艺术设计教育"、第八届清华国际艺术·设计学术月首场活动——"艺术与设计教育的未来使命"国际论坛和校友服装设计作品发布会，以及融合最先进的无人机、灯光技术的新媒体艺术作品《映像》（*Reflection*）。既回顾学院 60 年来在艺术设计教育中取得的成就和经验，又与国内外院校长一起探讨国际化背景下艺术设计教育的新方向。

在清华大学艺术博物馆开馆之际，隆重推出由清华大学主办的"思贤师心——清华大学美术学院艺术大家作品展"。展览从已故的清华大学美术学院老一辈艺术教育家中，精心遴选出张光宇、庞薰琹、雷圭元、白雪石、俞致贞、祝大年、张仃、吴冠中八位对我校专业学科发展做出重要贡献，具有重要学术影响力，且对我国艺术教育、美术创作及艺术设计发展具有重要推动作用和影响，被社会公认的艺术大家；展出八位艺术大家的百余件美术作品。同时，卢新华主编的《丙申仰望，致意先贤：清华大学美术学院（原中央工艺美术学院）艺术大家集》由清华大学出版社出版，梳理卫天霖、张光宇、陈叔亮、庞薰琹、雷圭元、郑可、白雪石、俞致贞、袁迈、梅健鹰、吴劳、祝大年、张仃、吴冠中、阿老、奚小彭共 16 位为学院发展做出突出贡献的前辈先生的艺术与设计思想、作品及年表。

（2）系庆活动与系史梳理

2011 清华大学百年校庆以来，美术学院艺术史论系、工业设计系、染织服装艺术设计系、陶瓷艺术设计系、视觉传达设计系和环境艺术设计系，先后举办活动，进行系史梳理。

2013 年 11 月，“清华大学美术学院（原中央工艺美术学院）艺术史论系成立三十周年庆典”由时任系主任张夫也主持，时任副校长谢维和为艺术史论系 65 岁以上老教师田自秉、叶喆民、陶如让、奚静之、杨琪、胡照华、陈瑞林、祝重寿、李永存颁发史论系教学贡献奖。时任副院长张敢、时任系主任张夫也和海外顾问德鲁克为世界艺术史研究所揭牌。同时，举办“开放的学科：从艺术史论到艺术学理论——第五届清华国际艺术・设计学术月”“艺术史论新思维——全国艺术学理论学科发展高端论坛”“艺术与管理圆桌会议”“庆祝田自秉、叶喆民先生九十华诞学术研讨会”“系友座谈会”等；并首发《三十而立：清华大学美术学院艺术史论系简史》（郭秋惠主编），通过档案文献和人物访谈，系统梳理艺术史论系的发展历程、教学思想与学术影响，以及在“艺术学理论”一级学科框架下形成的艺术史、艺术理论、艺术批评与艺术管理全面发展的学科格局。

2014 年 10 月，工业设计系 30 周年庆典暨 2014 第六届清华大学艺术・设计学术月系列活动，在学院美术馆拉开帷幕。活动庆典由时任系主任赵超主持，时任副校长谢维和肯定美术学院尤其是工业设计系在清华建设一流大学过程中发挥的作用；作为中国最早建立工业设计学科和教学体系的设计院系之一，工业设计系为政府、产业、教育等社会各界输送了众多优秀的设计管理者、设计实践者、设计教育者。“清华大学美术学院工业设计系 30 周年文献展”，展示工业设计系 30 年的发展历程与教学科研成果。并举行以“社会创新语境中的设计学科转型”为会议主题的工业设计发展高峰论坛、地域经济转型与创新设计发展论坛、工业设计系教学与科研发展圆桌会议、设计师之夜等活动，分析和探讨关于设计实践的经验与思考。同时，编辑并由中国建筑工业出版社出版《转型中的设计学科：清华大学美术学院工业设计系 30 年学术会议论文集》《观念的践行者：清华大学美术学院工业设计系 30 年设计作品选集》。《装饰》杂志为工业设计系建系 30 周年增发纪念特刊。

2015 年 10 月，“聚变——学科交叉的探索与创新”信息艺术设计系成立十周年学术论坛暨第七届清华国际艺术·设计学术月开幕式在学院召开。论坛议题集中在信息与交互设计、动画、影像媒体艺术等方面，国际专家学者、企业代表、往届系友、在校师生欢聚一堂，共同探讨全球视野下的信息艺术设计教育、研究、创新和发展的新理念和新趋势。同时，举办同名纪念展览和分别以信息与交互设计、动画与数字媒体、科技影像与新媒体艺术为主题的圆桌会议，打造国内外相关领域的交流平台，加强信息与交互设计教育的交流与合作，推动设计教育界和信息产业界的沟通与对话。

2016 年 4 月，染织服装艺术设计系举行系列建系 60 年庆祝活动。“回顾与展望——清华大学美术学院染织服装艺术设计系建系 60 周年师生作品展”，是对建系以来教学成果的回顾，也是对未来设计教育发展的深刻思考。“面向未来的纺织、服装设计教育”国际学术研讨会会集瑞典、英国、印度尼西亚等国家以及纺织服装领域的学者、专家等，沟通与探讨在传统与未来、设计与科技、传承与创新等方面在当今纺织服装艺术设计教育领域的发展。同时，召开染织服装设计系离退休老师座谈会，回顾历史、不忘传统，展望未来、继续前行；举办“2016 年第十六届全国纺织品设计大赛”，展示全国 20 多所艺术院校学生的设计作品。

2016 年 10 月，为庆祝陶瓷系建系 60 周年，由陶瓷系主任、《中国陶艺家》杂志常务副主编白明、著名陶艺推广人许以祺共同策划，美院陶瓷艺术设计系与西安富平陶艺村、国际陶艺博物馆群联合举办“世界陶艺杂志主编论坛”。《爱尔兰陶艺》（*Ceramics Ireland*）主编蒂娜・伯莱恩（Tina Byrne）、《澳大利亚陶艺》（*The Journal of Australian Ceramics*）主编维姬・格里玛（Vicki Grima）、美国杂志《陶瓷艺术与感知》（*Ceramics: Art and Perception*）主编伊莱恩・欧・亨利（Elaine O Henry）、欧洲杂志《新陶艺》（*New Ceramics*）主编伯恩德・普凡库赫（Bernd Pfannkuch）、意大利杂志《陶艺》（*La Ceramica*）主编乔瓦尼・米诺（Giovanni Minnllaw）、联合国教科文组织国际陶艺学会（IAC）主席雅克・考夫曼（Jacques Kaufmann）、英国著名苏打烧陶艺家杰克・多尔蒂（Jack Doherty）等到会演讲。此外，以展板展台、系史图册和系列微信推送的方式，系统梳理陶瓷系简介、历史、学术科研及现任教师情况。

2016 年 10 月，“清华大学美术学院视觉传达设计系建系 60 周年纪念展”在学院美术馆隆重举行，时任系主任赵健主持开幕式。纪念展及同名图册以人物为线索，介绍建系以来所有任教老师的学术简历以及代表作品、所有行政人员、教辅人员以及历届毕业生名录等，梳理与总结本系 60 年来的学术文脉与人才培养经验。

2017 年 11 月，环境艺术设计系建系 60 周年庆典大会及教学成果展在学院美术馆举行，系主任宋立民主持。美院和环艺系的前辈们回顾环境艺术设计系辉煌的发展历史：引领中国室内设计的时代潮流，培养众多优秀的毕业生和行业翘楚。行业协会和兄弟院校代表畅谈环艺系与协会、院校的合作渊源和交流发展，并对环艺系 60 载的教学成就给予高度评价。校企代表肯定互相协作建立起的良性关系和取得的丰硕成果。同时，首发《从室内装饰到环境设计：清华大学美术学院（原中央工艺美术学院）环境艺术设计系历史沿革》（任艺林著），通过档案文献和人物访谈，图文并茂地梳理总结环境艺术设计教育的发展脉络、学术贡献与历史影响。

（3）艺术与科学国际作品展暨学术研讨会

2012 年，第三届“艺术与科学国际作品展暨学术研讨会”在中国科学技术馆举行，主题是“信息 · 生态 · 智慧”。22 个国家和地区的 112 件作品最终参展，并编辑出版了展览作品集。作品形式包括新媒体艺术、产品设计、建筑与环境设计、视觉传达设计以及艺术创作等体现艺术与科学相结合的科学作品。同时，“吴冠中艺术与科学创新奖”也在本次展览首度颁奖。来自法国、美国、英国、德国以及中国的著名艺术家、科学家及学者 15 人组成的国际评审委员会对参展作品进行了评选，评选出了 9 件获奖作品。除作品展外，本届活动还包括一系列研讨会，邀请来自海内外的艺术家、科学家、设计师等就相关领域发表精彩演讲。

2016 年，第四届艺术与科学国际学术会议与“‘多重选择——面向未来的艺术设计教育’国内外院校长圆桌会议”举行。连续举办的艺术与科学国际学术会议，逐步巩固了清华大学在“艺术与科学”研究领域作为一个高层次、前沿性的国际对话平台地位。会议深入交流艺术与科学领域最新的

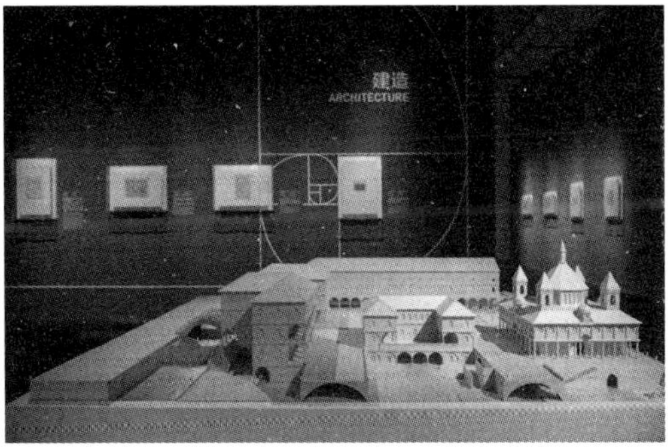

2016年9月，“对话列奥纳多·达·芬奇——第四届艺术与科学国际作品展”在清华大学艺术博物馆举办，图为达·芬奇的建造设计实物模型

2011年9月28日—10月17日，首届北京国际设计三年展在国家博物馆举行，图为展厅内景一角

进展和趋势，以提高艺术与科学创作水平，促进艺术与科学教育的发展，从而提高艺术与科学的创新水平，促进艺术与科学的和谐发展，拓展和深化艺术与科学对社会发展和价值建构的意义和作用。

（4）首届北京国际设计三年展

2011年9月—10月，由教育部、文化部、中国文联和北京市政府主办，由清华大学、北京歌华文化发展集团和北京工业设计促进中心共同承办，首届北京国际设计三年展在中国国家博物馆举行。展览以“仁：设计的善意”为总主题，下设五个分主题展，由五对境内外策展人以“1+1”的模式联袂策划，从全世界范围内征集和遴选五年来的优秀设计作品。

“创意联结”是占地面积最大的展览单元，由杨冬江和米兰设计周总策划人、《室内设计》（*INTERNI*）杂志主编吉达·博业迪女士联合策划，着力体现全球最知名的设计师和最知名的设计品牌之间的“联结”。“知‘竹’”是最具东方情调的展览单元，由杭间和香港地区知名设计师、策展人刘小康联袂策划，以具有浓郁中国特色的竹文化为背景，对亚洲和世界范围内的竹工艺和竹设计进行了富于诗意的呈现。“理智设计情感”展览单元由方晓风和法国新锐策展人本杰明·卢瓦约特共同策划，突出强调在优秀的设计作品中，理智（功能、技术）与情感（装饰、审美）如何取得最佳平衡。“混合现实”展览单元由李德庚与瑞士霍泽尔和凯柏勒建筑事务所联合策划，充满诙谐、低调和混搭的后现代精神。“可能的世界”是最具前沿性的展览单元，由金江波与英国设计界怪才、英国皇家艺术学院教授菲奥娜·拉比和安东尼·邓恩联合策划，以设计为切入点，探索了转基因、器官移植、纳米技术和核物理等当代前沿科技对于未来生活的诸多可能性。

该展览总占地面积近 5000m^2，汇集来自全球 40 多个国家的近 500 名一流设计师的 2000 余件精彩作品，涉及衣、食、住、行、用等各方面，代表当代国际设计的最高水准和最新潮流，是中国乃至亚洲地区最大规模、最高规格和最具学术价值的设计大展。

（5）其他展览与会议

2011 年 10—11 月，举办第三届清华国际艺术·设计学术月，该活动分为北京会场与广州会场两部分，其中北京会场召开“持续之道——全球化背景下可持续艺术设计战略”国际研讨会；广东省会场举办“2011 首届中国工业设计北滘论坛”，分别举办了以“设计产业的集聚性发展以及其在中国经济增长方式转型中的角色与意义”为主题的高峰论坛、“工业

2017 年 3 月，“美林的世界在巴黎·爱与和平特展”在巴黎联合国教科文组织总部、巴黎中国文化中心相继开幕

设计机制研究与原型创新模式推介会”、国内首份“工业设计园区基础数据统计研究报告”发布及成果展览和“工业设计应用理论博士论坛”。

2011 年以来，陆续举办“韩美林艺术大展”“韩美林八十大展”“韩美林生肖艺术大展”。艺术家秉持“致敬文艺复兴，履职文化担当，回归民族之根”的理念，先后在威尼斯、巴黎、列支敦士登、首尔等地举办“韩美林全球巡展”，引发国内外观众的持续关注和热烈反响，并先后获颁“联合国教科文组织和平艺术家”“国际奥委会顾拜旦奖”“韩国总统文化勋章”。

2013 年，清华大学美术学院基础教学成果展在清华大学美术学院美术馆举办，展现了学院跨学科发展的基础教学成果。其中，学院近 80 名老师参与授课，从而突破了专业与基础、专业与专业之间的壁垒。同期举办 2013 清华艺术基础教育教学论坛。

2013—2014 年，“1895 中国当代工艺美术系列大展”暨学术论坛“再生产——中国当代工艺美术学术论坛”在江苏南通举行。2014 年，“1895 中国当代工艺美术系列大展优秀作品展”在中国国家大剧院举办，由清华大学美术学院、南通市人民政府主办。展览分为金属艺术、漆艺、陶瓷艺术、玻璃艺术、纤维艺术五大系列，200 余件作品从不同方面反映了当代工艺美术设计的最高水准。2014 年，为弘扬中国茶文化与艺术，促进中日茶文化的交流，中日茶文化交流展暨研讨会在北京举行。2014 年以后，以“‘茶境’国际茶文化交流展”为名，形成系列展览。

2014 年，清华国际设计管理大会在深圳举行。以“设计驱动商业创新”为主题，邀请国际一流企业战略与管理专家和国际知名企业主管发表演讲，同时还举办以企业设计战略与商业模式创新为专题的系列工作坊和设计管理学术论坛。2014 年，“持续之道——国际可持续设计学术研讨会暨设计作品展”在北京举行。会议对全球化背景下我国的艺术设计战略进行理论层面的高层次研究与探讨。同年，清华大学艺术与科学沙龙第一期成功启动，由清华大学艺术与科学研究中心主办，50 余名青年设计师、教师、学生围绕着“图像与心意”这个话题展开了热烈讨论。2015 年，第三届交互设计国际会议在北京举办，主题为“边界与融合”，旨在讨论交互设计教育未来的发展模式，如何在艺术与科技互鉴的背景下，拓展交互设计的创新领域和行业发展。

2014 年 7 月，“花开敦煌——常沙娜艺术研究与应用展”在北京今日美术馆开幕

2014 年 7 月，“花开敦煌——常沙娜艺术研究与应用展”在北京今日美术馆开幕。展览展出包括常沙娜临摹敦煌作品、历代图案分析、花卉创作及 20 世纪 50 年代在林徽因指导下创作的景泰蓝等工艺设计作品近 250 件，是常沙娜 60 多年来敦煌艺术与应用设计的第一次完整呈现，其中多数展品为首次呈现。展览整合多位青年设计师与工艺美术工厂、设计公司的创意和作品，实验性地将敦煌图案与当代设计创新组合；应用设计作品有新景泰蓝的钟表设计、瓷器、服饰等。此后，展览在中国北京、深圳、台湾地区，以及俄罗斯、土耳其等地陆续举行，让敦煌艺术之美花开遍地。

2015—2019 年，学院青年教师在学院领导的支持下，策划举办 5 届以“薪技艺”为主题的国际青年工艺美术作品展及研讨会：2015年北京—上海“薪技艺·燃”巡展、2016年东京“薪技艺·炎”国际展、2017年上海“薪技艺·灵”国际展、2018年孟加拉达卡大学及国家美术馆“薪技艺·灿”国际展、2019年北京“薪技艺·炼”国际展。展览策划执行教师有：刘润福（陶艺）、王晓昕（金属）、岳嵩（纤维）、杨佩璋（漆艺）、李静（玻璃）、原博（纸艺）、刘铁军（木艺）、李迎军（染织）等。“薪技艺”展览及研讨会致力于传承工艺传统，传递多彩文化基因；践行传统创新，融合当代时尚生活；弘扬民族审美，尊重各国艺术多样性。展览以新时代的中青年手工艺实践者为主体，力求打造注重实践的高端国际学术交流平台，力求构建传统创新学术体系。展览及研讨会有效提高了青年工艺家的创新能力，并获得良好的国际声誉，逐渐形成工艺美术领域重要的展览品牌。

2015年，“首届中国人居环境设计学年奖”由美术学院与建筑学院共同发起，由清华大学、教育部高等学校设计学类专业教学指导委员会联合主办，由《装饰》《世界建筑》提供学术支持，谭平、郑曙旸、庄惟敏任组委会主任，何洁、方晓风、张利任组委会副主任。旨在建立关注人居环境跨学科的教育交流平台，提升学术品质。至2020年，该活动已成功举办六届，力图以系统、综合的环境意识，构建更为健康的人居环境审美体系。其前身为“中国环境设计学年奖”，由中国建筑学会室内设计分会教育委员会联合16家主要设计高校发起于2003年，至2014年已成功举办12届，并成为这一专业领域内有重要影响的奖项。

2015年11月14日，“笔意凝彩，致贞清远——俞致贞百年诞辰纪念活动”在清华大学美术学院美术馆举行。院长鲁晓波教授担任大会主持。俞致贞先生的亲属、同事、学生以及社会各界来宾400余人出席纪念大会。开幕式还举行《笔意凝彩，致贞清远——俞致贞百年诞辰工笔花鸟画作品集》（卢新华主编）、《中国现代艺术与设计学术思想丛书——俞致贞文集》（金纳编）首发仪式。同日，举行“笔意凝彩，致贞清远——俞致贞工笔花鸟画学术研讨会”，来自艺术界的专家学者近百人参加了研讨会，副院长张敢教授担任主持。

2016年，清华大学美术学院联合米兰新美术学院、多莫斯设计学院组织策划展览“21世纪人类圈——一个移动的演进的学校”参加米兰三年展，并由清华大学美术学院苏丹教授、米兰新美术学院Italo Rota教授和多莫斯设计学院Gian Luigi担任策展人。清华大学美术学院与建筑学院组织了5场工作坊参展，分别为：环境艺术设计系于历战带队的“睡眠家具设计”，染织服装设计系王悦带队的“天人合一：自然染”，信息设计系师丹青和米海鹏带队的“新媒体中的仿生学”，绘画系李天元带队的“智能艺术”以及建筑学院徐卫国带队的“活动设计”。同年，“色无界——首届国际色彩论坛”在北京举行，深入交流室内、建筑的用光与色彩的关系，以及景观设计中的照明色彩运用等话题。

2016年是学院主要创建者雷圭元110周年诞辰。5月，由学院与上海松江区人民政府联合主办“纪念中国现代工艺美术教育家、设计家雷圭元先生诞辰110周年”系列纪念活动。雷圭元作品展、雷圭元学术研讨会、《雷圭元艺术文献集》《雷圭元作品集》《雷圭元论图案艺术》首发式，在上海松江程十发艺术馆举行，由学院贾京生、郭秋惠、张京生团队和程十发艺术馆唐西林团队主持策划。12月，由清华大学艺术博物馆与学院主办的“图案人生——中国现代设计教育奠基人雷圭元艺术回顾展”开幕，由杨冬江、贾京生、郭秋

雷圭元艺术回顾展海报，王鹏设计，2016年

2016年4月，第21届米兰三年展“二十一世纪人类圈：一个移动的演进的学校”，清华大学美术学院展馆现场

惠执行策展，展览定位为“艺术回顾展”，通过“永远的‘教书匠’”和“‘无界’的艺术家”两大板块，综合呈现雷圭元先生为人生而艺术的设计理想，行知合一的教育理念，一专多能的艺术特色。

2016年，在文化部非物质文化遗产司支持下，艺术史论系与苏州工艺美院联合发起创办“传统工艺青年论坛”，至2020年已举办五届并编辑出版四部论文集，为振兴传统工艺搭建起一个高端学术交流平台。受非遗司委托，项目组在广泛调研基础上总结创新实践案例，出版《工艺当随时代——传统工艺振兴案例研究》（陈岸瑛编著）。此外，项目组还承担教育部人文社科项目，对传统工艺振兴的目标、标准和策略进行研究。

2017年是张仃100周年诞辰，为学习和继承张仃精神，“张仃诞辰百年纪念展”由中国文联和清华大学联合主办，于10月在清华大学艺术博物馆开幕。展览共分七个单元，展出张仃70余年艺术人生中的历史照片以及漫画、年画、宣传画、工艺美术、电影动画、艺术设计、装饰画、壁画、彩墨

张仃百年诞辰纪念展海报，王红卫设计，2017年

画、焦墨山水画、书法等作品近300件，全面呈现了张仃一生为中国革命和文艺事业作出的杰出贡献，回望张仃献身中华民族伟大复兴的高远境界，展示他的创新精神和人格魅力，以此向张仃百年诞辰致以崇高敬意。

2017年10月，“浑沌的光亮——刘巨德艺术展”“寻归自然——钟蜀珩绘画作品展”在中国美术馆开幕，展出刘巨德近年来的新作100余件，钟蜀珩历年来的代表性创作50余件。两位先生深受原中央工艺美术学院艺术大家庞薰琹、张光宇、雷圭元、祝大年、张仃、吴冠中诸先生的艺术滋养，秉承老一辈艺术家融会中西，贯通古今，根系民间，魂接传统，面向当代的艺术理念。在艺术探寻求索的道路上，他们为艺术之大美付出生命的情怀与生命的能量，是学院学术文脉的受益者和传承者。2018年9月，两个展览受邀在山东美术馆开展。

2001—2017年，全国纺织品设计大赛暨国际理论研讨会连续举办17届，本活动由清华美院主办，展示来自清华大学美术学院、中国美术学院、鲁迅美术学院、广州美术学院、西安美术学院、天津美术学院、北京服装学院等全国近20所艺术院校学生的设计作品，参赛种类包括室内纺织品设计、服饰纺织品设计、旅游纪念品设计，以及专业论文等多个种类，反映出全国各个院校不同的教学特色，为师生们提供了难得的交流平台。

2018 年 8 月，“光华——袁运甫艺术之美”展览，由清华大学、中国美术家协会、中国国家画院主办，在清华大学艺术博物馆举办展览展出袁运甫的油画、水粉画、水墨画、彩墨画等作品共计 123 幅，全面呈现了袁先生作为世纪之交重要画家的杰出成就，特别是其在现代色彩学和水墨艺术现代性方面的探索和成果。

“从洛桑到北京——国际纤维艺术双年展暨学术研讨会”，由林乐成策划主持，自 2000 年开始举办，至 2018 年已举办 10 届，逐渐形成学术化、国际化兼具大众化、社会化的发展格局，成为全球最为重要的纤维艺术学术平台和最具影响力的艺术活动。2018 年，第十届双年展再次成为国家艺术基金——传播推广交流资助项目。双年展以“艺术精神无界，纤维连接世界”为宗旨，努力培育和形成国际纤维艺术的学术体系，促进了纤维艺术的国际交流与应用普及，推动了中国纤维艺术面向生活的产业化提升和发展。2019 年，中国当代纤维艺术世界巡展由文化部和清华美院主办，先后在厄瓜多尔、哥伦比亚、巴西、波兰巡展。

清华大学美术学院创作成就展海报，周岳设计，2019 年

2019 年 10 月，为庆祝中华人民共和国成立 70 周年、清华大学美术学院建院 63 周年、中央工艺美术学院与清华大学合并 20 周年，由鲁晓波、马赛策划，方晓风、苏丹统筹，“国家 · 民生——清华

大学美术学院创作成就展”在清华大学艺术博物馆举办。展出学院师生及校友的作品300余件。从国家形象、日用民生和专业教育三个层面，梳理学院历史与文脉，展示师生与校友为国家、民生作出的贡献，以及其他重要的学术成果。适逢首都国际机场壁画群落成40周年，本次展览在美术学院专设独立展区，由崔彦伟、周爱民、郭秋惠、张京生团队策划，举办“首都国际机场壁画文献展暨研讨会”，通过珍贵的作品、手稿、图片、历史照片与视频资料，首次全面回顾这次对于国家公共艺术事业具有里程碑意义的壁画创作历程。校友岳鑫向学院捐赠机场壁画《科学的春天》的工艺监制岳景融（特艺系教师）与任世民拍摄的机场壁画创作照片及底片293张，支持展览和学院收藏、研究工作。

2019年恰逢吴冠中先生100周年诞辰，7月，其长子吴可雨向清华大学捐赠吴冠中画作66件。2019年11月—2020年5月，由中国文学艺术界联合会、清华大学、新加坡国家美术馆、中国美术馆、中国美术家协会共同主办的“美育人生——吴冠中百年诞辰艺术展”在清华大学艺术博物馆举办。艺术展分为三个单元：风筝不断线、形式是画家的生命线、风格是背影，共展出画作111幅。11月1日开幕式上，吴冠

吴冠中百年诞辰艺术展海报，王红卫设计，2019年

中三子吴乙丁向清华大学捐赠吴冠中绘画作品2件、手稿和画具实物28件（本），中国美术馆馆长吴为山向清华大学捐赠其吴冠中雕像作品；由清华大学吴冠中艺术研究中心、清华大学图书馆历时三年合作完成的“清华大学吴冠中艺术数据库”正式上线。同日，“美育人生——国际学术报告会暨吴冠中百年诞辰纪念”在学院举行，共同探讨人文与科学领域美育的重要意义，回顾吴冠中先生为美执着探索的一生。

2020年9月10日，由清华大学艺术博物馆、清华大学美术学院共同主办的“立象尽意——白雪石中国画作品展”开幕式及学术研讨会在清华大学艺术博物馆隆重举行，展出作品137件。中国文联副主席、中国美协名誉主席冯远，北京画院前院长王明明，《美术》杂志社社长兼主编尚辉，清华美院院长鲁晓波、院党委书记马赛，中国国家画院党委书记张士军，原工艺美院院长常沙娜等参加开幕式。家属白启哲、白启刚、白玉华、白玉英、白玉、白山、白洁、白涛、贾宝明向艺术馆捐赠《生涩老辣写山川》等六幅作品。美术评论家孙克，吴冠中艺术研究中心刘巨德，美术学院陈辉、陈池瑜等40余人参加研讨会。

2. 社会服务

（1）亚太经济合作组织（APEC）会议相关设计

2014年，清华美院积极参与2014年亚太经济合作组织（APEC）会议的相关设计，马怡西设计领导人非正式会议集贤厅，王之纲负责文艺演出舞台多媒体设计和北京国家游泳馆水立方欢迎晚宴文艺演出视频设计，苏丹负责“金秋颐和”核心区颐和安缦酒店环境设计，周尚仪设计亚太会议礼品——连理盘，李薇参与领导人“新中装”整体设计，洪兴宇负责雁栖湖国际会议中心内部环境标志系统设计，林乐成、洪兴宇、朱砚创作各国元首住所陈设艺术品《山长水远》《映山秋色》《流光溢彩》。

2014年APEC会议主建筑集贤厅（北京雁栖湖国际会议中心），马怡西设计

（2）意大利米兰世博会中国馆设计

2015年5月1日，由清华大学美术学院担纲建筑、景观、室内、展陈、视觉导视及施工工作的、形似金色麦浪的意大利米兰世博会中国馆开馆

2015年米兰世博会中国馆，是世博会历史上中国第一次以自建馆的形式在境外世博会中亮相，并以占地4590m^{2}成为除德国馆以外的最大国家馆。2013年，清华大学美术学院与清尚环艺建筑设计院有限公司联合，经过严格评比承接中国馆所有专项设计任务。设计团队主创由学院各专业教师组成，苏丹任项目负责人，张月任商务总监，杜异任设计总监，团队各专项负责人包括：陆轶辰负责建筑设计、汪建松负责室内设计、崔笑声负责景观设计、顾欣负责视觉标志及吉祥物设计、师丹青负责田野装置设计、王之纲负责田野装置影像设计、周艳阳负责展陈设计，同时还有大批师生和海外技术团队参加项目设计及实施工作。

本届世博会主题是“滋养地球，生命的能源”，中国馆主题是“希望的田野，生命的源泉”。“天、地、人、和”作为中国馆的核心设计理念，通过建筑、景观、展陈和VI系统等设计进行表现，1052 块竹瓦覆盖的屋顶形态来源于自然和城市的天际线，地面是一片由 22000 根 LED“麦秆”组成的“田野”视频装置，“田野”中的影像呈现了中国人的智慧。中国馆整体设计从 26 个大模块自建馆中脱颖而出，荣获“2015 年米兰世博会大模块建筑奖铜奖”，同时各专项设计在国内外专业设计领域被高度认可，并在国内外专业设计领域获得众多奖项。

米兰世界博览会中国馆标志和吉祥物，顾欣设计，2015 年

米兰世博会中国国家馆标志，用线与面勾勒出大自然的轮廓和曲线，蓝色代表天空，绿色代表田野，金色代表粮食，红色代表人和生命。将中国传统书法和绘画元素融入现代图形设计，强化中国传统文化特色。中国国家馆吉祥物“和和”和“梦梦”，设计源自“天、地、人、和”的“和”字，并结合中国民间彩塑的造型元素。吉祥物身躯源自“和”字中的“口”字，手拿体现“禾”字的稻谷，形象象征积极、友善、乐观的精神。

（3）故宫博物院“端门数字馆”

学院徐迎庆教授带领信息艺术设计系团队，为故宫博物院设计制作“端门数字馆”，该馆位于北京天安门正后方与故宫午门之间，室内面积 1200 平方米，2015 年 12 月开馆试运行。其以“故宫是座博物馆”为主题，包括讲述“从紫禁城到博物院”的数字沙盘展示区，以数字形式与观众零距离互动的“紫禁集萃·故宫藏珍”数字文物互动区，让观众感受紫禁城建筑魅力的“紫禁城·天子的宫殿”虚拟现实剧场等。

（4）内蒙古自治区成立 70 周年纪念品设计

2016 年 12 月，学院接受中央代表团赠送内蒙古自治区成立 70 周年纪念品设计任务。学院成立由副院长马赛负责组织协调，由工艺美术系、工业设计系、绘画系、雕塑系、视觉传达系、环境艺术设计系师生组成的设计团队，于 2017 年 8 月完成包括习近平总书记题词贺匾（范寅良、陈洛奇设计）、题词座屏（洪兴宇、朱砚、王琳设计）、奶茶具（王建中、蔡慰然、陈芷雅、孙绍轶、李国良、陈瀚文、张囡设计），以及成立 70 周年标徽（马赛设计）的设计任务，得到中央及自治区的充分肯定。

2017 年 8 月，内蒙古自治区成立 70 周年之际，全国政协主席俞正声率中央代表团赠送纪念品：习近平总书记题词贺匾、题词座屏、奶茶具；图为《题词座屏》，洪兴宇、朱砚、王琳设计

（5）“一带一路”国际合作高峰论坛相关设计

2017 年，学院教师参与“一带一路”国际合作高峰论坛相关设计。张守智设计论坛指定用瓷《集贤瓷》，杜异负责北京市城市景观总体规划和部分专项设计，王红卫负责城市宣传系统设计，曾成钢负责论坛实景会标设计，王晓昕设计的《同心偕行——景泰蓝双连瓶》入选国际合作高峰论坛元首（A 类）礼品遴选。

2017 年 5 月，“一带一路”国际合作高峰论坛实景会标（北京雁栖湖国际会议中心），曾成钢创作

（6）中央党校雕塑创作

2016—2017 年，学院教师曾成钢、王洪亮、李象群

参与中央党校雕塑创作工作。曾成钢创作《战友》（花岗岩）和《圣火接力》（铸铜）。王洪亮创作《焦裕禄》半身胸像（铸铜）。李象群创作《我们的老校长》（白铜）。2017 年，王洪亮创作的大型群雕《"一大"代表》在中央党校落成，把中国画的写意表现手法、油画的笔触与雕塑的塑痕相融合，雕塑语言丰富。

（7）"中国共产党与世界政党高层对话会"标志设计

2017 年，学院陈磊团队担纲设计"中国共产党与世界政党高层对话会"标志。CPC 是"中国共产党"的英文缩写，寓意中国共产党与世界各国政党携手构建人类命运共同体、共同引领各国人民建设一个和谐美好的世界；由五种色彩飘带组成的造型，象征来自世界五大洲的各国政党在高层对话会上各抒己见，与中国共产党共商共议、平等交流。

（8）宁夏回族自治区与广西壮族自治区成立 60 周年纪念品设计

2018 年，学院相关教师参与宁夏回族自治区与广西壮族自治区成立 60 周年大庆活动相关设计。王晓昕、王晓雪、付少雄、孙秋爽设计纪念品珐琅器《美丽宁夏》和 150 克圆形精制银质纪念币。王建中、李国良、张翀、陈瀚文、蔡蔚然、陈芷雅设计纪念品《携手奔小康》茶具。洪兴宇、王琳设计纪念品《暖心》杯。王建中设计纪念品《同心》瓶，张翀设计纪念品《鼓舞》纪念章，原博、李玲芳设计宁夏回族自治区与广西壮族自治区成立 60 周年大庆活动《纪念品清册》。

（9）2019 年北京世界园艺博览会中国馆设计

2019 年，学院教师张烈主持 2019 年北京世界园艺博览会中国馆总体策划设计和布展工作。作为世园会核心的中国馆，西临山水园艺轴，东临"世界舞台"草坪剧场，北侧为

中国馆天地人和展区：艺字甲骨文雕塑和诗经植物，张烈、王国彬、张雯等设计，2019年

人工景观湖妫汭湖，南侧与园区主入口相对，居于园区最重要的位置。中国馆建筑面积 23000m²，展览面积 15000 多 m²，展览以“生生不息——中国生态文化展”为主题，设计以“生生不息”为理念，以“锦绣中华”为意象，以“园艺植物”为载体，以“生态人文”为核心，用诗意的中国艺术语言表现人与自然和谐共生的中国生态文化精神。

（10）宝马 7 系“华彩辉耀典藏版”外观与内饰设计

2019 年 9 月，为庆祝新中国成立 70 周年，宝马中国公司与清华美院以宝马 7 系融合中国传统工艺，推出“华彩辉耀典藏版”车型。该项目由清华美院院长鲁晓波领衔，工业设计系张雷教授带领研究生团队，在宝马中国和宝马设计团队的支持下，以现代设计理念融合中国非遗项目，历时一年完成。“华彩辉耀典藏版”整车的内部空间借鉴中国传统的中轴式布局，外观色彩则取自富有东方韵味的霁红釉。车身 C 柱的主视觉灵感源自汉代螭龙玉环纹样。品牌标志上的霁蓝瓷、车顶扶手所采用的降真香，处处呈现着中国文化元素，并结合刺绣、缂丝、大漆、螺钿等中国传统

宝马7系“华彩辉耀典藏版”外观与内饰设计，鲁晓波、张雷主持设计，2019年

技艺，用创新思维展现出设计团队对中国文化和东方审美的深刻理解。

（11）2019 年北京国际设计周主题展览策划与设计

为庆祝中华人民共和国 70 周年华诞，2019 北京国际设计周主题展“中华人民共和国建国初期国家形象设计展”，于同年 9 月—10 月在中华世纪坛世纪大厅举办。展览由清华美院与北京国际设计周组委会联合策展。在策展人，视觉传达设计系何洁、方晓风，北京国际设计周有限公司王昱东的指导下，展览文案与内容策划由艺术史论系郭秋惠团队完成，展览空间设计由环境艺术设计系崔笑声与视觉传达设计系李德庚团队完成，展览视觉设计由视觉传达设计系王红卫团队完成，展览综合协调由北京国际设计周有限公司孙晨团队完成。展览以设计的视角、案例的形式，系统梳理、分析当年国家形象的设计历程与设计思想；突出历史性、文献性、系统性、学术性和体验性，系统展示许多珍贵的档案文献、设计图纸与历史照片。

（12）国家勋章设计

2019 年 9 月，中共中央颁布国家勋章“共和国勋章”“友谊勋章”和国家荣誉称号奖章。此前，为完成勋章与奖章的设计任务，为最大程度发挥各设计单位的优势，党和国家功勋荣誉表彰工作委员会指导组建由清华大学牵头（美术学院视觉传达设计系何洁教授领衔），中央美术学院、军事博物馆、北京工美集团、中国印钞造币总公司共同参与的联合设计制作团队。

“共和国勋章”以红色、金色为主色调，章体采用国徽、五角星、黄河、长江、山峰、牡丹等元素，章链采用中国结、如意、兰花等元素，整体使用冷压成型、花丝镶嵌、珐琅等

共和国勋章

友谊勋章

国家荣誉称号奖章

联合设计制作团队由清华大学牵头，中央美术学院、中国人民革命军事博物馆、北京工美集团、中国印钞造币总公司共同组成，2019年

工艺制作。“友谊勋章”以金色、蓝色为主色调，章体采用和平鸽、地球、握手、荷花等元素，章链采用中国结、万年青、牡丹、玉璧、兰草等元素，整体使用花丝镶嵌、掐丝珐琅等传统工艺手工制作。国家荣誉称号奖章以红色、金色为主色调，章体采用五星、天安门、牡丹、旗帜、光芒等元素，章链采用中国结、花卉等元素，整体使用冷压成型、花丝镶嵌、珐琅等工艺制作。奖章设计庄重大气，制作精美绝伦，寓意深刻、辨识度高，既蕴含中国特色，又充满时代气息，既映照着功勋模范人物的光辉事迹及精神，又饱含全国人民对他们的崇高敬意。

（13）2019 年国庆 70 周年广场形象设计

2019 年，为庆祝中华人民共和国成立 70 周年，清华美院国庆设计团队基于天安门广场的条件，围绕“以人民为中心”的设计理念，在 60 周年庆典活动优点的基础上，受邀完成“红飘带——接力中国梦”主题景观设计。天安门广场东西两侧绿地两条长约 200 多米，高 16 米，形如“红飘带”的景观设计，采用“国旗红”色与对称环抱形式，热情拥抱着

国庆70周年天安门广场红飘带景观，设计团队负责人：马赛，2019年

广场。“红飘带”从人民英雄纪念碑向长安街延展，以大写意的手法塑造大气简洁的造型，同时以中国画的精致在细节处精雕细琢：每条飘带的两侧分别通过激光打出的300多万个孔，形成56个民族载歌载舞的欢乐形象和气象万千的山水长卷画面，进一步强化“同心共筑中国梦”的主题。清华大学各学科交叉配合，密切合作，土木工程系及建筑设计院团队运用参数化的设计优化内部结构，分解施工模块；在北京建筑设计院专家的指导下，将面材换成铝合金型材，解决平整度的问题；将造型扭曲一定的角度，既增强飘带的灵动性，又克服回声的问题；在孔洞的背后增加一层垫层，解决“哨音”的问题；将中段悬空，形成跨度达60米的中空地段，实现特种车辆进出广场以及人员疏散的要求，并进一步增强飘逸感。

团队在天安门广场的外侧设置70个直径达5米的灯笼，寓意着70年大庆，与“红飘带”相呼应，并勾勒广场边缘，增加垂直方向的视觉层次，增强庆典的仪式感，烘托喜庆的节日氛围。广场内设置大型临时看台，进一步强化“以人民为中心”的设计理念，凸显人民的主体地位。国庆70周年广场形象设计由中华人民共和国成立70周年庆祝大会服务保障和群众游行指挥部广场专家组组长、学院党委书记马赛主持，成员有教师范寅良、陈洛奇、史习平、张雷、王晓昕、张宝华和研究生王梦瑶、尹金、杨菊、任续超、刘欢、付少雄。

（14）2019 年国庆 70 周年彩车及纪念币、纪念邮票设计

2019 年，学院国庆团队不仅承担“红飘带”的设计和落地工作，同时还承担 11 辆国庆彩车及礼宾车造型设计任务，双线作战。团队运用象征性、装饰性的表现手法，突破传统彩车的固化思维，提出了许多创新性的设计方案，以新颖的设计、鲜明而富有时代感的造型、明快的色彩给观众留下了深刻的印象。

国庆70周年礼宾车，设计团队负责人：马赛，2019年

国庆70周年彩车《开天辟地》，设计团队负责人：李鹤，2019年

礼宾车车身两面以巍峨长城、江山永固为主体画面进行装饰，并镶嵌国庆 70 周年活动标志。第 1 组 3 辆礼宾车车头上方以锦旗、五角星和牡丹花等纹样进行装饰，进一步增强荣誉感。“开天辟地”彩车造型设计以层叠的红旗、奋勇向前的战士群雕及中共一大会址、嘉兴南湖红船浮雕为主体形象，石质基座寓意党成立与发展的坚实之感和奋进决心。“中华儿女”彩车以巨大的鲲鹏为主体形象。彩车两侧彩带由方阵之中向车头汇聚，后面紧跟各省区市和港澳台地区的 34 辆地方彩车。鲲鹏造型的翅膀扇形打开，形成鲲鹏展翅的形态，象征中华民族生生不息、扶摇直上的腾飞气势。此外，还设计“浴血奋战”“一国两制”“跨越世纪”“众志成城”“区域协调”“民主法治”“脱贫攻坚”“美好

生活”“从严治党”等主题的国庆彩车。

彩车设计团队由马赛主持，成员有何洁、李鹤、赵超、周岳、罗幻，校友甄明舒、何忠，研究生汪泳、李婧雯、陈思、王卓帆、倪可人、郭昕、满开策、何明夏、吴悦、薄彤光、王国强、付阳、王楷余、王寅、殷楚彦、李扬帆、关家印、岳涵、牛志明、王德森、张建廷、任晟萱、陈俊霖、张艺。

2019 年，吴冠英应中国金币总公司之邀，设计中国人民银行发行的中华人民共和国成立 70 周年纪念币。该套纪念币主图以象征“团结、和谐、繁荣”的石榴、百合、牡丹组成心形“团花”图形，并饰以缠枝纹结构的飘带，心形上方为“中国结”；表达“民族团结同心，普天欢颂国庆”的美好寓意。同年，王红卫、冯畇茜团队设计中国邮政发行的《中国人民政治协商会议成立七十周年》纪念邮票 1 套 2 枚。其中，邮票《人民政协七十周年》以政协会徽、数字“70”、中南海怀仁堂等元素进行组合设计。邮票《全国政协礼堂新貌》结合古典铜版绘画与色彩归纳的艺术表现手法，展现人民政协的象征——全国政协礼堂的形象。

（15）重大体育赛事艺术创作与设计

2019 年，为了全力支持冬奥会，千哲全职借调到北京 2022 冬奥会冬残奥会组委会，任文化活动部冬奥城市文化艺术总监、形象景观处处长。2021 年 1 月，马文甲雕塑作品《绽放的维度》获北京 2022 年冬奥会和冬残奥会公共艺术作品“提名奖”。

2020 年，顾欣带领团队先后完成张家口 2021 年国际雪联自由式滑雪和单板滑雪世界锦标赛会徽、吉祥物设计。会徽主体图形由崇山、雪道、雪花、长城关口大境门、国际雪联图标等元素构成。吉祥物“金牛”以金色为主色调，搭配新年“中国红”服饰元素，有金牛贺岁、欢乐祥瑞的寓意。

（16）国家大型主题展览设计

2018年11月，由中宣部主办的“伟大的变革——庆祝改革开放40周年大型展览”在国家博物馆展出，其中“历史巨变”展区由洪麦恩任总体设计，图为历史巨变展区经济展厅

2020年10月，抗美援朝70周年展览在中国人民革命军事博物馆展出，洪麦恩任总体设计

作为清华大学美术学院的校办企业，北京清尚公司继承了学院的优良传统，积极服务国家主题性宣传活动。学院展示艺术研究所所长、清尚公司第九设计工程部负责人洪麦恩团队，多次圆满完成纪念中国共产党成立、纪念中华人民共和国成立、纪念中国人民解放军成立和纪念改革开放的大型主题展览的展陈设计工作。近几年来，还为很多大型纪念馆、博物馆实施了设计与布展的工程，如2017年在北京展览馆举办的“‘砥砺奋进的五年’大型成就展”、2018年在中国国家博物馆举办的“伟大的变革——庆祝改革开放40周年大型展览”、2019年开馆的中国人民革命军事博物馆历代馆等国家级重要展览、2019年在香山革命纪念馆展出的“为了新中国奠基——中共中央在香山”、2020年在军事博物馆展出的“铭记伟大胜利，捍卫和平正义——纪念中国人民志愿军抗美

援朝出国作战 70 周年展览”。

纪念中国人民志愿军抗美援朝出国作战 70 周年展览，紧紧围绕弘扬爱国主义精神和革命英雄主义精神的主题，以中国共产党、中国人民和中国人民志愿军为主视角，围绕战争主线，突出战场较量，通过 540 余张照片、1900 余件文物，以及大量视频、实物场景等，精心设计展览的 7 个部分包括“序厅”“正义担当，决策出兵”“运动歼敌，稳定战线”“以打促谈，越战越强”“实现停战，胜利归国”“抗美援朝战争胜利的伟大意义和历史贡献”“结束语”部分，并设置“不忘初心、牢记使命、永远奋斗”专题。

（17）非遗传承人群研修研习培训计划

2015 年，文化和旅游部、教育部“中国非物质文化遗产传承人群研修研习培训计划”启动，清华大学成为首批试点院校之一。美术学院组成非遗研培项目组，组织实施包括培训、工作营、展览、演出、论坛、回访、课题研究、出版、

2017 年 5 月，青春非遗、多彩佛山——“非遗进清华”第五期研修班结业成果展师生合影

政策咨询等在内的一系列非遗研培活动，得到主流媒体和社会公众的广泛关注，形成可推广、可示范的经验。截至2020年，项目组组织实施14期非遗研修班，培养来自各地区、各民族的新生代传统工艺传承人290余名。项目组秉持“以传统文化为本位，以传承人群为主体”的研培理念，在清华大学浓郁的学习氛围、跨学科协同创新和国际化的办学环境中，为传承人搭建“强基础，拓眼界，立足当代，面向未来”的高端交流、孵化和推广平台。着重探索传承人之间的“1+1”合作研创模式，组织以非遗展演、非遗论坛和传承人上讲台等“非遗进清华”活动，并参加北京国际设计周、成都国际非遗节、中国非遗博览会等重要展会。2016—2020年，研培项目组承担非遗司以传统手工造纸、南通蓝印花布、新疆哈密维吾尔族传统刺绣图案、传统工艺振兴案例、传统工艺互联网推广模式等为选题的6项科研课题。

（18）非遗保护工作站与传统工艺振兴

在文化和旅游部支持下，学院先后成为哈密传统工艺工作站和荆州传统工艺工作站的建站单位，对新疆和湖北的传统工艺振兴事业给予学术支持（学院参与教师有李迎军、周剑石、杨佩璋、陈岸瑛等）。依托荆州传统工艺工作站，调研和普查国内外漆艺项目，在非遗司支持下发起成立漆艺传承发展联盟，组织年度性“荆楚问漆”国际学术研讨会、全国漆艺邀请赛和邀请展，对推动大漆产业振兴和院校漆艺专业建设起到引领性作用。项目组成员走访青海、西藏、云南、贵州、四川等各省区，为非遗扶贫、传统工艺振兴、文化旅游融合、城乡文化经济发展献计献策、贡献专业力量。截至2020年，项目组对玉树藏族自治州、凉山彝族自治州、恩施巴东县、十堰竹溪县等贫困地区进行重点帮扶，对荆州、佛山、广州、哈密等地给予持续支持。

面向未来，清华大学美术美院将继承和发扬学院传统和文脉，以设计学科为主体，形成三个一级学科相互依托、相互支撑的学科体系；以开放、包容、科学、创新为发展理念，坚持理论与实践并重，艺术与科学结合，继续推进研究型学院建设。

学院将努力打造一支高素质、德艺双馨的师资队伍；贯彻价值塑造、能力培养、知识传授"三位一体"的教育理念；促进通专融合，培养具有全球视野和时代意识，勇于探索创新、敢于担当的设计、艺术人才，为清华大学综合素质人才培养作出独特贡献；充分利用综合学科平台的优势，进一步加强构建多学科协同创新体系，推动艺术与科学、技术与人文的交叉融合，培养新的学科增长点；全面提升国际化水平，积极参与全球交流合作与竞争，努力成为"世界一流、中国特色、清华风格"的世界著名美术学院。

附录一[①]

学院历任行政与党委主要负责人及任职时间

学院历任行政主要负责人及任职时间

姓　名	职　务	任职时间
邓　洁	院长	1956.11—1964.6
雷圭元	副院长	1956.11—1966.6
庞薰琹	副院长	1956.11—1957.10
王景瑞	副院长	1957.2—1957.5
陈叔亮	副院长	1957.10—1966.6
张　仃	副院长	1957.10—1966.6
刘鸿达	副院长	1961.4—1966.6
陈叔亮	院复校临时领导小组组长	1973.9—1974.10
王建邦	副组长	1973.9—1974.10
陆振声	副组长	1973.9—1974.10
杨　庥	副组长	1973.9—1974.10
姚秦城	院临时领导核心小组组长	1974.10—1978.5
傅石霞	副组长	1974.10—1978.5
罗扬实	副组长	1974.10—1978.5
	组长	1978.5—1979.5
张　仃	院长	1979.5—1983.4

① 附录一至附录六的统计信息，均截至2020年12月31日。

续表

姓　名	职　务	任职时间
陈叔亮	副院长	1979.5—1982.12
雷圭元	副院长	1979.5—1982.12
庞薰琹	副院长	1979.5—1982.12
吴　劳	副院长	1979.5—1984.9
阿　老	副院长	1979.5—1982.12
方振远	副院长	1979.5—1982.12
张瑞增	副院长	1981.8—1984.5
李绵璐	副院长	1981.8—1990.5
常沙娜	副院长	1981.8—1983.4
	院长	1983.4—1997.12
计惜英	常务副院长	1982.9—1984.9
张世礼	副院长	1985.4—1992.12
林义成	副院长	1986.3—1990.5
王明旨	副院长	1990.5—1997.12
	院长	1997.12—1999.11
王忠信	副院长	1990.5—1997.12
杨永善	副院长	1993.1—1999.11
才大颖	副院长	1997.12—1999.11
刘增璞	副院长	1997.12—1999.11
王明旨	清华大学副校长	1999.11—2004.2
	美术学院院长	1999.11—2005.1
王国伦	副院长	1999.12—2002.5
刘巨德	副院长	1999.12—2005.1

续表

姓 名	职 务	任职时间
李当岐	副院长	1999.12—2003.2
	院长	2005.1— 2008.7
鲁晓波	副院长	2002.5—2005.1
卢新华	副院长	2002.5—2008.7
何 洁	副院长	2003.1—2012.1
郑曙旸	副院长	2005.1—2008.7
包 林	副院长	2005.1—2008.7
赵 萌	副院长	2005.1—2012.1
冯远	名誉院长	2008.7—
郑曙旸	常务副院长	2008.7— 2012.1
杭间	副院长	2008.7—2015.6
李功强	副院长	2008.7—2012.1
鲁晓波	院长	2012.1—
张 敢	副院长	2012.1—2018.1
苏 丹	副院长	2012.1—2018.6
马 赛	副院长	2012.1—2018.6
曾成钢	副院长	2015.6—
杨冬江	副院长	2018.6—
方晓风	副院长	2018.6—
赵 超	副院长	2018.6—

学院历任党委主要负责人及任职时间

姓　名	职　务	任职时间
邓　洁	党支部书记	1956.11—1957.10
王云凤	党支部副书记	1956.11—1957.10
陈叔亮	党支部书记	1957.10—1958.3
	党总支第二书记	1959.1—1961.4
	党委副书记	1961.4—1966.6
王景瑞	党支部副书记	1957.2—1957.5
张　仃	党总支第一书记	1959.1—1961.4
李曙明	党总支副书记	1959.1—1961.4
刘鸿达	党委书记	1961.4—1966.6
姚泰城	党的核心小组组长	1975.4—1978.5
傅石霞	副组长	1975.4—1978.5
王建邦	副组长	1975.4—1978.5
陆振声	副组长	1975.4—1978.5
翟树成	副组长	1975.4—1978.5
罗扬实	党委书记	1978.5—1982.10
杨少先	党委副书记	1978.12—1983.5
计惜英	党委副书记	1982.9—1983.4
	代理党委书记	1983.4—1984.9
昭　隆	党委副书记	1982.12—1984.12
	党委书记兼纪委书记	1987.2—1992.3
蔡诚秀	党委副书记	1982.12—1985.12
周显东	党委书记	1984.9—1986.12
任维武	党委副书记	1985.4—1988.12
高沛明	党委副书记	1989.6—1999.11

续表

姓　名	职　务	任职时间
张铁山	纪委副书记	1989.6—1993.1
	纪委书记	1993.1—1999.11
林少岩	党委副书记	1991.8—1993.1
	党委书记	1993.1—1996.6
赵亮宏	党委书记	1997.12—1999.11
王庆霖	党委副书记	1997.12—1999.11
朱仙油	党委副书记	1997.12—1999.11
张凤昌	党委书记	1999.11—2003.1
高沛明	党委副书记	1999.11—2005.1
李当岐	党委书记	2003.1—2005.1
王进展	党委副书记	2001.4—2005.1
	党委书记	2005.1—2007.12
鲁晓波	党委副书记	2005.1—2011.1
何　洁	党委副书记	2005.1—2011.1
李功强	党委副书记	2005.5—2014.9
李当岐	党委书记	2007.12—2011.3
鲁晓波	党委书记	2011.3—2012.1
邹　欣	党委副书记	2011.3—2019.10
赵　萌	党委书记	2012.1—2014.9
李功强	党委书记	2014.9—2018.6
马　赛	党委书记	2018.6—
郑　艺	党委副书记	2015.12—2018.2（去世）
吴　琼	党委副书记	2018.12—
李　鹤	党委副书记	2018.12—

附录二

学院教学部门建制沿革和
历任党政负责人

染织服装艺术设计系

<table>
<tr><th colspan="2">教学部门建制沿革</th><th colspan="3">历任负责人</th></tr>
<tr><th>部门名称</th><th>建制沿革</th><th>负责人</th><th>职　务</th><th>任职时间</th></tr>
<tr><td rowspan="2">染织系</td><td rowspan="2">1956 年 11 月成立</td><td>柴　扉</td><td>主　任</td><td>1956.11—1958</td></tr>
<tr><td>程尚仁</td><td>副主任</td><td>1957.9—1966</td></tr>
<tr><td rowspan="4">染织美术系</td><td rowspan="4">1961 年更名</td><td>程尚仁</td><td>主　任</td><td>1979.11—1980.2</td></tr>
<tr><td>温练昌</td><td>主　任</td><td>1981.9—1984</td></tr>
<tr><td>常沙娜</td><td>副主任</td><td>1979—1980</td></tr>
<tr><td>白崇礼</td><td>副主任</td><td>1979—1984</td></tr>
<tr><td rowspan="4">染织设计系</td><td rowspan="4">1984 年服装设计专业分出，更名</td><td>温练昌</td><td>主　任</td><td>1984.9—1991</td></tr>
<tr><td>李永平</td><td>副主任</td><td>1984.9—1991</td></tr>
<tr><td>崔栋良</td><td>副主任</td><td>1985.4—1987</td></tr>
<tr><td>林乐成</td><td>副主任</td><td>1988.3—1991</td></tr>
<tr><td rowspan="3">染织服装设计系</td><td rowspan="3">1991 年染织设计系与服装设计系合并</td><td>李当岐</td><td>副主任</td><td>1991.1—1993</td></tr>
<tr><td>林乐成</td><td>副主任</td><td>1991.1—1995</td></tr>
<tr><td>刘元风</td><td>副主任</td><td>1991.1—1995</td></tr>
</table>

续表

教学部门建制沿革		历任负责人		
染织服装艺术设计系	1994 年更名	刘元风	主　任	1995—2002.9
		田　青	副主任	1993—1999.12
		田　青	主　任	2002.9—2006.4
		肖文陵	副主任	2002.9—2006.4
		贾京生	副主任	2002.9—2006.4
		肖文陵	主　任	2006.4—2018.1
		王　悦	副主任	2006.4—2009.7
		李莉婷	副主任	2008.5—2012.12
		张宝华	副主任	2009.7—
		吴　波	副主任	2013.11—2018.1
		臧迎春	主　任	2018.1—

服装设计系

教学部门建制沿革		历任负责人		
部门名称	建制沿革	负责人	职务	任职时间
服装设计系	1984年7月成立，1991年并入染织服装设计系	白崇礼	副主任	1984—1985.6
		袁杰英	副主任	1984.9—1986
		魏雪晶	副主任	1984.9—1988.7
		袁杰英	主　任	1986.4—1990
		李当岐	副主任	1985.6—1990
		刘元风	副主任	1988.7—1991

染织美术系历任党支部书记	
姓　名	任职时间
刘同启	1957—1963
王云凤	1964—1966
陈　寒	1977—1978
张殿华	1978—1983
朱　训	1984 —1991

服装设计系历任党支部书记	
姓　名	任职时间
魏雪晶	1984.9—1986.3
白　力	1986.4—1988.3
杜拥平	1988.3—1990.12
马抗美	1990.12—1991

染织服装设计系历任党支部书记	
姓　名	任职时间
马抗美	1991.1—1999.11
田　青	1999.11—2009.3
李迎军	2009.3—2013.1
张宝华	2013.1—

陶瓷艺术设计系

<table>
<tr><th colspan="2">教学部门建制沿革</th><th colspan="3">历任负责人</th></tr>
<tr><th>部门名称</th><th>建制沿革</th><th>负责人</th><th>职　务</th><th>任职时间</th></tr>
<tr><td rowspan="3">陶瓷系</td><td rowspan="3">1956 年 11 月成立</td><td>祝大年</td><td>主　任</td><td>1956—1958</td></tr>
<tr><td>梅健鹰</td><td>副主任</td><td>1957—1966</td></tr>
<tr><td>王舒冰</td><td>副主任</td><td>1961—1966</td></tr>
<tr><td rowspan="6">陶瓷美术系</td><td rowspan="6">1961 年更名</td><td>梅健鹰</td><td>主　任</td><td>1975—1981</td></tr>
<tr><td>陈若菊</td><td>副主任</td><td>1979—1982</td></tr>
<tr><td>陈若菊</td><td>主　任</td><td>1982—1987.9</td></tr>
<tr><td>张守智</td><td>副主任</td><td>1982—1986</td></tr>
<tr><td>杨永善</td><td>副主任</td><td>1986—1987</td></tr>
<tr><td>高沛明</td><td>副主任</td><td>1987—1988</td></tr>
<tr><td rowspan="4">陶瓷设计系</td><td rowspan="4">1988 年更名</td><td>杨永善</td><td>主　任</td><td>1987.9—1993</td></tr>
<tr><td>李　泓</td><td>副主任</td><td>1988—1991</td></tr>
<tr><td>陈进海</td><td>副主任</td><td>1991—1995</td></tr>
<tr><td>王建中</td><td>副主任</td><td>1993—1999</td></tr>
<tr><td rowspan="8">陶瓷艺术设计系</td><td rowspan="8">1994 年更名</td><td>陈进海</td><td>主　任</td><td>1995 —2006</td></tr>
<tr><td>郑　宁</td><td>副主任</td><td>2000.1—2006.4</td></tr>
<tr><td>郑　宁</td><td>主　任</td><td>2006.4—2012.12</td></tr>
<tr><td>李正安</td><td>副主任</td><td>2006.4—2009.7</td></tr>
<tr><td>李　泓</td><td>副主任</td><td>2007.11—2009.7</td></tr>
<tr><td>章　星</td><td>副主任</td><td>2009.7—2018.1</td></tr>
<tr><td>白　明</td><td>主　任</td><td>2012.12—</td></tr>
<tr><td>杨　帆</td><td>副主任</td><td>2018.1—</td></tr>
</table>

历任党支部书记	
姓　名	任职时间
翟树成	1958—1960
王云凤	1960.8—1961.12
王舒冰	1961.12—1966
王舒冰	1977—1982
李葆年	1983—1984
高沛明	1984—1987
苏荣久	1987.2—1991.9
陈启明	1991.9—2000.10
陈进海	2000.10—2002.3
邱耿钰	2002.3—2007.11
李　泓	2007.11—2013.1
邱耿钰	2013.1—2015.7
杨　帆	2015.7—

视觉传达设计系

<table>
<tr><th colspan="2">教学部门建制沿革</th><th colspan="3">历任负责人</th></tr>
<tr><th>部门名称</th><th>建制沿革</th><th>负责人</th><th>职　务</th><th>任职时间</th></tr>
<tr><td rowspan="2">装潢设计系</td><td rowspan="2">1956 年 11 月成立</td><td>袁　迈</td><td>代主任</td><td>1956—1957</td></tr>
<tr><td>袁　迈</td><td>负责人</td><td>1957.10—1958</td></tr>
<tr><td>装饰工艺系</td><td>1957 年装潢设计系与室内装饰系合并</td><td>徐振鹏</td><td>负责人</td><td>1957—1958</td></tr>
<tr><td rowspan="3">装饰绘画系</td><td rowspan="3">1958 年更名</td><td>吴　劳</td><td>主　任</td><td>1958—1966</td></tr>
<tr><td>袁　迈</td><td>副主任</td><td>1958—1966</td></tr>
<tr><td>梁速征</td><td>副主任</td><td>1961—1966</td></tr>
<tr><td rowspan="6">装潢美术系</td><td rowspan="6">1975 年更名</td><td>袁　迈</td><td>主　任</td><td>1980.3—1980.10</td></tr>
<tr><td>阿　老（兼）</td><td>主　任</td><td>1979.11—1980.3</td></tr>
<tr><td>黄国强</td><td>副主任</td><td>1979—1985</td></tr>
<tr><td>邱承德</td><td>副主任</td><td>1979—1982</td></tr>
<tr><td>邱　陵</td><td>主　任</td><td>1981.9—1982.12</td></tr>
<tr><td>陈汉民</td><td>主　任</td><td>1982.12—1985</td></tr>
<tr><td rowspan="5">装潢设计系</td><td rowspan="2">1985 年书籍装帧专业分出，更名</td><td>陈汉民</td><td>主　任</td><td>1985—1992</td></tr>
<tr><td>冯　梅</td><td>副主任</td><td>1985—1987</td></tr>
<tr><td rowspan="3">1990 年 3 月书籍艺术系并入</td><td>王国伦</td><td>副主任</td><td>1987—1992</td></tr>
<tr><td>王国伦</td><td>主　任</td><td>1992—1998.3</td></tr>
<tr><td>何　洁</td><td>副主任</td><td>1990.3—1998.4</td></tr>
</table>

续表

<table>
<tr><th colspan="2">教学部门建制沿革</th><th colspan="3">历任负责人</th></tr>
<tr><td rowspan="5">装潢艺术设计系</td><td rowspan="5">1994 年更名</td><td>何　洁</td><td>主　任</td><td>1998.4—2005.3</td></tr>
<tr><td>华健心</td><td>副主任</td><td>1998.4—2005.3</td></tr>
<tr><td>马　泉</td><td>副主任</td><td>2003.1—2005.3</td></tr>
<tr><td>张歌明</td><td>副主任</td><td>2005.3—2008.11</td></tr>
<tr><td>吴冠英</td><td>副主任</td><td>2003.1—2005.3</td></tr>
<tr><td rowspan="9">视觉传达设计系</td><td rowspan="9">2009 年 10 月更名</td><td>马　泉</td><td>主　任</td><td>2005.3—2012.3</td></tr>
<tr><td>千　哲</td><td>副主任</td><td>2005.3—2012.3</td></tr>
<tr><td>赵　健</td><td>副主任</td><td>2008.11—2012.3</td></tr>
<tr><td>赵　健</td><td>主　任</td><td>2012.3—2019.12</td></tr>
<tr><td>陈　磊</td><td>副主任</td><td>2012.3—2019.12</td></tr>
<tr><td>李德庚</td><td>副主任</td><td>2012.3—2015.7</td></tr>
<tr><td>陈　楠</td><td>副主任</td><td>2015.7—2019.12</td></tr>
<tr><td>陈　磊</td><td>主　任</td><td>2019.12—</td></tr>
<tr><td>原　博</td><td>副主任</td><td>2019.12—</td></tr>
</table>

<table>
<tr><th colspan="2">历任党支部书记</th></tr>
<tr><th>姓　名</th><th>任职时间</th></tr>
<tr><td>王玉池</td><td>1956—1957</td></tr>
<tr><td>黄凤琴</td><td>1958—1959</td></tr>
<tr><td rowspan="2">梁速征</td><td>1961—1966</td></tr>
<tr><td>1979.11—1981</td></tr>
<tr><td>阿　老</td><td>1981—1983</td></tr>
<tr><td>余秉楠</td><td>1983.1—1986</td></tr>
</table>

续表

历任党支部书记	
姓　名	任职时间
冯　梅	1986—1988
周　琴	1988.11—1990.1
张永华	1990.2—1999
华健心	1999—2010.4
祖乃甡	2010.4—2013.1
陈　磊	2013.1—2018.11
顾　欣	2018.11—

书籍艺术系

<table>
<tr><th colspan="2">教学部门建制沿革</th><th colspan="3">历任负责人</th></tr>
<tr><th>部门名称</th><th>建制沿革</th><th>负责人</th><th>职　务</th><th>任职时间</th></tr>
<tr><td rowspan="3">书籍艺术系</td><td rowspan="2">1985 年 12 月成立</td><td>余秉楠</td><td>主　任</td><td>1985.12—1990</td></tr>
<tr><td>黄国强</td><td>副主任</td><td>1985.12—1989</td></tr>
<tr><td>1990 年 3 月并入装潢设计系</td><td>张永华</td><td>副主任</td><td>1988.11—1990.3</td></tr>
</table>

历任党支部书记	
姓　名	任职时间
余秉楠	1986.2—1986.8
张永华	1986.8—1990.1

环境艺术设计系

教学部门建制沿革		历任负责人		
部门名称	建制沿革	负责人	职　务	任职时间
室内装饰系	1957 年成立	徐振鹏	主　任	1957—1957
装饰工艺系	1957 年 10 月更名	徐振鹏	负责人	1957—1958
室内装饰系	1958 年更名	徐振鹏	负责人	1958—1960
建筑装饰系	1960 年更名	徐振鹏	主　任	1960—1966
工业美术系	1975 年更名	奚小彭	副主任	1979—1984
		潘昌侯	副主任	1977—1982
		栾克扬	副主任	1979—1984
		潘昌侯	主　任	1982—1984
		胡文彦	副主任	1982—1984
室内设计系	1984 年更名	张世礼	主　任	1984.9—1986.8
		何镇强	副主任	1984—1986
		张绮曼	主　任	1986.8—1988
		李凤崧	副主任	1986—1988
环境艺术设计系	1988 年更名	张绮曼	主　任	1988—1999
		李凤崧	副主任	1988—1999
		郑曙旸	副主任	1991—1999.12
	1999 年并入清华大学后同名	郑曙旸	主　任	1999.12—2005
		苏　丹	副主任	2000.1—2005
		苏　丹	主　任	2005.3—2012.3
		张　月	副主任	2005.3—2012.3

续表

<table>
<tr><th colspan="2">教学部门建制沿革</th><th colspan="3">历任负责人</th></tr>
<tr><td rowspan="6">环境艺术设计系</td><td rowspan="6">1999 年并入清华大学后同名</td><td>杨冬江</td><td>副主任</td><td>2008.11—2012.3</td></tr>
<tr><td>张　月</td><td>主　任</td><td>2012.3—2015.7</td></tr>
<tr><td>梁　雯</td><td>副主任</td><td>2012.3—2015.7</td></tr>
<tr><td>杜　异</td><td>副主任</td><td>2012.4—2015.7</td></tr>
<tr><td>宋立民</td><td>主　任</td><td>2015.7—</td></tr>
<tr><td>于历战</td><td>副主任</td><td>2015.7—</td></tr>
</table>

<table>
<tr><th colspan="2">历任党支部书记</th></tr>
<tr><th>姓　名</th><th>任职时间</th></tr>
<tr><td>胡文彦</td><td>1957—1958</td></tr>
<tr><td rowspan="2">兰　冰</td><td>1959—1966</td></tr>
<tr><td>1976—1977</td></tr>
<tr><td>叶振华</td><td>1977—1978</td></tr>
<tr><td>栾克扬</td><td>1979—1979</td></tr>
<tr><td>朱瑞琛</td><td>1979—1983</td></tr>
<tr><td>刘怀顺</td><td>1983—1986</td></tr>
<tr><td>陈国相</td><td>1986.4—1991.9</td></tr>
<tr><td>苏荣久</td><td>1991.9—1994</td></tr>
<tr><td>李凤崧</td><td>1994 1995</td></tr>
<tr><td>梁乐宜</td><td>1995—2000.10</td></tr>
<tr><td>郑曙旸</td><td>2000.10—2001</td></tr>
</table>

续表

历任党支部书记	
姓　名	**任职时间**
宋立民	2001—2007.11
周浩明	2007.11—2013.1
李朝阳	2013.1—

工业设计系

教学部门建制沿革		历任负责人		
部门名称	建制沿革	负责人	职　务	任职时间
工业设计系	1984年由工业美术系分出成立	柳冠中	主　任	1984—1999
		王明旨	副主任	1984—1987
		袁智聪	副主任	1987—1988
		韩　斌	副主任	1989—1991
		鲁晓波	副主任	1990—1999
		罗　越	副主任	1991—1999
	1999年并入清华大学后同名	鲁晓波	主　任	1999.12—2002
		严　扬	副主任	2000.1—2002
		严　扬	主　任	2002.6—2006.4
		刘振生	副主任	2002—2009.7
		蔡　军	主　任	2006.4—2009.7
		史习平	副主任	2006.4—2009.7
		刘振生	主　任	2009.7—2012.12
		刘志国	副主任	2009.7—2012.12
		赵　超	副主任	2009.7—2012.12
		赵　超	主　任	2012.12—2019.12
		张　雷	副主任	2012.12—2018.1
		范寅良	副主任	2012.12—2019.12
		张　雷	主　任	2019.12—
		刘　新	副主任	2019.12—

历任党支部书记	
姓　名	任职时间
刘怀顺	1984—1989
刘　星	1989—1991.6
甄秋华	1991.6—1999
鲁晓波	1999—2001
史习平	2001—2008.5
马　赛	2008.5—2013.1
刘振生	2013.1—2018.11
范寅良	2018.11—

艺术史论系

教学部门建制沿革		历任负责人		
部门名称	建制沿革	负责人	职　务	任职时间
工艺美术史系	1983 年成立	奚静之	主　任	1983—1988
		田自秉	副主任	1983—1987
工艺美术史论系	1988 年更名	奚静之	主　任	1988 1993
		陈瑞林	副主任	1988.7—1992.6
工艺美术学系	1993 年更名	奚静之	主　任	1993—1996
		张夫也	副主任	1992.6—1999.11
艺术设计学系	1999 年更名	李砚祖	副主任	1996—1999
		赵　萌	副主任	1996—1999
		刘巨德	主　任	1999—2001
		杭　间	副主任	2000—2001
艺术史论系	2001 年更名	杭　间	主　任	2001—2007.1
		尚　刚	副主任	2001—2007.1
		张　敢	副主任	2003—2012.4
		张夫也	主　任	2007.1—2014.5
		陈岸瑛	副主任	2012.4—2014.5
		陈岸瑛	主　任	2014.5—
		陈彦姝	副主任	2014.5—2018.1
		郭秋惠	副主任	2018.1—

历任党支部书记	
姓　名	任职时间
白　伦	1983—1986
马文祖	1987.4—1990.7
梁乐宜	1990—1993
原维林	1993—2002
张夫也	2002—2007.9
杨　阳	2007.9—2012.10
陈池瑜	2012.12—2018.11
周　志	2018.11—

装饰艺术系

教学部门建制沿革		历任负责人		
部门名称	建制沿革	负责人	职　务	任职时间
特种工艺美术系	1975 年成立	袁运甫	副主任	1979—1982
		权正环	副主任	1979—1984
		袁运甫	主　任	1982—1993
		乔十光	副主任	1985—1988
		杜大恺	副主任	1985—1999
装饰艺术系	1988 年更名	张　昌	主　任	1993—1999
		吴　晞	副主任	1988—1989
		李德利	副主任	1990—1999
		刘巨德	副主任	1993.11—1999.11

注：1999 年 12 月，装饰艺术系撤销，分别成立绘画系、雕塑系、工艺美术系

历任党支部书记	
姓　名	任职时间
李　骐	1975.5—1978.2
白振欧	1978.3—1983
何燕明	1983.1—1985.7
张　锠	1985.7—1987
姜沛然	1987.10—1989
刘怀顺	1989.6—1997.10
马腾文	1997.10—1999.11

绘 画 系

教学部门建制沿革		历任负责人		
部门名称	建制沿革	负责人	职 务	任职时间
绘画系	1999 年成立	杜大恺	主 任	1999.12—2005
		邱百平	副主任	2000.1—2005
		石 冲	副主任	2003—2005
		包 林	主任（兼）	2005.10—2008.11
		刘 临	常务副主任	2005—2008.11
		代大权	副主任	2005—2008.11
		忻东旺	副主任	2005—2008.11
		王宏剑	主 任	2008.11—2012.3
		刘 临	副主任	2008.11—2012.3
		郗海飞	副主任	2008.11—2012.3
		郑 艺	主 任	2012.3—2018.3（去世）
		文中言	副主任	2012.3—2019.12
		周爱民	副主任	2012.3—2019.12
		文中言	主 任	2019.12—
		封 帆	副主任	2019.12—

历任党支部书记	
姓 名	任职时间
邱百平	1999—2005
刘 临	2005—2015.7
周爱民	2015.7—

雕 塑 系

教学部门建制沿革		历任负责人		
部门名称	建制沿革	负责人	职 务	任职时间
雕塑系	1999 年成立	赵 萌	主 任	1999.12—2005
		王培波	主 任	2005.3—2008.11
		董书兵	副主任	2005—2015.7
		曾成钢	主 任	2008.11—2015.7
		李 鹤	副主任	2012.3—2019.12
		董书兵	主 任	2015.7—
		陈 辉	副主任	2015.7—

历任党支部书记	
姓 名	任职时间
杜宏宇	1999.11—2007.11
工洪亮	2007.11—2013.1
李 鹤	2013.1—

工艺美术系

教学部门建制沿革		历任负责人		
部门名称	建制沿革	负责人	职　务	任职时间
工艺美术系	1999 年成立	王培波	主　任	1999.12—2005
		程向君	副主任	2000.1—2005
		洪兴宇	主　任	2005.4—2012.3
		李　鲤	副主任	2005—2007.11
		王建中	副主任	2007.11—2012.3
		林乐成	主　任	2012.3—2015.7
		关东海	副主任	2012.3—
		洪兴宇	主　任	2015.7—

历任党支部书记	
姓　名	任职时间
程向君	1999—2002.3
王建中	2002.3—2013.1
洪兴宇	2013.1—2015.12
王晓昕	2015.12—

信息艺术设计系

教学部门建制沿革		历任负责人		
部门名称	建制沿革	负责人	职　务	任职时间
信息艺术设计系	2005 年成立	鲁晓波	主　任	2005.7—2012.3
		吴冠英	副主任	2005.7—2006.3
		付志勇	副主任	2005.7—2015.7
		徐迎庆	主　任	2012.3—2019.12
		冯建国	副主任	2012.3—2015.7
		王之纲	副主任	2015.7—2019.12
		王之纲	主　任	2019.12—
		师丹青	副主任	2019.12—

历任党支部书记	
姓　名	任职时间
吴冠英	2005.7—2006.3
付志勇	2006.3—

基础教研室

教学部门建制沿革		历任负责人		
部门名称	建制沿革	负责人	职　务	任职时间
绘画教研室	1956 年成立	张振仕	主　任	1956—1958
绘画基础教研室	1984 年成立，1988 年并入基础部	权正环	主　任	1984—1987
		庄寿红	副主任	1984—1990
		刘永明	副主任	1984—1990
		侯德昌	主　任	1987—1988
		邱百平	副主任	1987—1988
基础教研室	2002 年成立	陈　辉	主　任	2002—2012.12
		李家骝	副主任	2003—2009.7
		李　睦	副主任	2006—2009.7
		邱　松	副主任	2009.7—2012.12
		袁　佐	副主任	2009.7—2012.12
		邱　松	主　任	2012.12—
		叶　健	副主任	2012.12—

历任党支部书记	
姓　名	任职时间
庄寿红	1984.4—1985.8
梁乐宜	1985.6—1987
邱百平	1987—1988
蒋智南	2002—2013.1
金剑平	2013.1—2018.11

注：2018 年 11 月，因党员人数少，支部建制取消，党员并入绘画系党支部。

共同课、马列教研室

教学部门建制沿革		历任负责人		
部门名称	建制沿革	负责人	职　务	任职时间
共同课教研室	1956 年成立	刘鸿达	主　任	1960—1960
		杨子美	主　任	1960—1966
		杨子美	主　任	1979—1984
		奚静之	副主任	1979—1983
马列教研室	1984 年成立	杨子美	主任	1984—1988
		蔡厚菊	副主任	1984—1988
政治文化教研室	1988 年 7 月成立，1989 年 9 月更名为文化基础教研室，1997 年 12 月更名为体育外语教研室	蔡厚菊	主　任	1988.7—1989.9
		袁智聪	主　任	1989.9—1991.6
		郭莲莲	副主任	1988.7—1995
		史陵生	副主任	1997.12—1999
		包　容	副主任	1997.12—1999
马克思主义及德育教研室	1989 年 9 月成立，1991 年更名为马列教研室	蔡厚菊	主　任	1989.9—1996.9
		白　力	副主任	1989.9—1991.9
		侯铁桥	副主任	1991.12—1995.2
德育教研室	1991 年 9 月成立	白　力	副主任	1991.9—1992.11
		白　力	主　任	1992.11—1995.2
		杜拥平	主　任	1995.2—1996.9
社会科学部	1996 年 9 月马列教研室与德育教研室合并	蔡厚菊	主　任	1996.9—1997.2
		刘淑岷	副主任	1996.9—1998
		侯铁桥	副主任	1996.9—1999
		夏凯平	主　任	1998.6—1999

历任党支部书记	
姓　名	任职时间
徐莽生	1983—1987.10
夏凯平	1987.10—1994
刘淑岷	1994—1996
杜拥平	1996—1999

基　础　部

教学部门建制沿革		历任负责人		
部门名称	建制沿革	负责人	职　务	任职时间
基础部	1988 年成立，1999 年撤销	黄国强	主　任	1988—1992
		辛华泉	副主任	1988—1989
		袁智聪	副主任	1989—1991
		高沛明	副主任	1988—1989
		吴　晞	副主任	1989—1992
		崔栋良	主　任	1993—1994
		陈钦理	副主任	1993—1994
		李当岐	副主任	1994—1999
		邱百平	主　任	1994—1999
		陈　辉	副主任	1994—1999

历任党总支书记	
姓　名	任职时间
高沛明	1988.7—1989
吴　晞	1989.11—1990.7
马文祖	1990.7—1995
李大友	1995—1998
李当岐	1998—1999

成人教育部

教学部门建制沿革		历任负责人		
部门名称	建制沿革	负责人	职　务	任职时间
成人教育部	1991 年建立，2006 年撤销	王明旨	主　任	1991—2000
		袁智聪	副主任	1991—1997
		张廷禄	副主任	1991—1992
		韩　斌	副主任	1993.6—2000.1
		雷向云	副主任	1998—2000
		雷向云	主　任	2000—2003
		李　泓	副主任	1999—2003
		李　泓	主　任	2003—2006.4
		秦寄岗	副主任	1997—2006.4
		陈晓林	副主任	2003—2006.4

历任党支部书记	
姓　名	任职时间
雷向云	1998.11—2000.4
马腾文	2000.4—2005.4
刘金池	2005.4—2006.3

附录三

教授名录

按初聘时间排序[①]

庞薰琹（1952—1985，去世）	雷圭元（1952—1989，去世）
张光宇（1952—1965，去世）	张　仃（1952—1984，离休）
柴　扉（1952—1972，去世）	卫天霖（1952—1971，退休）
郑　可（1952—1987，去世）	张秋海（1952—1974，退休）
高　庄（1952—1984，离休）	程尚仁（1979—1980，去世）
吴　劳（1956—1984，离休）	祝大年（1979—1988，退休）
吴冠中（1979—1988，退休）	梅健鹰（1979—1984，退休）
温练昌（1983—1996，退休）	潘昌候（1983—1991，离休）
张守智（1986—1996，退休）	王家树（1987—2002，退休）
奚小彭（1987—1987，退休）	张振仕（1987—1987，离休）
尚爱松（1987—1988，退休）	柳维和（1987—1988，退休）
田自秉（1987—1988，离休）	叶喆民（1987—1988，离休）
邱　陵（1987—1988，退休）	常沙娜（1987—2003，退休）
陈若菊（1987—1988，离休）	黄能馥（1987—1988，退休）
罗无逸（1987—1991，退休）	袁运甫（1987—2003，退休）
权正环（1987—1992，退休）	乔十光（1987—2002，退休）
陈汉民（1987—2000，退休）	奚静之（1987—2003，退休）

① 括号中的第一个年份为教授初聘或调入年份，第二个年份为后面文字标注的相应年份，例如，离退休或调离、在岗去世。

续表

何镇强（1988—1997，退休）	吴达志（1988—1988，离休）
李绵璐（1988—1995，退休）	邱承德（1988—1994，离休）
曹思明（1988—1988，离休）	郑炯灶（1988—1988，退休）
谷　嶙（1988—1993，退休）	吕晓庄（1988—1995，退休）
胡美生（1991—1995，退休）	黄国强（1991—1995，退休）
金宝升（1992—1992，退休）	陶如让（1992—1992，退休）
朱耀奎（1992—1992，退休）	白崇礼（1992—1992，退休）
黄显隆（1992—1999，去世）	陈增弼（1992—1993，退休）
李葆年（1992—1993，退休）	张国藩（1992—1993，离休）
冯　梅（1992—1995，退休）	崔栋良（1992—1996，退休）
辛华泉（1992—1998，退休）	张立国（1992—1999，退休）
袁杰英（1992—2000，退休）	张德山（1992—2000，退休）
李德利（1992—2001，退休）	张世礼（1992—2001，退休）
梁世英（1992—2001，退休）	李永平（1992—2002，退休）
余秉楠（1992—2002，离休）	刘永明（1992—2003，退休）
宋　涤（1992—2005，退休）	杨永善（1992—2011，退休）
严尚德（1992—1998，退休）	刘巨德（1992—2020，退休）
杜大恺（1992—2020，退休）	柳冠中（1992—2020，退休）
王明旨（1992—2020，退休）	张绮曼（1992—2000，调出）
张　錩（1993—2003，退休）	李凤崧（1993—2001，退休）
宋志坚（1995—1996，退休）	林福厚（1995—1997，退休）
蔡厚菊（1995—1997，退休）	祝韵琴（1995—1997，退休）
杨　琪（1995—1998，退休）	庞瑞媛（1995—1998，退休）
罗真如（1995—2000，退休）	黄　林（1995—2002，退休）

续表

高鍪羽（1995—2007，退休）	杨淑萍（1996—2000，退休）
王小飞（1996—2005，退休）	庄寿红（1996—1998，退休）
钟蜀珩（1996—2006，退休）	潘吾华（1996—2001，退休）
白　山（1996—2002，退休）	张　铜（1997—1997，退休）
邱百平（1997—2006，退休）	张廷禄（1997—1999，退休）
罗　越（1997—2005，退休）	王国伦（1997—2006，退休）
陈进海（1997—2011，退休）	王玉良（1998—2010，退休）
陈雅丹（1998—2001，退休）	李砚祖（1998—2020，退休）
曾成钢（1999—，调入）	包　林（2000—）
鲁晓波（2000—）	李当岐（2000　）
郑曙旸（2000—2019，退休）	何　洁（2000—）
李象群（2000—，调入）	王培波（2000—2016，去世）
陈丹青（2000—2008，调出）	张奉杉（2000—2001，退休）
孙德珊（2000—2004，去世）	陈瑞林（2001—2005，退休）
张夫也（2001—2020，退休）	卢新华（2001—）
杭　间（2001—2012，调出）	赵　萌（2001—2019，去世）
陈池瑜（2001—，调入）	代大权(2001,调入—2020,退休)
马怡西（2002—2016，退休）	王　敏（2002—，调入）
严　扬（2002—）	吕敬人(2002,调入—2012,退休)
尚　刚（2002—2020，退休）	吴冠英（2002—）
田　青（2002—2019，退休）	王洪亮(2002,调入—2020,退休)
王铁牛(2002,调入—2013,退休)	孙玉敏(2002,调入—2017,退休)
杜宏祺（2002—2005，退休）	高沛明（2003—2004，退休）
李　燕（2003—2008，退休）	林乐成（2003—2020，退休）

续表

刘　临（2003—2019，去世）	郑　艺（2003—2018，去世）
陆志成（2003—2017，退休）	魏小明（2003—）
蔡　军（2003—）	陈　辉（2003—）绘画系
常大伟（2004—2006，退休）	杜宏宇（2004—2008，退休）
郑　宁（2004—）	华健心（2004—）
王建中（2004—）	王宏剑（2004—）
唐薇（2005—2014，退休）	李正安（2005—2020，退休）
茹爱林（2005—2008，退休）	彦　东（2005—2009，退休）
宋立民（2005—）	祝重寿（2006—2008，退休）
苏　丹（2006—）	戴顺智（2006—2016，退休）
史习平（2006—）	周浩明（2006—，调入）
李静杰（2007—）	李　薇（2007—）
唐绪祥（2007—2020，退休）	邹　文（2008—）
邓　伟（2008—2013，去世）	马　泉（2008—）
李　睦（2008—）	周尚仪（2009—2016，退休）
张　敢（2009—）	苏　华（2009—2017，退休）
张歌明（2010—）	贾京生（2010—）
韩敬伟（2010—，调入）	李莉婷（2010—）
赵　健（2010—）	刘北光（2011—）
许正龙（2011—）	肖文陵（2011—）
徐迎庆（2011—，调入）	郗海飞（2011—）
韩美林(2011 调入—2019，离休）	邱　松（2012—）
杨冬江（2012—）	鲁　闽（2012—）
金　纳（2012—）	方晓风（2013—）

续表

忻东旺（2013—2014，去世）	冯建国（2013—）
张　月（2013—）	董书兵（2014—）
张　雷（2014—）	顾黎明（2014—，调入）
杜　异（2014—）	马　赛（2015—）
姜祖青（2015—）	吴诗中（2017—）
臧迎春（2017—）	赵　超（2017—）
白　明（2017—）	宋　克（2017—）
陈　辉（2018—）雕塑系	刘　新（2018—）
洪兴宇（2018—）	陈　楠（2018—）
李　鹤（2018—）	吴　琼（2020—）
汪建松（2020—）	李天元（2020—）
王红卫（2020—）	叶　健（2020—）
张宝华（2020—）	

注：2016 年因人事制度改革，暂停职称晋升评定；2019 年无晋升教授

附录四

在职人员名录[①]

学院领导

鲁晓波　马　赛　曾成钢　杨冬江　方晓风
赵　超　吴　琼　李　鹤

环境艺术设计系

教　师： 杨冬江　方晓风　宋立民　苏　丹　张　月
周浩明　刘北光　杜　异　李朝阳　刘铁军　黄　艳
于历战　崔笑声　汪建松　聂　影　梁　雯　陆轶辰
管沄嘉　涂　山　李　飒　刘东雷
秘　书： 程永凤

工业设计系

教　师： 马　赛　赵　超　蔡　军　严　扬　史习平
张　雷　刘振生　刘吉昆　刘志国　王国胜　杨　霖
刘希倬　蒋红斌　刘　强　唐林涛　刘　新　周艳阳
范寅良　王小义　陈洛奇
秘　书： 吴孟翰

① 姓名下方有下划线“____”者，表示在学院有双重任职。

染织服装设计系

教　师：李当岐　肖文陵　李　薇　贾京生　李莉婷\
鲁　闽　王　悦　张树新　朱小珊　张宝华　臧迎春\
杨　静　吴　波　杨建军　李迎军　张红娟　贾玺增\
刘　亚\
秘　书：解　蕾

陶瓷艺术设计系

教　师：董素学　刘润福　郑　宁　邱耿钰　章　星\
王　辉　杨　帆　白　明　尹　航　吴昊宇　孙　月\
秘　书：郑仝生

视觉传达设计系

教　师：何　洁　马　泉　华健心　张歌明　赵　健\
干　哲　王红卫　祖乃甡　陈　磊　陈　楠　原　博\
周　岳　李德庚　顾　欣　向　帆　徐小鼎\
秘　书：刘晓冰

信息艺术设计系

教　师：鲁晓波　吴　琼　米海鹏　吴冠英　徐迎庆\
冯建国　付志勇　吴诗中　张　烈　王之纲　关　琰\
张茫茫　祝　卉　陈　雷　师丹青　邓　岩　马　森\
谭佳佳\
秘　书：王　清

工艺美术系

教　师：王建中　洪兴宇　程向君　关东海　潘　妙　李秉孺　王晓昕　岳　嵩　李　静　杨佩璋

秘　书：樊　琳

艺术史论系

教　师：张　敢　陈池瑜　王　敏　李静杰　邹　文　陈岸瑛　邱才桢　章　锐　陈彦姝　郭秋惠　刘　平　王小茉

秘　书：张　维　马　婕

绘画系

教　师：包　林　王宏剑　郗海飞　韩敬伟　顾黎明　陈　辉　李　睦　姜祖青　石　冲　宋　克　李天元　崔彦伟　文中言　周爱民　蒋智南　王　巍　丁　荭　闫　辉　莫　芷　付　斌　封　帆　于婉莹

秘　书：董令时

雕塑系

教　师：曾成钢　李　鹤　董书兵　魏小明　许正龙　胥建国　魏二强　陈　辉　罗　幻　王轶男　马文甲　冯崇利　宿志鹏

秘　书：吴冬冬

基础教研室

教　师：邱　松　金　纳　田旭桐　申　伟　金剑平　叶　健　张柏萌　张姗姗

秘　书：刘天妍

院务办公室

卢新华　赵　明　王　欣　刘凤亿　王　平　田小禾　冯世光　罗雪辉

留任返聘：任　茜　赵丽俐　张京生

党务办公室

何　静　杨洁萍　商铭涛　陈颂文　韦定云

教务办公室

刘润福　李　文　苏学静　从　垡　朱洪辉　陈　阳　肖建兵　王秀　刘　晗　潘晓威　周傲南　许　锐

招生办公室

郭林红　王　辉（女）郑华康　刘　漫　丁　媛　谢昕明

科研办公室

董素学　乔忠林　刘岩涛

艺术与科学研究中心

刘　淼　赵若涵　龚雪鸥　蔡　琴　张　磊

离退休办公室

吴国平　向　玉　张宝春　朱　葵

学生事务办公室

郭林红　高长玲　冯京楠　杨慧超　石宇希　李忻伟
方　芳　张姝钰

国际交流办公室

米海鹏　焦继珍　杜　盈　刘尧天　陈佳陶

艺术与设计实验教学中心

郑林庆　王长芝　冼　枫　王　辉（男）白小华
刘宪怀　陈孟甫　刘　祺　徐冀燕　王晶晶　王　萌
官菁菁　钱　旻　王玉峰　刘全华　马小生　张　琳
文　乐　闫　宇　石　英　王　峰　夏　欢

培训中心

宋立民　雷玉雁　孙仲杰　黄燕平　于　捷　李　凡
陈媛媛　张　青　田　崇　卢　江

《装饰》杂志

主　编：方晓风

周　志　田　君　张金荣　陈　昶　魏剑荣　裴珊珊
贾　珊　赵毅平　李　拓　赵　华

卫生所

马国卫　陶美琴

其他部门

张国庆　李京城　康　迎　姚　锟　戴　岱　何　英
尹和平　郑　辉　周　洁　林书杰　郑　静　姜　虹
李东阳　孙　琰　孙晓慧　梁起春　何昀桥　周少聪
孙路静　孙　莉　梁　骥　韩　伟　刘　强　李曜坤
董　雁　鲁　俊　毛晚丽　张梓楦　蔡　云　宋欣伟
尹斯兰　王　坤　刘　烨　刘晓旭　金志强　许天鹏
薛　准　李　晶　王春宇　刘宇然　陈奕君　范　俊
谢子琤　邱丽欣　宋文雯　祝诗扬　马　雷　高洁琳
程　刚　安　鑫　张　多　崔金印　李必林　廖　利
徐紫薇　姚奇军　李　帅　高海明　杨莎莎

附录五

离退休人员名录①

离休人员名录

白振欧　曹仲蕙　陈孝庭　韩美林　胡文彦
秦琪瑞　邱承德　王建林　周　琴　朱瑞琛

退休人员名录

安保辉　安　丽　白光伟　白　力　白　山　白　芸
白长明　包　容　蔡　春　蔡厚菊　蔡　青　曹晶晶
曹荣梅　常大伟　常沙娜　常士英　陈　晨　陈　达
陈国明　陈国田　陈汉民　陈和鼎　陈进海　陈　立
陈莉莉　陈南冰　陈　琦　陈绮薇　陈瑞林　陈绍华
陈向东　陈　静　陈晓佳　陈晓林　陈雪敏　陈雅丹
陈雁南　程建民　程雁玫　崔栋良　崔秀众　代大权
戴顺智　单来燕　邓惠芳　邓维荣　邓溪桐　董凤云
董汇斌　董　梅　董小弟　董学宁　窦亚平　杜大恺
杜宏宇　杜宏祺　杜晓明　方厚鑫　冯　梅　冯淑敏
傅　萍　高　峰　高贵兰　高　华　高沛明　高淑林
高月芬　葛占奎　宫玉达　谷　嶙　顾丁茵　顾新妹
郭　华　郭莉莉　郭莲莲　郭树林　郭　鑫　韩永泰
何宝森　何天培　何玉祥　何镇强　洪麦恩　侯德昌
侯铁桥　胡凤华　胡美生　黄国强　黄　林　霍德敬

① 不完全统计，以姓氏拼音排序。

季守银　季迎辉　冀国荣　贾羽荣　姜　明　蒋爱勇
蒋正鸿　焦宝娥　金春江　金思林　金秀华　康连和
孔红卫　蓝素明　老国宝　雷向云　李　泓　李柏冬
李承周　李春华　李德利　李　菲　李凤崧　李广平
李国华　李国良　李惠清　李家骝　李锦平　李　静
李　娟　李　军　李俊杰　李立强　李天海　李香萍
李学淮　李雪梅　李砚祖　李　燕　李永存　李永平
李　勇　李元冰　李正安　梁乐宜　梁任生　梁世英
林福厚　林乐成　林　立　刘方春　刘根树　刘桂春
刘桂兰　刘桂婷　刘国江　刘焕茹　刘　惠　刘建生
刘建英　刘金池　刘金龙　刘京京　刘巨德　刘　丽
刘　倩　刘少国　刘淑敏　刘素华　刘晓江　刘　星
刘秀荣　刘永明　刘玉楼　刘志琴　柳冠中　陆永庆
陆肇华　陆志成　路幼钧　罗海闽　罗无逸　罗　越
罗真如　吕经伟　吕敬人　吕晓庄　马抗美　马凌环
马宁聪　马腾文　马文玉　马怡西　马永康　马毓琴
马宗云　毛松维　孟凡顺　孟宪松　苗亚春　穆黎红
聂　宁　聂跃华　宁凝凝　牛　虹　潘君燕　潘文嘉
潘吾华　潘　怡　潘毅群　庞瑞媛　彭志贵　彭志怀
祁秋芙　乔十光　乔亦兵　秦岱华　秦寄岗　邱百平
邱新良　裘　沙　曲　欣　冉宝清　任　凡　任景钦
任　茜　任书琪　商金花　尚　刚　邵良润　师永泉
施　力　石玉翎　石振宇　史华凤　史　凯　史陵生
宋　滌　宋　磊　苏　华　苏民安　苏晓杰　孙碧霞
孙红燕　孙嘉英　孙茂才　孙秀春　孙亚荣　孙玉敏
谭曙珍　谭小平　唐　薇　唐绪祥　滕　臻　田鞍英
汪钰林　王　斌　王国伦　王红斌　王洪亮　王会兰

王惠英　王　坚　王景霞　王君瑞　王俊霞　王立云
王连海　王明旨　王庆余　王善林　王忠信　王淑芳
王淑缇　王溯然　王铁牛　王　翔　王小蕙　王晓林
王新建　王新民　王雪岭　王　彦　王　杨　王耀玲
王玉良　王跃美　温海成　温练昌　吴宝东　吴庆其
吴乙丁　武元子　奚静之　夏凯平　肖汉元　肖惠祥
肖　延　谢　红　谢美瑞　徐兰平　徐三好　许崇刚
许耀龙　宣守业　阎京津　阎亚玲　彦　东　杨安平
杨德才　杨德福　杨慧龙　杨　琪　杨少勋　杨树敏
杨晓军　杨秀莲　杨　阳　杨永善　要　群　尹毅平
于　菱　于　扬　俞剑华　袁杰英　袁齐放　袁　珊
袁颖懿　袁　佐　原　憬　原维林　苑丽兴　张　锠
张琛嘉　张大庆　张　丹　张德山　张涤尘　张恩全
张奉杉　张夫也　张　弓　张国藩　张　虹　张火焱
张　建　张建利　张京生　张晶晶　张久毅　张俊英
张丽丽　张曼娜　张培全　张　萍　张世川　张世礼
张淑莲　张淑贞　张铁山　张廷禄　张　铜　张卫军
张香玲　张祥建　张晓颖　张孝友　张旭晨　张雪珍
张野青　张永华　张振成　张振英　张志杰　张质彬
张忠燕　甄秋华　赵秉慈　赵　劼　赵俊丽　赵丽俐
赵玉亮　郑　方　郑扶西　郑　宏　郑曙旸　郑　岳
钟广生　钟蜀珩　周超英　周华南　周华英　周剑石
周　容　周润生　周尚仪　周淑兰　周小英　周小玉
周燕丽　庄寿红　朱炳文　朱翠霞　朱道荣　朱　训
朱仙油　朱曜奎　朱悦梅　祝韵琴　祝重华　祝重寿

去世离休人员名录

阿　老　敖世勋　白　伦　曹思明　常光辉　陈　寒
陈若菊　陈叔亮　方振远　傅石霞　高　庄　高敬和
谷　首　关希哲　韩　问　何燕明　何益海　江　利
姜沛然　兰　冰　李文瑞　李尊贤　梁速征　林义成
栾克扬　栾远志　罗梦槐　聂湘君　潘昌侯　潘道炎
商振文　田　辛　田自秉　王舒冰　王学东　魏锡公
吴　劳　吴达志　谢家彬　徐　普　徐荠生　严兢南
杨崇恺　杨荣素　杨少先　杨子美　叶喆民　殷恭端
余秉楠　张　仃　张　晶　张殿华　张振仕　昭　隆

去世退休人员名录

白崇礼　白雪石　卜维勤　蔡诚秀　蔡德春　蔡招娣
柴　扉　常国俭　陈观少　陈国相　陈金声　陈启明
陈升平　陈舜兴　陈增弼　成孟春　崔　毅　崔致琏
邓艳芳　付　凌　高学义　高鑫羽　郭登宝　韩　斌
韩子善　郝鸿顺　胡耀源　胡照华　黄能馥　黄荫强
金宝升　雷德声　李　俊　李　智　李葆年　李传亭
李春祥　李鸿印　李建宇　李金明　李绵璐　林乃干
蔺文英　刘宝峰　刘凤祥　刘海臣　刘怀顺　刘金涛
刘力上　刘连忠　刘曰强　刘泽章　柳维和　罗炳芳
罗慕云　马良普　马文祖　马云琴　梅健鹰　门荣华
潘德全　潘其添　邱　陵　权正环　仟玉璞　茹爱林
尚爱松　申伯刚　申毓诚　盛　瑚　舒玉贵　宋志坚
苏荣久　孙洪印　谈仲萱　谭　军　唐铁山　陶如让
滕风谦　田　青　田良果　田秀珍　王福来　王家树

王来忱　王启贵　王全禄　王瑞芝　王小飞　王永山
卫天霖　魏雪晶　吴冠中　奚小彭　辛华泉　徐　扬
徐长兰　许维冰　许志成　严尚德　杨德才　杨淑萍
于俊章　俞致贞　袁寿征　袁运甫　袁智骢　张剑谔
张立国　张平孝　张秋海　张世简　张守智　张祥和
张燕慧　张怡庄　张永库　张振林　张振庭　赵茂生
赵淑珍　赵文瑞　赵兴顺　赵耀华　郑炯灶　周年寿
周培造　周云桢　祝大年　邹信然

附录六

曾在学院工作人员名录[①]

清华大学在职和退休人员

在职：

陈卫国　高军善　郭惠珍　何清江　何淑平　黄　维

蒋立国　李功强　梁春贵　刘　杰　刘立宏　刘燕妮

刘志强　马赛（女）马跃文　彭　雁　齐勇星　沈一鸣

王向宇　王旭东　魏成光　吴　芳　姚　成　张　靓

张凤昌　赵　敏　朱全海　左恒峰　邹　欣

退休：

杜拥平　华　表　林　华　刘　杰　刘立宏　刘志强

齐勇星

清尚公司在职人员

柴　进　陈金红　程　浩　李　超　林　洋　刘　倩

苗春伟　牛瑞龙　宿利群　沈海清　王　弘　王春雷

王晓岩　吴　晞　许　捷　杨正光　姚建伟　叶　霏

尹立军　张　坤　张　伟

1999年以前在职去世人员（中央工艺美术学院时期）

陈菊盛　陈钦理　陈缘督　程尚仁　高　燕　韩秀兰

---

① 不完全统计，以姓氏拼音排序。

杭大播 黄　源 黄显隆 蒋争明 雷圭元 李　枫
李福文 刘鸿达 罗扬实 庞薰琹 史志吉 宋铁岭
王根木 于晓莹 袁　迈 岳景融 张光宇 张延刚
张仲康 郑　可 郑乃衡 周显东 朱济辉 朱天锦

2000年以来在职去世人员（清华大学美术学院时期）

邓　伟 华有喜 刘　临 石海东 孙德珊 王培波
王正武 温凡松 吴　凌 忻东旺 赵　萌 郑　艺

1999年以前调出人员（中央工艺美术学院时期）

安　宏 柏寿仁 毕晓生 蔡丽君 蔡兴和 曹开试
曾　胡 曾　辉 巢亮初 沈建超 沈龙恩 沈天游
沈学仁 陈　云 陈启泰 陈圣谋 陈皖山 陈肖汉
陈瑛瑛 陈永和 陈志行 陈仲芳 程　工 程新民
丛树章 崔亚莉 戴　可 戴家和 邓　洁 邓汉立
翟树成 丁　翔 丁成祥 窦东虹 段惠珍 范　曾
费丹黎 冯丽滦 傅　忠 傅春香 高鹤龄 高文英
葛存龄 葛明飞 龚文桢 古　棕 谷宪文 顾　恒
顾方松 关　艺 管保慧 郭　进 郭世俊 郭万隆
韩　原 赫明祥 侯　信 胡　欣 胡春英 黄　钢
黄　梅 黄　云 黄美华 黄维均 黄未名 黄志婕
霍流芝 计惜英 简宣义 江　源 姜言桥 蒋　朔
蒋美珍 蒋其祥 金　黄 景　军 雷建德 雷莹珊
李　骐 李　青 李　双 李　岩 李芳芳 李建新
李兰香 李茂林 李庆先 李庆珍 李淑华 李曙明
李树志 李迢富 李婉贞 李晓青 李长生 梁　雨

梁邦楚　林　阳　林晨辉　林少岩　凌　维　刘　理
刘　领　刘　萍　刘　焱　刘　玉　刘安澜　刘保华
刘凤干　刘光乐　刘国斌　刘树信　刘同启　刘文彦
刘小军　刘新华　刘玉琴　刘振武　刘志清　刘致敏
吕　越　吕保华　吕小凤　栾　琦　罗旭辉　马宗汾
毛　亮　南松秀　倪洪泉　潘　刚　潘坤柔　潘文浦
潘长凤　庞　岩　彭　峰　彭　红　彭小佳　齐发国
齐长昆　乔奎元　邱燕凌　任顺成　任维武　尚国振
邵东安　时彩舟　宋连民　宋世伟　苏月梅　孙桂馥
谭俊桥　唐　方　唐　正　唐铁山　田世光　万式如
王　春　王　铁　王　艳　王　洋　王　毅　王　勇
王　征　王爱霞　王春刚　王富山　王公义　王海洲
王建邦　王建秀　王景瑞　王文德　王玉池　王云凤
王智敏　魏绍仁　魏树强　魏之渝　吴　健　吴　强
吴　桐　吴　洋　吴德祖　吴丽颖　吴少湘　吴雅平
吴佑怀　肖景然　谢连登　徐　磊　徐　敏　徐翰臣
徐力行　许　敏　许　宪　许世义　闫凤琴　闫淑芬
阎文革　杨　玉　杨大申　杨凤岐　杨国材　杨嘉升
杨乃静　杨占家　姚建伟　姚秦城　姚永和　叶振华
于新旺　余　亮　余武章　虞金龙　袁　加　袁　力
袁丽亚　岳　昕　战海峰　张　严　张　岩　张　义
张　毅　张　寅　张春会　张涤尘　张荆芬　张景祐
张丽欣　张寥寥　张乃文　张奇卉　张瑞增　张胜生
张希清　张秀棋　张振乾　赵　军　赵培征　赵淑舫
赵艺基　赵玉民　郑斯绘　郑于鹤　郑玉福　钟　宏
周成僬　周兰华　周淑英　周向铭　周秀生　周治邦
周作民　朱　华　朱贵洲　朱军山　朱丽雪

2000年以来调出人员（清华大学美术学院时期）

陈　丹　陈丹青　戴舒丰　杭　间　贺　立　金瑞玲

李　霞　李瑞君　李志先　梁　硕　林　晓　刘立宇

陆兆华　盛景涛　孙建君　陶　雯　汪　澜　王　叶

王进展　乌日金　徐　放　徐　军　徐　雷　尹立国

张明来　张石红　赵亮宏　朱晓英

原印刷系教职员工名录（1979年11月1日由中央工艺美术学院转入北京印刷学院）

陈　赫　陈仕文　陈植昌　崔芳君　鄂罗萤　范　军

范　渊　高永清　郭艾芳　黄亚声　贾佩珩　蒋式澄

金银河　李化题　林素兰　刘　波　刘凤官　刘启谦

刘淑秀　刘育祥　陆振声　齐衍沛　瞿泽礽　石爱之

石怀恩　束钟英　孙延彭　佟士金　万　铸　王殿玉

王国成　王振忠　魏瑞玲　魏志刚　谢普南　辛玉华

徐及莉　许德荣　杨　麻　杨庆堂　尹　文　张柏青

张奎田　张士元　张四维　赵国光　赵香明　郑德琛

周保中　朱纯磊

后 记

在清华大学成立 110 周年之际，《清华时间简史·美术学院》作为丛书第一批出版物即将付梓了。清华大学美术学院的前身是新中国第一所艺术设计高等学府——成立于 1956 年的中央工艺美术学院。1958 年，学院从阜成门外的白堆子搬迁到建国门外的獐鹿房（后改为光华路），紧邻东三环中路和日后的中央商务区（CBD）。1958—2005 年，学院在光华路 42 亩的精致校园里度过了 47 个春秋，经历了初创、坚守、探索、发展、合并、改革等阶段。2005 年，学院从光华路整体搬迁到清华园。为了纪念光华路校园，为了继承光华路的精神，学院与大学特意将经过美术学院大楼的道路定名为“光华路”。

曾经，《光华路》是学院学生会的一份墙报。1981 年，墙报“出现了一些在认识上思想上模糊的言论与插画”，庞薰琹为此撰写这首诗《光华路》，向学生会墙报《光华路》投稿。庞先生如此诗意且深刻地阐述了光华路的精神：

光华路
这是一条光辉的路。
路，都是人走出来的。
光华是为

中华民族增添光辉，
我们要有民族的自尊
与自信，
才能有勇气、信心和毅力，
为中华民族增添光辉。
……
闭塞太久了，
所以发现“包豪斯”——
好像哥伦布发现了新大陆。
“包豪斯”在建筑方面
确实做出了贡献，
但是
不等于它就是我们的样板。
就听听他们自己说的吧：
格罗佩斯在教育他们的
学生时强调，
设计师的第一责任
就是他的业主；
那塞说设计的目的是人……
巴乐说接受设计教育的
学生应该面对现实。
要为中华民族增添光辉，
应在此时此地
种植下新枝，
让她开出新的花朵。
当我们的设计投入生产，
当人们用到它，从内心上

发出欢乐，
这也就是
我们自己的欢乐。
我们将用自己的智慧，
我们的双手，
为人类创造出一个
美好的生活与
美好的世界。
让我们还是走
我们的自己的光华路吧！

光华路的精神，是学院“为人民衣食住行服务，为国家经济建设和文化发展服务”理念的体现，学院的发展一直秉持这一理念。2010 年，杭间老师在策划中央工艺美术学院老照片展时，也特意将展览的主标题取名为“光华路”。2011 年，在校企清尚公司的支持下，张京生、郭秋惠以展览为基础编辑出版《光华路：中央工艺美术学院影存（1956—1999）》。

《清华时间简史·美术学院》是汇聚大家的力量编撰完成的，凝结了几代院史编写者的集体智慧，得到学院各部门及众多教职工和校友的支持。最初版院史是 1986 年常沙娜院长为迎接 30 周年院庆主持编写的，由汪铦林老师执笔。此后，院史进行多次修订，何燕明先生、李砚祖老师、杭间老师是主要参与者。2006 年，为迎接 50 周年院庆，学院组织新的院史修订，在副院长卢新华的领导下，由杭间老师主编，张京生老师协调组织，我和艺术史论系另外两位博士生王丽丹、滕晓铂及硕士生武晓燕在访谈 20 余位老先生和系统查阅档案的基础上撰写不同时段的篇章：我梳理20世纪上半叶至1966年，并统稿全文；武晓燕梳理1966—1982年；王丽丹梳理1982—1999年；滕晓铂梳理1999—2006年。2006年11月，学院印制了院史征求意见稿，面向学院教职工与校友征求修改建议。2009年，这本院史纳入百年校庆出版计划，我在张京生老师的资料统筹与协同下，重新查阅文献，梳理撰写2006—2011年的学院发展，并根据陆续返回的意见进行修订。2011年，《清华大学美术学院（原中央工艺美术学院）简史》，由杭间老师主编，校友彭璐设计，由清华大学出版社出版。

2012年，我和张京生老师又参与《清华大学志：1911—2010》美术学院相关章节编撰工作，我执笔撰写，张京生老师负责“教授名录”及联络工作；2018年，《清华大学志：1911—2010》四卷本由清华大学出版社出版。2017年，学院简史被清华大学列入“学科院系部门发展史编纂工程”首批项目，出版“清华时间简史”系列图书，迎接110周年校庆；项目先后由学院党委书记李功强老师、马赛老师负责，由我主笔，张京生老师统筹。2019年，在中华人民共和国成立70年之际，学院在马赛老师的主持下，参加新中国高等美术教育70年丛书编写工作；由马赛老师主编、我执行主编、张京生老师统筹，修订提交了《光华路·清华大学美术学院卷》书稿，并提交由人民美术出版社出版。这次出版在有限的时间内，梳理学院自创建以来至2020年的发展脉络，调整优化原有的章节结构，修订2011年版的错漏之处，补充2011年以来的学院发展。

《清华时间简史·美术学院》的梳理撰写，基于历次院史修订的成果，得到学院领导、院学术委员会、各系室部门和众多教职工、校友的大力支持，在此表示衷心的感谢！尤其感谢陈颂文、李文、董素学、任茜、杨洁萍、商铭涛、朱葵、吴晞、郑林庆、刘倩、蒋爱勇等老师，在院史相关资料提供方面给予的大力支持！感谢清华大学出版社宋丹青老师等的认真编辑工作！

正如杭间老师在2011版院史后记中所言，“很少有人会完全体会，一个事实的漫长考证，也许在书中只占一行，而绝大多数读者会在理所当然的不经意中读过，但错误的发现却令人愤怒，没有原谅的余地。因此，请首先向他们表示敬意然后再毫不留情指出”。学院在不断发展，院史亦是永远待完成的历史记述，敬请师生校友和方家学者不吝指出错漏之处，以待未来新的修订。

郭秋惠

2021年4月8日记于清华大学美术学院